墨香会计学术文库

新疆财经大学基金资助项目

激励方式、激励强度与公司成长能力研究

Study on the Incentive Method，Incentive Intensity and Company Growth

● 王海燕 著 ●

东北财经大学出版社
Dongbei University of Finance & Economics Press
大连

ⓒ 王海燕 2014

图书在版编目（CIP）数据

激励方式、激励强度与公司成长能力研究 ／ 王海燕
著．—大连：东北财经大学出版社，2014.6
（墨香会计学术文库）
ISBN 978-7-5654-1533-3

Ⅰ．激… Ⅱ．王… Ⅲ．上市公司-管理人员-工资管理-
激励-研究-中国 Ⅳ．F279.246

中国版本图书馆 CIP 数据核字（2014）第 103145 号

东北财经大学出版社出版
（大连市黑石礁尖山街 217 号 邮政编码 116025）
教学支持：（0411）84710309
营 销 部：（0411）84710711
总 编 室：（0411）84710523
网 址：http://www.dufep.cn
读者信箱：dufep@dufe.edu.cn

大连图腾彩色印刷有限公司印刷 东北财经大学出版社发行

幅面尺寸：148mm×210mm 字数：197 千字 印张：7 1/8
2014 年 6 月第 1 版 2014 年 6 月第 1 次印刷

责任编辑：李智慧 吴 茜 责任校对：赵 楠
高 铭 刘咏宁
封面设计：张智波 版式设计：钟福建

ISBN 978-7-5654-1533-3

定价：30.00 元

序

由于现代企业所有权与经营权的分离以及由此而产生的信息不对称、经营者的道德风险和逆向选择问题的存在，使得对管理者的约束和激励问题一直是实务界和学术界关注的重要课题。特别是，随着经济全球化的深入发展，企业生产经营环境的日趋复杂化，以至于企业管理者的经营理念、学习能力和忠诚度成为了企业生存与发展的最为关键的因素，更使得对这一问题的研究显得必要和紧迫。

就目前情况而言，国内外的理论研究和实证分析主要是针对薪酬激励的有效性进行探讨。而本书作者突破了现有国内外文献囿于薪绩相关性视角检验激励机制有效性的局限，从一个新的、全局性视角——公司成长的角度审视了管理层薪酬的激励方式和激励强度对公司成长能力的激励效率的影响，并就如何通过合理的薪酬制度设计来提高薪酬激励效率问题提出了建设性意见。

本书的作者从企业长期成长，即从预期视角来设计管理层薪酬制度的学术观点，以及从此出发所进行的研究，很有创新性，对实际工作具有很强的指导意义。因为它符合管理决策行为效应的滞后性的规律，体现出绩效的多维性、多因性和动态性特点，因此，更有利于发挥薪酬的长期激励效应，从而实现公司长期价值最大化目标。可以说本书所研究的内容不仅在理论上很有学术价值，而且也很具实用性。

此外，本书在实证检验中采用了分量回归技术，分位数回归模型能够把同一解释变量对不同取值的因变量的影响更加全面地刻画出来，更好地提高了估计量的精度和研究结论的稳健性。这也是本书对薪酬激励方面的学术研究所做出的重要贡献。

我国资本市场是一个转型经济中的新兴市场，就管理层薪酬激励问题有很多需要研究的内容，例如，上市公司的特有治理特征对激励效率的影响，地区间经济发展水平、法制水平和政府干预与管理者的行为和价值取向之间的关系，如何从制度上保证管理层薪酬激励的长期效力，从而促进公司的健康持续成长等等。这些都是摆在监管层、学术界和实务界面前的重要课题。本书只是在管理层薪酬激励方面做了一些有益的探索，我非常希望广大同仁继续就这一问题进行交流和研究，唯有不断交流、持续论争，学术才有源泉！

看到王海燕副教授在教学工作上取得优异成绩的同时，在科研工作中也取得了许多成果，我非常高兴；特别是她在科研工作中脚踏实地，坚持这种理论联系实际的良好学风和勇于探索的精神，作为导师，我甚感欣慰。在此著作出版之际，她请我为之作序，我欣然命笔。

是为序。

于富生
2014 年 4 月于中国人民大学明德楼

前 言

近年来，有关管理层薪酬激励的各种论述和研究可以说是汗牛充栋，举不胜举。这一问题始终是经济学、管理学、公司治理领域中的热门话题之一。这一方面说明这个问题的重要性和广泛性；另一方面，也说明了薪酬激励问题的深刻性和复杂性。2007年中国平安董事长马明哲逾6 000万元的年薪再一次将高管薪酬问题推到了舆论的风口浪尖上，《2009年中国上市公司100强公司治理评价》报告中指出，中国百强上市公司高管报酬在2007—2008年度进一步呈现出大幅跃升趋势，而伴随着报酬总额增幅高达111.23%的却是沪深两市上市公司整体盈利能力同比下降21.71%，这不得不引起我们对高管薪酬契约治理效率的再次深入思考。公司治理的目标是实现公司长期的价值最大化，而公司价值又取决于公司现在的利润和未来的成长性，公司未来的成长能力更强，才能保证公司长期价值最大化目标的实现。现有学者的研究大都基于薪绩相关性视角进行薪酬制度设计及激励有效性分析，这种仅仅局限于当期绩效的分析可能会由于视角狭隘和短视行为造成激励弱化，导致激励目标偏离公司长期价值最大化的终极利益。因而，本书基于公司成长能力的视角进行薪酬制度的设计和激励效率的分析既能更好地体现绩效的多维性、动态性特点，也更有利于发挥薪酬机制的长期激励效应，对实现公司长期价值最大化目标更具有现实意义。

本书受新疆财经大学基金项目资助，在本人博士学位论文的基础上修改完成，对如何从制度上保证管理层薪酬激励的长期效力进行了初步的探讨。在经济全球化深入发展的今天，企业面临的经营环境越来越复杂，变化速度之快、范围之广是前所未有的，因此，企业管理者薪酬激励应该与组织环境、组织特征、组织战略相匹配，才能保证企业健康、持续成长。纵观国内外企业的兴衰沉浮，一个共同的规律就是，谁坚持长期战略，追求长期效益，谁就有旺盛的生命力；相反，过分追求年度利润，把短期经营目标和市场目标作为行动导向的企业，其兴也悖，其衰也悖，始终走不出短命的怪圈。而且过于关注短期利益会迫使管理人员急功近利,当公司的业绩下降、股价大跌、股票市值缩水时,就会成为众矢之的,给管理人员带来巨大的压力,使他们不得不集中注意短期利益。其实,一个高速成长的企业在一两个年度内收入下降,进入调整期是十分正常的企业行为和市场现象,只能上,不能下的短线思维是饮鸩止渴,是造成管理者短视的根本原因。企业长期战略与短期利益的相辅相成,才是一个公司持续成长的根本保证!

因此,本书主要从公司成长的视角,对我国上市公司管理层薪酬激励效力进行了理论分析和实证检验。首先,通过对薪酬激励和企业成长的相关文献进行梳理,剖析了现有文献的研究局限和激励实践中存在的问题,进而提出本书的研究视角和切入点。其次,从公司成长能力理论和薪酬激励理论出发,分析了管理者在企业成长中的中心地位和关键作用,而激励机制又是促使管理者人力资本高效发挥作用的有效途径,因而管理者薪酬激励与企业成长之间会表现出一定的正向联系,从而奠定了本书分析的理论架构。再次,为了进一步对前述的理论分析提供坚实的证据,本研究分别从薪酬激励方式和激励强度两个层面与公司成长能力的关系进行了实证检验,在实证中为了更好地体现绩效的多维性和动态性的综合信息,采用了因子分析法来计算公司成长能力指标,并采用均值回归和分位数回归方法更细致全面地检验了激励方式、激励强度与公司成长的相关关系。最后,本书以为薪酬激励机制不是一个孤岛,它和公司内外部制度环境密切相关,因而进一步考量了公司所处的内外部制度环境对薪酬激励效应的影响,认为在企业内外部的相关制度机制有效发挥治理作用的情况下,薪酬激励是可以接近最佳激励效果的。

本书只是对该领域在研究视角、研究思考和研究方法方面做了有益的探索,得到了一些创新的发现。诚然,受个人水平和时间所限,本书可能存在一定的疏漏甚至错误,恳请读者不吝指正。

王海燕

2014 年 4 月

目 录

1 导　论

1.1　选题背景

进入 21 世纪以来，经济全球化的深入发展使得无国界竞争逐步形成，企业经营的市场已不再是政治疆域内的国内市场，而是一个全球一体化的市场。面对日益激烈的国际市场竞争，企业将如何提升公司绩效和持续成长能力，如何在激励与绩效匹配的情况下，更好地发挥公司高级管理人员的管理才能，已成为理论界与实务界共同关注的课题之一。

1.1.1　国际竞争形势加剧

现有经济理论已经证明世界经济的一体化能够推动全球生产力的发展，但我们还必须清醒地认识到，经济全球化发展是一把"双刃剑"，它在推动全球生产力发展，加速世界经济增长的同时，也加剧了国际竞争，增加了国际风险，并对国家主权和发展中国家民族工业带来了严重的冲击。面对日益复杂的市场环境，各国企业将不可避免地要面对激烈而严酷的外来竞争，这使得企业持续成长能力的研究具有了高度的紧迫性。有资料显示，从 1990—2005 年间，超过一半的巨型公司从世界 500 强中黯然退出，而与此形成鲜明对比的是，在欧洲、北美和日本，却仍然存在着许多寿命在 100 年以上的公司，瑞典的斯道拉（Stora）公司是欧洲最大的木浆和纸业生产公司，到目前已经持续经营了 700 多年，经营状况仍然良好。为什么有的企业能不断成长，百年基业常青，而有的企业却早早退出了历史的舞台，难免衰亡的命运呢？历史实践表明，日益激烈的全球市场竞争，检验的不仅是企业的效率，更是对企业掌舵人的考验。面对着机遇与风险并存的全球化市场，管理者是企业之帅、企业之魂，他们的决策与管理行为往往会对公司的发展目标和战略方向产生重要的影响，从而决定着企业的生死存亡。京都大学的新小田泰平认为，"日本企业破产的主要第一层次的原因就是经营管理者能力欠缺，以及经营管理不善而导致的事故、损失、企业活动停滞等"。John Argenti（1976）通过案例研究和理论分析，也得出结论认为，导致企业失败的第一项原因就是企业管理差。

从这个意义上说，作为企业管理的执行者——管理层的作用在企业中至关重要。愈加激烈的国际竞争形势，更需要企业设立合理的治理结构，有效的激励约束机制，从而激发公司高级管理人员的潜能，使他们能够更具有前瞻性战略和创新型理念，以更积极和敏锐的心态应对严峻的内外部市场考验。

1.1.2 我国企业面临的机遇与挑战

面对经济全球化的发展趋势，市场竞争往往表现为大公司、大集团的科技、产品、服务、形象以及综合素质的竞争，中国企业要想在国际竞争中生存和发展，就必须突出发展大企业。从国际经验来看，大型企业对于一国的国民收入增长、宏观经济稳定、技术发明与创新以及参与国际竞争等方面都具有重要的作用。

20世纪70年代以来，愈发激烈的市场竞争导致世界范围内企业的平均寿命都在缩短。相关资料显示，欧洲和日本的企业平均寿命为12.5年，美国每年新设立的50万户企业中，60%能存活1年，5年内只剩下20%，而10年内还能够继续存在的只有4%。我国从改革开放以来，在市场经济条件下，新建企业的生命周期和品牌周期超过5年的不多，超过10年的更少，其中民营企业的平均寿命仅为2.9年。在1999年《财富》全球论坛上海年会上，一句"欲称霸世界，先逐鹿中国"更是让中国企业别有一番滋味在心头，欧、美、日的一些跨国公司欲得"中国第一"的发展战略，使中国企业的生存环境更加严峻，中国企业只能按照国际通行的"市场规则"，在"与狼共舞"中，求生存图发展，只能更积极地融入到世界经济发展的浪潮中。

从20世纪90年代开始，为提高我国企业的国际竞争力，国企改革提出了"抓大放小"战略①，强调要进一步提高国有经济的质量和效益，培育实力雄厚、竞争力强的大型企业和企业集团。在经历了30多年的努力和发展后，我国经济实力不断提升，目前，已有30多家企业跻身世界500强，经济实力的提升奠定了国际竞争综合实力的基础，也从实践中证明了发展大企业在国际竞争中的战略意义。但是，我们也应清醒地看到，我国大型企业数量并不多，世界排名比较靠后，在国际市场中的影响力还较小。2011年我国国民经济和社会发展"十二五"规划纲要中，仍然将央企的成长与"走出去"作为重要的发展任务之一，这就说明如何在国际形势变换、竞争加剧的全球市场中，发展大公司、大企业，不断提高企业的经济效率和效益将是我们面临的一个长期课题。

企业的竞争表面看来，表现为产品和市场的竞争，其背后却反映的是企业发展的最关键因素——人才的竞争力，美国知名学者托马斯·彼得斯就认为，企业或事业唯一真正的资源是人。长期以来，中国企业把人才简单地等同于劳动力来使用，人才选拔的视野过于狭窄，分配机制不灵活，不重视市场对企业管理人员自身价值的认可和管理者自身素质的提高，这与大型企业、跨国公司人才"优质优价"的惯例形成鲜明的反差。因而，面对日益激烈的国际竞争形势，要保证企业的持续、健康成长，就必须建立科学的绩效测评和薪酬激励体系，从体现人才的真正价值视角来激发管理者的潜能，激励管理人员不断学习、努力创新、勇于进取的精神。面对复杂的外部形势，企业建立了合理有效的薪酬激励制度，才能够更好地促使管理者辨析风险，抓住机遇，从而保障企业的健康、持续成长。

1.1.3　管理层薪酬激励有效性的再思考

近年来，伊利股份、海南海药的过分激励，金融业上市公司高管的天价年薪，就连一些ST公司的高管年薪也在节节攀升，对于这种高管人员收入水平脱离公司实际经营状况的现象，引起了公众的种种质疑，也引发了我们对上市公司高管薪酬契约有效性的再思考。

①　李从国.把搞好搞活国有经济落到实处——对"抓好五百至一千家国有大企业"战略的思考与探索［N］.人民日报（理论版），1995，6（6）.

不同的报酬形式对于管理者行为又具有不同的激励效果（Lewellen & Martin，1987），要使报酬制度既能满足管理者现在的利益要求，又能引起其对未来财富的预期，就需要从短期和长期激励融合的视角来研究管理层报酬与公司成长绩效的关系，合理安排奖金与股权等长短期激励形式与激励强度的比重，才能更好地提升激励效果。

目前，国际形势动荡，市场竞争更为复杂化、多样化，企业领航人必须高屋建瓴，具有敏锐的判断力和执行力，才可能带领企业走向强盛。然而，不断出现的激励失效和激励扭曲的事实又时刻提醒着我们，如何才能准确地体现管理者的努力程度？怎样的薪酬契约才能更具有现实激励效果？这些问题仍然需要我们深入分析和认真思考！我国的市场经济尚处于逐步完善过程中，薪酬契约的有效性和合理性仍需要进一步改进和提高，对于上市公司管理层薪酬激励机制是否能更好地提升公司持续成长能力，是现实留给理论工作者的迫在眉睫的重要任务。特别是2005年，中国证监会颁布了《上市公司股权激励管理办法（试行）》，2006年国资委和财政部颁布了《国有控股上市公司（境内）实施股权激励的试行办法》后，中国上市公司股权激励实践在股权分置改革后迅速、广泛地开展起来，该办法要求股权激励收益要与业绩指标的增长挂钩浮动，但是按新办法执行的股权激励能否真正促使管理者愿意承担风险而为公司带来更多的收益，也需要从公司长期发展绩效的视角来寻求现实的证据支持。

1.2 研究目标及研究意义

1.2.1 研究目标

在委托代理关系下，企业管理者人力资本是企业发展的决定力量，这种稀缺资源能否得到高效的开发和利用，在很大程度上取决于经济激励机制的激励效率。因而，本书在查阅大量文献的基础上，结合我国上市公司的实际，从管理层薪酬激励与公司成长能力这个新的研究视角入手，尝试从企业成长战略的全局视角上，细致分析和检验不同的激励方式及激励强度对公司当期业绩与未来业绩增长效率的不同影响作用，期望发现我国管理层薪酬激励实践中存在的问题，为上市公司管理层薪酬激励政策的制定提供理论基础，也为上市公司报酬契约的设计提供现实依据。本研究的具体研究目标包括以下几个方面：

第一，在梳理激励理论、公司成长能力理论的基础上，剖析管理层薪酬激励对公司成长能力的作用机理，构建本研究的理论分析框架，并从理论视角考量了不同激励方式和激励强度对不同激励目标的影响差异。

第二，从管理层薪酬激励与公司成长能力的相关关系视角进行实证研究，分别检验不同激励方式、激励强度对公司当期成长绩效、未来绩效以及未来业绩增长的激励作用，分析考察不同激励形式与激励强度对公司成长的激励效应差异，为前述理论分析寻求经验证据。

第三，基于我国的特定制度环境，进一步考察公司内、外部制度环境因素对管理层薪酬激励效应的影响，并在相应经验证据的基础上，提出完善我国上市公司管理层薪酬激励机制的政策建议。

有效的激励契约应该是一种结果导向的柔性管理，它充分尊重管理者的能力和权力，在不限定条条框框的前提下，将管理者的自身潜能充分挖掘出来，最大限度地发挥其自身的能力。因而，本书的研究尝试进一步深化和扩展管理层薪酬激励的有效性研究，从公司成长能力的全局视角切入，分析不同的激励方式与激励强度对公司当期业绩和未来业绩增长的影响，为结果导向的激励型薪酬制度的完善提供新的科学证据和理论支持，也期望为我国上市公司进一步完善薪酬制度建设、提高激励效率提供参考依据。

1.2.2 研究意义

进入 21 世纪以来，在新的全球经济系统的国际分工中，成本和质量优势只是进入市场的基本条件，要想在全球竞争中快速发展必须依靠企业持续的技术创新和发展能力，这也成为高层管理者的首要责任[①]，

---

① HOFFMAN, HEGARTY. Top Management Influence on Innovations: Effects of Executive Characteristics and Social Culture [J]. Journal of Management, 1993, 19 (3): 549-574.

管理者的开拓性思维和前瞻性决策能力对企业的生存与发展至关重要。我国上市公司是国家经济的主体，大多是由具有优质资产的国有企业改制而成，上市公司的持续成长与壮大不仅是管理者努力的方向，也是广大投资者和所有者追求的目标，是资本市场健康运行、国民经济可持续发展的动力源泉。因此，探讨在我国的制度环境下，管理层薪酬激励机制对公司成长能力的激励作用无论是对理论研究还是实践指导都是一个十分有意义的研究课题。

1) 本研究的现实意义

（1）从公司成长的视角进行薪酬制度的设计是公司发展实践的迫切需要。由于国际竞争加剧，我国又处于转轨经济的制度背景下，企业面临着结构调整和提升整体竞争实力的巨大压力，在这其中，上市公司作为我国经济发展和运行的中坚力量，在确保经济增长、实现国民经济战略调整和优化经济结构等方面发挥着重要的作用。要培养上市公司强大的国际竞争力，促进公司健康持续成长，离不开管理层的努力和能力的发挥，管理者在执行各项决议中会面临许多新问题，需要探索、创新，其权利的运用难以用契约或规章加以具体约定。因而，上市公司应该面对现实风险，基于企业成长战略和发展策略，建立健全科学的长短期薪酬激励机制，从薪酬形式的多样化和风险分担的激励强度视角，激发和调动高级管理人员的主动性和创造性，从而保证我国上市公司在激烈的国际市场竞争中能不断发展壮大。因而，对上市公司管理层的薪酬激励与公司成长能力的关系研究具有现实性和开拓性。

（2）从企业成长的角度进行管理层薪酬激励制度的设计，能更好地发挥薪酬契约的长期激励作用，确保企业价值最大化的长期利益导向。我国上市公司薪酬激励实践中目前仍普遍存在着各种激励失效的现象，如报酬与绩效不匹配、过度激励以及既得利益高管的集体辞职等种种激励异象，说明仅仅从薪酬与当期业绩相关的视角进行激励制度的设计，不仅难以避免管理者的短期机会主义行为，也会使薪酬激励的治理效应大打折扣。从企业实践的终极目标——企业成长的角度来进行管理层薪酬制度的安排，不仅能较好地解决管理层激励的"短视"问题，而且能够将激励机制纳入公司治理结构的统一架构下，使管理层薪酬激励与公司战略、组织策略及公司成长绩效相互支撑、相互配合，形成企业成长合力，最终实现企业长期价值最大化目标。

（3）本书的研究更为关注的是管理层薪酬激励效率的提高。我们从公司管理层激励实践出发，定量地检验了我国上市公司管理层薪酬形式、薪酬构成对公司成长绩效的激励效力，发现不同的激励方式对公司长短期绩效目标具有不同的激励作用，激励强度变量也会因公司的业绩增长速度不同而表现出不同的激励效力，因此，薪酬制度设计要与公司业绩增长特点相吻合才能更好地发挥激励作用。此外，在我国转型经济时期，新的市场化的经济制度还没有完全建立，在这种条件下，不同的企业会选取不同的成长途径，企业所有者以及高级管理人员受到其历史路径依赖的影响，会对企业施加不同的制度压力，从而影响到薪酬制度的激励效果。

2）本书的理论意义

（1）从企业成长的全局视角诠释了管理层薪酬激励机制的作用，拓展与深化了管理层薪酬激励的研究领域。从两权分离的现代企业制度建立而产生了代理问题开始，管理层薪酬激励制度就被看做是降低代理成本，解决代理问题的有效途径之一，学者们纷纷从薪酬与业绩的相关性视角来检验激励机制的有效性，认为通过薪酬制度的设计，能够降低代理成本，从而实现企业价值的最大化。然而，回归现实放眼全局，所有企业追求的共同目标是企业的健康、持续成长所带来的企业长期价值最大化，企业的长期价值不仅取决于企业的当期收益，更主要的是取决于企业未来的成长能力，只有实现了企业的持续成长，才能保证企业长期的价值最大化目标的达成。现有研究仅仅局限于管理层薪酬与当期绩效的相关性研究，可能会弱化薪酬激励的长期激励作用，使激励效应偏离了公司的长期利益。因此，从公司成长战略的全局视角来探讨公司管理层薪酬激励的效率问题，对各种管控工具的整合、提高治理机制的合力效应具有一定的理论指导意义。

（2）为合理化薪酬制度设计提供理论支撑。本书通过分析激励方式与激励强度与公司成长绩效的关系，进一步揭示了薪酬结构对企业成长的关键激励作用，指出企业应基于自身所处的制度环境、发展阶段和增长特点设计适合自身成长战略的薪酬结构安排，才能最大限度地发挥薪酬激励作用。这样的分析视角不仅能为激励政策与激励机制的设计提供理论借鉴，而且从管理层薪酬激励的角度阐述与公司成长战略的匹配，对公司的持续健康成长也有较强的理论指导意义。

成长能力是上市公司的灵魂，是资本市场的生命，也是保证国民经济稳定、持续增长的动力源泉。而企业管理者则承担着公司成长战略提出、战略执行等关系公司生存与发展的重大任务，其能力的发挥及努力程度直接决定着企业物质资源的配置效率及在市场竞争中的地位。因此，对管理者的激励问题是公司治理研究中的一个重要方面。本书尝试从公司成长的视角，分析了管理层薪酬激励对公司成长能力的激励作用，并综合考虑了内外部制度环境的影响，期望以公司长期价值最大化为目标指引，基于不同的环境特征和制度因素，设计不同的薪酬制度，从而形成各种治理工具的合力效应。

1.3 研究内容与逻辑架构

本书以我国上市公司管理层薪酬激励与公司成长能力的关系为研究对象，具体探讨高管人员的薪酬激励机制对上市公司成长能力的影响机理，试图回答：现有的管理层薪酬激励机制对上市公司成长能力会产生怎样的作用效应？特别是股权分置改革后，我国上市公司的股权激励方式得到了广泛而深入的开展，其是否真正发挥了应有的长期激励作用？不同的激励方式和激励强度对公司成长能力的"质"和"量"的影响是否有显著差异？在我国特定的制度背景下，股权激励是否能真正促使管理层的行为长期化，从而更加关注公司绩效的持续健康成长？我们将围绕上述问题，以我国 A 股市场的上市公司为样本，对管理层不同的薪酬形式和激励强度的激励效应展开理论分析和实证检验，并基于实证结果提出完善我国上市公司高管人员薪酬激励机制的政策建议。

1.3.1 主要概念界定

（1）公司管理者的界定。本书所界定的公司管理层包括董事、监事、经理及相关管理人员。从我国上市公司的经营实践出发，董事、监事与总经理之间是合伙关系，他们共同对公司重大事务进行决策和责任分担。一般董事会主要决定公司行为的各种标准，而具体的管理工作则由总经理负责。因此，关键问题是董事会与总经理之间的权力均衡，有时董事会说了算，有时又是总经理说了算。《上市公司股权激励管理办法》中也规定股权激励对象可以包括公司董事、监事、高级管理人员等。因而，将董事、监事、经理人员全部纳入研究的管理层范围，更符合我国上市公司的实践背景。本书中出现的企业家及经营者的概念，其含义与本书界定的公司管理者不做区分。

（2）激励方式的界定。在市场经济条件下，管理者对经济利益的追求往往是其首要的动机，对经营者的经济激励也是公司制企业中最主要和基础的激励手段。因而，本书着重研究管理者的经济激励形式对公司成长的激励效应。经济激励主要是指与公司业绩相联系的管理者薪金报酬，包括上市公司年报中公布的现金收入和股权价值，不包括管理者的隐形收入和职位消费。本研究将管理层薪酬激励方式，划分为现金薪酬和股权薪酬两部分，并对现金薪酬和股权薪酬这两种激励方式对公司成长能力的影响进行分析和检验。这样划分，一方面是考虑数据的可得性，另一方面是基于这两种激励方式的激励目标的差异。管理者的现金薪酬主要包括管理者的工资、奖金、年薪等以现实货币形态发放的薪金，一般基于当期绩效确定，是一种短期激励方式。作为长期激励的股权薪酬主要包括限制性股票和股票期权两种激励方式，在未来达到预期业绩目标时能够转化为现实货币收益，因而具有长期激励效应。

（3）激励强度的界定。本研究从薪酬机制设计的视角出发，认为激励强度是指薪酬结构的制度安排，体现了对管理者的效用满足和利益"刺激"的程度大小。对管理者的利益"刺激"越大，则薪酬激励强度越大。通常情况下，相同的薪酬制度安排在不同的公司、不同的制度环境中其激励效果可能并不相同。在实证检验中我们主要通过薪酬结构中股权激励所占份额与现金的薪酬层级差距来度量激励强度的大小。

（4）企业成长能力的界定。企业"成长"一般指企业规模扩张与利润质量的改善与提高；"能力"指企业配置资源的本领；企业成长能力则是企业在一定时期内保持整体发展态势的能力，表现为企业通过配置和整合所拥有和控制的各项资源要素而带来的盈利增长和规模扩张，是随着市场环境的变化，企业资产规模、盈利能力、市场占有率等持续增长的能力，反映了企业未来的经营实力和发展前景。通常而言，企业成长能力包括数量增长和质量提高两个方面：数量增长体现在公司销售量的增大、企业利润增加、人员及资产规模增加等方面；质量提高体现在公司的结构调整、制度创新、人员技能的提高，以及竞争力、战略和管理行为等方面的优良表现，质量提高带来的是公司长期业绩更有效率的增长。

此外，本书中所指公司绩效是个广义的概念，不仅包括公司当期绩效表现，还包括公司未来的业绩增长，是指公司成长能力的绩效体现。

（5）制度环境的含义。制度环境是指我国上市公司所处的、影响其行为效率的内、外部环境因素。外部环境因素通常包括政治、经济、文化和法制环境，如市场竞争、政府治理、法制水平、契约文化等方面（夏立军、方轶强，2005）。内部环境主要指公司内部治理机制，具体有董事会治理、股权结构、管理层激励等内部制度环境。目前，我国尚处于转轨经济阶段，各地区市场、经济及技术发展水平极不均衡，不仅会对公司的成长产生影响，而且影响到各种治理工具治理作用的发挥。同时，我国上市公司的内部治理结构也处于逐步完善进程中，不同的治理机制之间存在着相互促进和替代的作用，因而，对上市公司薪酬激励效应的研究，需要进一步探讨基础制度层面因素的可能影响。

1.3.2 研究内容

公司价值是公司未来现金流量的现值，因而，公司当期绩效只是影响公司价值的一个组成部分，要实现公司价值最大化目标，就必须激励管理层努力提高公司未来的、长期的经营业绩，即公司未来的成长能力，只有保证公司的健康持续成长才能实现公司的长期价值最大化目标。因而，本书从公司成长的视角出发，将我国上市公司管理层薪酬激励与公司成长能力的相关关系作为研究主题，考察2006年以后我国股权激励广泛而深入开展后，现有的薪酬制度是否能够真正激发公司人力资本的潜力，真正激励经理层从股东利益的角度来努力提升公司成长能力，从而实现公司长期价值最大化的目标。管理层薪酬激励的效果，必然与激励的方式和强度紧密相联，因而，本研究着重考虑从薪酬激励方式和激励强度的角度分别分析与检验了其与公司成长能力的关系。

本书的研究共分为 7 章，各章的主要内容阐述如下：

第 1 章导论，主要介绍了本研究的选题背景，选题意义，以及研究目标，同时，在对研究内容及论证结构进行逻辑梳理的基础上，指出了本研究的创新之处。

第 2 章主要对现有文献进行了回顾，在文献梳理的基础上，剖析了现有文献的研究局限，并提出本书的研究视角及切入点。基于本书的研究思路，我们首先从企业成长与企业价值的相关性、管理者能力对企业成长的决定作用以及企业成长能力评价三个方面对企业成长的相关文献进行了回顾；其次，我们梳理了薪酬激励与公司绩效、薪酬激励与公司成长性的文献；最后，我们还回顾了制度环境对薪酬激励机制影响的相关文献。

第 3 章是理论基础与制度背景分析。本章首先细致阐述了公司成长能力理论和薪酬激励理论，在此基础上，从理论视角分析了薪酬激励对公司成长能力的影响作用，尝试提出本研究的理论支撑架构；同时对我国的制度环境与薪酬激励实践进行了回顾与分析。

第 4 章是本书的主要实证部分之一，目的在于寻找理论分析的经验证据。根据前面的文献回顾与理论分析，本章重点是对不同的薪酬激励方式与公司成长能力的关系进行实证检验。我们首先使用因子分析法在各项规模扩张与盈利能力增长指标中提取出反映公司成长能力的公因子，并计算出当期业绩的"综合评价指数 Y"和公司未来业绩增长的"增长效率指数 GY"作为因变量，用管理层现金薪酬与持有股权价值作为自变量，来检验不同的报酬激励方式的激励效果差异，回答了不同激励形式对长短期激励目标的不同激励作用。

第 5 章主要研究了激励强度与公司成长能力的相关关系。本章在第 4 章的基础上，进一步考察了股权激励比率与现金薪酬层级差距的报酬结构设计与公司成长能力的关系，来检验报酬激励强度的激励效果。一般而言，高风险激励形式所占的比重越大，管理者努力的边际收益越高，则激励强度越大；管理层内部薪酬差距越大，激励强度越大。因而，管理层薪酬结构的不同安排，可能对公司成长的激励目标具有不同的作用。

第 6 章在上述研究结论的基础上，综合比较了激励方式与激励强度变量的激励效应差异，并基于中国资本市场的特殊制度背景，进一步考察了公司内外部制度环境因素对成长绩效与薪酬激励效应的影响。我们首先从董事会治理效率与股权结构的角度分析了内部治理机制对薪酬激励机制作用发挥的影响，其次选择了市场化进程、政府干预、法制水平和产品市场发育程度四个层面，将样本分为制度环境好和制度环境差两个子样本，进一步检验了不同的制度环境因素对薪酬激励作用的影响。

第 7 章是本书的结论部分，在理论分析及实证检验的基础上，得出我们的研究结论以及相应的政策建议，并对本书的研究不足与未来的研究方向进行了预期和展望。

1.3.3 逻辑架构

本研究的逻辑结构主要分为三个部分：第一部分（第 2、3 章）在公司成长能力理论、激励理论和实证文献的基础上，梳理公司成长、管理者努力与薪酬激励三者之间的作用关系，并结合我国的制度环境影响构建本研究的理论分析框架；第二部分（第 4、5、6 章）在理论分析的支撑下，进行实证检验，寻找经验证据。首先，我们检验了不同激励方式对公司成长的当期绩效、未来绩效以及业绩增长效率的影响作用；其次，考察了不同薪酬结构的激励强度变量对公司成长能力的影响，并在此基础上进一步比较了激励方式与激励强度对公司成长能力影响的效应差异，为管理层激励的政策制定提供经验证据；最后，基于制度环境理论检验了制度环境因素对薪酬激励效应的影响，在比较了内部治理结构对薪酬激励效应的影响后，进一步将样本划分为制度环境好和制度环境差两个子样本，检验不同的外部制度环境对薪酬激励作用发挥的不同影响。本书的第三部分（第 7 章）是对全书的总结，基于全书的理论分析及实证检验结果，得出本书的研究结论以及相应的政策建议，并对本书的研究不足与未来的研究方向进行了分析和展望。

本书的论证结构见图 1-1 所示。

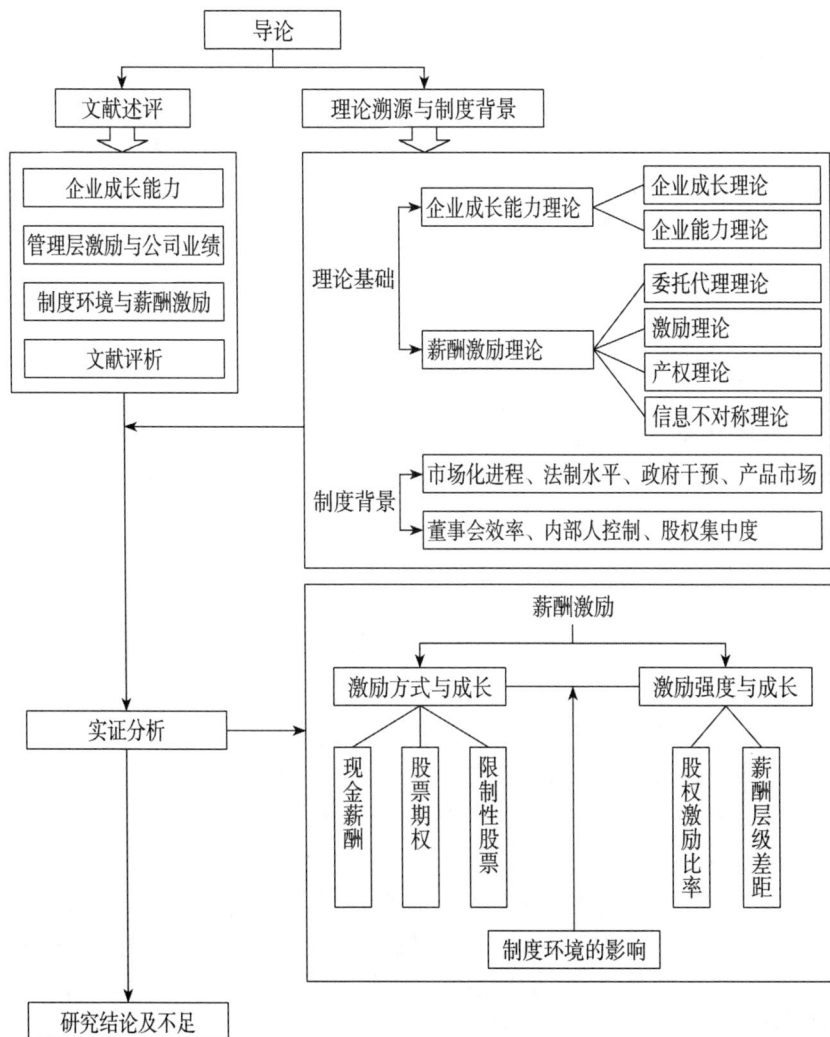

图 1-1　结构框架图

1.4 研究方法与研究创新

1.4.1 研究方法

公司作为一个复杂的经济系统，是多种因素相互影响相互作用的集合体。因而，本书在梳理前人研究成果的基础上，从系统科学的方法论出发，运用制度经济学、管理学、信息经济学、财务经济学等多学科交叉的理论和方法，以定性分析为基础，结合多元统计分析中的"因子分析法"、"多元回归分析法"等定量的数理统计分析方法，全面、系统地分析公司管理层薪酬制度设计及激励效应在公司成长中的关键作用。在论证中具体采用了以下研究方法。

（1）文献学习与调查分析方法：在广泛收集国内外公司成长及薪酬激励的具体资料和相关文献的基础上，一方面深入剖析我国上市公司管理层薪酬激励实践中存在的问题，另一方面对现有文献的研究局限进行归纳总结，通过对文献的梳理和实践的分析，提出本书拟研究的问题及研究目标。

（2）实证方法：我们选取了中国 A 股市场上市公司为研究对象，首先运用因子分析法从多指标中提取出反映公司成长能力的业绩质量因子和业绩增长效率因子，计算出反映公司成长的当期绩效评价指数和公司业绩增长效率评价指数，然后采用最小二乘回归和分位数回归方法对薪酬激励和公司成长的相关关系进行实证检验。

（3）比较及动态分析的方法：本研究运用系统论和权变观的思想与方法，在公司成长能力理论和激励理论的基础上，通过比较分析我国上市公司的成长和管理层薪酬激励现状，剖析上市公司管理层激励的方式和激励强度对公司成长的作用机理，归纳总结出不同激励契约的特点和异同。在比较过程中，尽可能地将分析架构纳入特定制度环境背景中，来检验其激励系数的敏感性和趋势变化。因此，在比较研究中主要侧重于客观地整理事实，在对客观现象的分析中寻找并发现其内在联系及运作机理，同时在比较分析的基础上提出政策建议。

对于本书的研究，笔者在全面研读文献的基础上，采用了文献梳理、理论分析及逻辑推理的方法进行理论分析和论证，提炼出本书的研究视角和研究架构，并运用 EXCEL、STATA 等统计分析软件进行数据整理和实证检验。

1.4.2　研究特色与创新

回顾本书的整个研究过程，笔者以为本书的一些富有启发性的创新点主要表现在以下几个方面：（1）研究视角的创新。本书突破现有国内外文献囿于薪绩相关性视角检验激励机制有效性的局限，而是从一个新的、全局性视角——公司成长的角度审视了管理层薪酬激励机制的激励效率，现有文献研究和薪酬激励实践中仅考虑当期薪绩相关的制度设计可能引致激励短视和经营奖励行为，而弱化了薪酬的激励作用，对未来业绩指标的预期也没有纳入公司成长战略的视角分解，也会削弱薪酬激励的长期激励效应。本研究从公司成长的视角进行薪酬结构的设计和检验，既能全面涵盖公司当期绩效，又能反映公司未来绩效和绩效增长效率的情况，能更好地体现出绩效的多维性、多因性和动态性特点，从而更为有效地发挥薪酬激励的长期激励作用。此外，从企业成长的长期预期视角来设计管理层薪酬制度，也符合管理决策行为效应的滞后性特点，更有利于发挥薪酬的长期激励效应，从而实现公司长期价值最大化目标。（2）现有研究主要侧重于薪酬激励的有效性分析，而本研究更为关注的是如何能够更好地发挥激励作用，提高激励效率。本研究通过比较激励方式与激励强度变量对公司成长能力的激励效应差异，发现激励强度指标具有更有效的长期激励作用，在公司业绩增长效率的不同阶段，激励强度变量的作用效力不同，因而，提高薪酬长期激励效率的关键是基于公司的成长特点和业绩状况来设定不同的薪酬结构。薪酬激励强度设计是提升公司未来绩效，推动公司业绩增长的关键环节。（3）本书率先考虑了地区经济发展水平的差异、法制水平及政府干预等因素对管理层行为背景及价值认同的影响，从而影响了激励机制的作用发挥，增强了研究结论的可靠性。国内仅有的少量研究，只分析考虑了公司内部治理结构对管理层薪酬机制发挥激励作用的影响，本书进一步考察了公司所处的外部制度环境对管理者行为及薪酬制度执行效率的影响，既丰富与拓展了管理层薪酬激励领域的文献，而且研究结论将更有说服力，也更具有现实意义。

2 文献述评

管理层薪酬激励是近年来学者们普遍关注的热点之一，而企业能否健康持续成长则是现实公司的永恒追求。本章主要通过对企业成长与管理层薪酬激励的相关文献进行回顾与分析，为本书的研究奠定基础。

2.1 企业成长能力

国内外学者从经济学、管理学、行为学、心理学等多重视角探讨了公司成长问题，相关文献可谓汗牛充栋，不胜枚举。基于本书的研究需要，我们主要从公司治理与管理激励的视角梳理了相关文献，涉及了企业成长与企业价值的相关性、管理者对企业成长的决定作用，以及如何评价企业成长能力等方面。

2.1.1 企业成长与企业价值

企业成长表现为企业经营效率的提高，而经营效率的提高必然带来股东财富的增长，因此，企业成长将是企业价值增值的必然保证。Roppaport（1980）的研究指出，企业的可持续增长应与持续的价值创造是一致的，企业持续增长带来的是股东价值的持续增加。Baker（1993）的实证研究则表明，企业当前的成长性与企业的价值增长有显著的正相关关系。Young & O'Byrne（2000）的研究发现，企业的价值增长与产品销售增长率呈现出显著的正相关关系。Shin & Stulz（2000）将企业价值分解为资产价值和增长价值，研究发现，合理的增长率是为企业带来现金流的增长率，即使企业增长波动性很大，合理的增长率也会给企业带来更多的增长价值，从而会使企业保持持久的增值性。Olson & Pagano（2005）运用可持续增长与价值最大化原则之间的关联，对 1987 年至 2000 年美国商业银行兼并后的股票业绩进行结构检验，结果表明，当兼并引导企业走向持续增长的良性发展道路时，股东才会获得财富。曹玉珊、张天西（2005）的实证研究则表明，中国上市公司的可持续增长率总体上具备价值相关性，与会计盈余、每股净资产及经济附加值相比，可持续增长率的价值相关性更高。

2.1.2　管理者能力与企业成长

（1）企业成长的影响因素。法国经济学家吉布莱特（Gibrat, 1931）认为，影响企业成长的因素十分复杂，导致了不同视角的研究结论具有多样性的特点，但总体来说影响企业成长的因素可以分为企业外部因素和企业内部影响因素两大类。Chandler（1962）、Porter（1980，1985）、Hill ect.（1987）、Henriques & Sadorsky（1996）等人对公司成长的一般环境包括政治、经济、社会、技术、政府的环境管制、股东、顾客、社区等因素进行了分析，认为企业的经营战略和组织结构要适应环境的要求，随环境变化进行灵活调整，才能实现可持续成长的目标。Penrose（1959）、Bianchi（1995）、Barkema, Baull & Mannix（2002）等人却认为，公司成长取决于企业内部的管理活动、学习能力、创新力等因素，企业内部的管理创新能力是限制公司成长率的基本因素。Storey（1994）从企业家、企业和战略三个层面进行了梳理，认为企业的市场定位、产业属性、所处地域位置及规模，企业家的创业动机、行业背景及管理经验等内外部因素都会影响企业的成长，这三个方面的因素协调运作的合力才能实现企业的快速成长。Cardozo R. N.（2000）的研究也认为，企业外部的市场环境、内部组织管理和资源配置能力都会影响到企业的成长。

我国学者鲁德银等（2003），邬爱其、贾生华（2004）等人的研究认为，制度是促进企业成长的重要因素，明晰的制度能够保证各利益相关者的利益，从而实现企业的持续成长。刘万元（2002）从企业方面和政府层面分析了影响企业成长的因素，包括政府观念、政府政策、政府职能、法律，以及企业文化、人力资源、管理方式和研发技术能力等。李向前（2005）分析了资本结构、技术创新、个性化服务、管理

20

和文化对企业价值形成的重要影响。张维迎（2005）从竞争力角度研究民营公司成长问题，认为民营公司成长最核心的因素是独有的核心竞争力。他提出了民营公司成长的七个关键因素：宏伟可行的成长目标、可行的发展战略、有效的组织架构、获得资源的能力、良好的信誉和形象、高素质的领导团队、合格的继承人。张明、许小明（2005）从经济转轨的角度提出了制约企业成长的思维变量，包括企业内部微观层面的资源整合与运营效益，企业外部的产业组织竞争与合作、市场需求、市场容量及政府规制等因素。这些学者的研究表明影响企业成长的因素纷繁复杂，而对这些外部因素的识别判断、内部资源的配置与运用都离不开管理者的能力与努力，于是学者们开始关注管理者在企业成长中的关键作用。

（2）管理者对企业成长的决定作用。早在 19 世纪，新古典经济学家马歇尔就已经认识到企业管理者在企业成长中的作用，他认为企业家是推动企业成长的关键因素。随后，一些学者的实证研究也为马歇尔的观点提供了经验证据。Chandler & Hanks（1994）的研究认为，企业家的管理能力是组织效率的源泉，会影响到组织的成本控制、质量优势和技术创新；企业家的战略定位能力则体现了组织的灵活性与适应性，从而影响到企业的成长方向和成长空间。Churchill N. C. & Lewis V. L.（1983）从企业成长的决定因素与企业成长阶段相融合的视角进行分析，认为经营者的工作能力在不同的成长阶段都发挥着重要的作用。Bruce R. Barringer（2005）等人则通过定量分析比较快速成长与缓慢成长企业的异同，认为企业家作用、企业特质、业务开展和人力资源管理四个方面是决定企业快速成长的根本要素，其中企业家作用是企业快速成长的关键。Massimo G. Colombo & Luca Grilli（2005）选取了意大利506 家高新技术企业进行实证研究发现，企业家所受教育的性质、曾经的工作经验对企业成长产生着关键影响，在科技领域尤其是经济管理方面受过大学教育、具有在同一行业新企业工作经验的企业家对样本企业的成长具有明显的促进作用。

我国学者则更多地从管理者能力特征的视角分析了对企业成长的影响。赵曙明等人（2002）论述了企业成长与人力资源管理的一般关系，指出人力资源管理是保持企业可持续发展的动力源泉。张书军（2003）以民营企业为样本，分析了企业家能力特征对企业成长的影响，指出企业家的资源组织能力和学习能力对企业成长具有关键的决定作用。贾生华（2004）的研究强调了企业家能力与企业成长模式的匹配，作者在厘清企业成长机理的基础上，进一步分析了企业家能力与企业成长模式演变的匹配情况。鲁德银等（2005）以湖北省中小企业为样本的实证研究表明，经营者能力是企业成长的必要条件，对企业的持续、健康成长起着重要的促进作用；同时作者指出，企业的激励约束机制是经营者付出努力的动力源泉。贺小刚、李新春（2005）对企业家关系能力、战略能力以及管理能力与企业成长的关系进行了实证研究，认为企业家关系能力对企业成长的促进作用会受到企业家战略能力和管理能力的影响，同时，结构约束性因素和企业家背景因素都会制约企业家能力的作用发挥。还有一些学者从企业家关系能力和社会资本角度来探讨中国企业家能力与企业成长问题（Park & Luo，2001；边燕杰、丘海雄，2000）。这些学者的研究都表明，管理的能力及努力程度对企业成长起着关键的决定作用。

2.1.3 企业成长能力评价

对企业成长能力的评价，学者们也经历了从简单到复杂、从单一指标到指标体系的分析评价过程。Rappaport（1986）提出了七种价值驱动因素，包括销售及其计划增长率、固定资本投资、营运资本投资、营业利润率、所得税税率、计划期和要求的报酬率。Frykman & Tolleryd（2003）指出，价值驱动因素可分为财务价值驱动因素和营业价值驱动因素，典型的财务价值驱动因素包括资本回报率、权益回报率、营业毛利、收入增长率和营业资本增量，这些因素主要衡量企业过去的业绩，直接影响着企业最高管理层决策，通常会影响企业的整体价值。营业价值驱动因素则能够预测企业未来业绩以及未来现金流量，根据瑞典皇家工程科学院1999年在《成长公司价值评估》中公布的研究成果，主要可分为两类，共七个因素：一类是行业结构价值驱动因素，包括集中度、进入壁垒和行业增长率；另一类是智力资本价值驱动因素，包括品牌实力、管理层和董事会的能力与动机、创新能力和独立于个人的知识。

我国学者吴世农、李常青和余玮（1999）基于国内外学者的相关研究，并结合我国上市公司实践，从理论上分析了公司成长的特性，认为上市公司成长的真正含义是净资产收益率大于资本的平均成本和净利润的增长，公司的资产周转率、销售毛利率、负债比率、主营业务收入增长率和期间费用率是影响公司成长的关键因素。徐艳梅（1999）分析了企业规模扩张状况，指出企业规模的扩大对企业成长的推动作用是有限的，规模扩张并不能全面反映企业的成长状况。赵天翔和李晓丽（2003）的研究从投资者角度探讨了不同成长阶段的高新技术企业的成长性评价，他们认为，在公司初创阶段使用定性指标评价更为合理，在成长和扩张阶段需要建立定量财务指标体系，并采用层次分析法（AHP 法）和专家调查法确定指标权重。慕静、韩文秀和李全生（2005）以 2003 年我国成长企业 100 强为研究对象，综合分析了百强企业的排行报告和成长性特征，设计出包含成长速度、盈利能力和营运能力三项指标内容的公司成长性评价指标体系。郭蕊、张雁和吴欣（2005）以可持续成长为出发点，强调了社会环境、产业、技术、制度和财务五个维度的系统整合对企业可持续成长能力的决定作用，并进一步构建了对企业成长能力的五个关键维度的测评模型。

通过对公司成长能力相关研究文献的梳理，我们认识到公司成长能力与公司价值之间存在显著的相关性，是公司价值增长的源泉；要提升公司成长能力必须在洞察外部环境因素的基础上，强调内部资源的配置和整合能力。因此，企业管理者的能力发挥对企业成长起到重要的作用，从管理者能力和努力程度的角度探讨企业成长的问题具有重要意义（贺小刚、李新春，2005）。

2.2 管理层激励与公司业绩

管理层薪酬激励与公司绩效一直是理论与实务界关心的热点问题，学者们的研究焦点主要集中在报酬水平与公司业绩的相关关系方面，对于不同报酬结构的激励效果研究还比较欠缺（罗大伟、万迪昉，2002）。也有少数学者从公司特征视角，发现具有不同成长性的公司，报酬水平与报酬形式会有一定的差异。本书主要探讨不同激励方式与激励强度对公司成长能力的激励作用，因而，主要从管理层薪酬激励形式、薪酬构成以及公司成长性三个方面进行了相关文献的梳理。

2.2.1 激励方式与公司业绩

组合报酬契约是现代公司中管理层的主要薪酬形式，一个典型的组合报酬应该由代表保健因素的固定工资和代表激励作用的风险收入共同组成（斯蒂芬·P. 罗宾斯，2002）。公司在设计管理层报酬制度时必须考虑到不同报酬形式的激励效果和激励目标，才能使报酬制度既能满足经营者现在的利益要求，又能引起其对未来财富的预期，从而实现最优的激励效果（余津津、朱东辰，2003）。

Lewellen et al. （1987）认为，不同的报酬形式对于企业家行为具有不同的激励效果和激励强度，可以解决不同的利益冲突，有些报酬形式有助于减少经理人的风险规避问题，有些报酬形式则有助于减轻经理人的投资短视问题。Coughlan & Schmidt（1985）考察了现金薪酬与市场收益、销售额的相关关系，得出现金薪酬的变化与市场收益的变化正相关，与销售收入的变化非线性相关的结论。Abowd（1990）以 ROA、ROE、市场收益为自变量的实证研究发现，现金薪酬与会计收益指标弱相关，但与市场收益指标显著正相关。代理理论认为，管理层持股是一种激励或者风险补偿，持有股份的经理人员更有动机最大化公司的股票价值，因此它增加了激励的有效性。于是，更多的学者研究了股权激励方式的激励有效性问题。Kaplan（1989）、Smith（1990）的证据表明，经理人融资收购（MBO）后，公司绩效显著上升，说明持股对公司绩效具有激励效应。Mehran（1995）从 Tobin's Q 角度研究了 CEO 的权益报酬激励，他们发现 Tobin's Q 和资产回报与 CEO 股权报酬比例及 CEO 持有的股票份额呈现出显著的正相关关系。Francis & Smith（1995），Palia & Lichtenberg（1999）的研究表明，管理层持股能够克服管理者的短视行为，管理层持股比例越高，越有利于促进公司的管理变革，提高公司生产率，从而促进公司价值的提升。Hanson & Song（2000）认为，管理层持股有助于减少自由现金流量及代理成本，从而增加公司价值。Ofek & Yermack（2000）的研究发现，当管理层持股水平较低时，股权激励具有较好的激励作用，当管理层持股水平较高时，管理者会通过出售以前持有的股票来分散风险，从而降低了股权激励的激励效力。Ryan & Wiggins（2002），Coles（2006）等研究了股权激励下的研发支出情况，认为股权激励能够解决管理者风险厌恶而造成的投资不足问题。当然，也有不少的学者得出了相反的结论，认为管理者持有较多的股份反而会导致公司绩效的降低（Fama & Jensen，1983；Berkovitch & Isreal，1998；Raviv，1996，1998）。

我国学者早期的实证研究认为管理层薪酬与公司绩效之间不存在显著的相关关系，但随着资本市场的发展和公司治理的完善，我国上市公司管理层薪酬激励机制也逐步表现出了显著的薪绩相关性。魏刚（2000）在研究了上市公司高级管理人员普遍存在着"零持股"和持股水平偏低的现象之后认为，高管人员报酬水平与企业规模存在显著的正相关关系，但对企业绩效的激励效应不显著。李增泉（2000）的研究指出，我国大部分公司高管人员的持股比例都比较低，因此不能发挥股权激励应有的激励效力，但当经理人员的持股比例达到一定数量后，股权激励对管理者的影响作用就会表现明显，从而有利于提高公司业绩。袁国良、王怀芳（1999），谌新民、刘善敏（2003）等人的实证研究表明，公司管理层的持股比例与公司经营绩效之间的相关性非常低。于东智和谷立日（2001）检验了1999年上市公司经营者持股比例与公司绩效的关系，认为高级管理层持股比例总体上与公司绩效（净资产收益率）呈正相关关系，但不具有统计上的显著性；与此相反，也有许多学者的研究发现管理层薪酬与企业绩效之间存在显著的相关关系（周建波，2003；谢军，2005；王华、黄之骏，2006；叶建芳、陈潇，2008）。张宗益、宋增基（2002）以1999年为窗口，检验了管理层持股与公司绩效的关系，得出了与Morck等（1988）一致的研究结论，认为股权激励具有区间效应，随着持股份额的增加，经理行为存在从"利益趋同"到"利益侵占"再到"利益趋同"的变化过程。周兆生

（2003）选择了 1999 年前在 A 股市场上市的 911 家上市公司为样本，通过研究得出我国上市公司总经理的报酬水平较低，激励结构不合理，激励效应较小的结论。邱世远，徐国栋（2003）以 1999—2001 年的上市公司为样本，认为我国上市公司中的管理层持股具有显著的激励作用，从长期来看，拥有较高高管持股数的公司，其经营业绩比持股数低的公司的经营业绩好。周建波、孙菊生（2003）的实证结果指出，只有在那些成长性好、治理结构完善的上市公司中，对管理者实施股权激励才能获得较好的激励效果，起到激励管理者努力提高经营绩效的作用。吴淑琨（2002）的实证研究则认为，高管持股比例与公司绩效之间存在显著的倒"U"型相关关系。王华、黄之骏（2006）的研究也发现管理者股权激励与公司价值之间存在显著的倒"U"型曲线关系。杨蕙馨、王胡峰（2006）的研究结果则表明，企业绩效与前三名高管年度报酬总额显著正相关，而与高管持股不相关。李玲（2006）分行业考察了管理层薪酬与公司绩效之间的相关关系，指出企业应基于行业性质和自身特点相机选择不同的激励方式才能有效发挥薪酬激励作用。

以上文献主要从薪绩相关性的视角检验了管理层现金薪酬与股权激励的有效性，发现不同报酬形式的激励特点和激励效果并不相同，企业应针对不同的情况，兼顾公司的长短期经营绩效，合理配置报酬的构成，才能最大程度地发挥薪酬激励的作用。

2.2.2　薪酬结构与公司业绩

薪酬结构是指各种薪酬形式的组合及比例关系，薪酬结构的合理设置能够更有效地激励管理者，促进公司价值的提高（Mehran，1995）。本书主要从管理者显性经济报酬中最主要的现金薪酬和股权价值的激励比例及层级差距设置的角度分析报酬构成的激励效应。

1）股权比例与公司绩效

Jensen & Murphy（1990）的研究表明，报酬结构比报酬水平更能够促进公司价值的提高，股票期权等长期激励成分能够比现金报酬产生更大的激励效应。Mehran（1995）提出的证据指出管理者是由薪酬形式而不是由薪酬水平激励的，高管报酬中激励报酬的比例，比报酬水平更能够促进公司价值的提高。Ittner（1998）、Frye（2001）的研究结论也进一步支持了这种观点，认为增加 CEO 包括期权在内的股权激励比例的确能够提升公司绩效。此外，Lamber et al.（2001）、DeFusco et al.（2003）等人的研究也都表明股票期权对 CEO 具有更强的激励作用。Hall & Liebman（1998）对美国上百家公众持股的最大商业公司近 15 年的数据进行了实证研究，得出的结论是，经营者报酬和企业业绩的强关联几乎完全由于所持股票和股票价值的变化引起的，尤其是自 1980 年经营者所持股票期权大幅度增加以后，经营者的报酬水平和企业业绩对经营者报酬的敏感度都大幅度地增大。McConnell & Servaesto（2002）的研究也表明，Tobin's Q 随着管理层或董事会成员持有股票的增加而增加。此外，Coughlan & Schmidt（1985），Kimlee & Francis（1988），Pfeffer（1993），Joscow、Paul、Nancy 等（1993），Vance（1995）等人的研究均证明了经理持股份额和企业绩效之间存在显著的正相关关系，高管报酬中激励报酬（风险性报酬）的比例，比报酬水平更能够促进公司价值的提高。但是也有研究证明，管理层持股比例过高，会产生额外的成本，反而导致公司业绩下降，即所谓的"防御假设"。Fama & Jensen（1980）的研究就指出，当经营者的持股比例超过某一水平时，他们就能够拥有足够的投票权来确保自己在公司的地位和福利，这样反而会促使他们追求一些非公司价值最大化的目标。Loderer & Martin（1997）的实证检验结果认为管理层持股并没有改善公司业绩。Himmelberg，Hubbard & Palia（1999）的研究结论也认为，如果考虑企业特征和企业固定影响，就无法得出管理层持股提升企业业绩的结论。

还有些学者进一步研究了股权激励的"区间效应"问题。Morck，Shleifer & Vishny（1988）的实证研究结果表明，当管理层（包括 CEO）持股比例在 0～5% 时，公司业绩随管理层持股份额的增加而增加，支持利益趋同假说；但当持股比例介于 5%～25% 时，公司业绩与管理层持股呈负弱相关，这也被称为"自掘鸿沟效应"或"利益侵占效应"。更进一步，当持股超过 25% 时，两者又重回正相关关系。Stulz（1988）发现，随着管理层持股比例的增加，公司业绩先增加后下降。McConnel & Servaes（1990）的研究则证明了托宾 Q 与经理人持股之间

存在倒 "U" 型关系，拐点位于持股比例 40%～50% 之间。Hermalin &
Weisbach（1991）使用滞后一期的公司业绩来检验，发现业绩与管理层
持股数之间存在非线性的 M 形变动关系。Demsetz & Lehn（1985）以及
Core（2002）认为 CEO 的权益持有应该有一个最优水平，这个最优水
平是由公司和 CEO 的特性决定的，不存在一个事前确定的 CEO 的权益
持有与公司业绩的关系。

我国学者的研究也有着相近的结论。罗大伟和万迪昉（2002）的
研究认为，工资报酬与股权报酬的相对量决定着薪酬的激励效果，也就
是说报酬结构直接影响着薪酬激励作用的发挥。谌新民和刘善敏
（2003）的研究指出，经营者既领薪又持股的支付方式，其年薪和持股
比例都与公司绩效显著正相关；只领薪不持股的经营者，其年薪与公司
绩效不具有显著的相关关系；只持股不领薪的经营者，其持股比例与公
司绩效也显著相关，这说明采用 "年薪+持股" 的多元化报酬形式具有
最大的激励作用，有助于提高企业绩效。李银珠（2006）认为，股票
期权制度能对代理人产生显著的激励约束作用，可以较好地解决两权分
离下的代理问题。胡阳、刘志远、任美琴（2006）等人的研究指出，
经营者持股价值与经营者年薪金额的比例是衡量持股激励强度的有效指
标，在高成长性的公司，提高管理层持股比例，对提升公司股票报酬率
的效果更加明显。卢锐（2007）也指出，优化企业的报酬构成，在工
资、奖金、股票等之间形成最优组合是强化对经营者的激励与约束的有
效治理制度。郭昱和顾海英（2008）的实证研究表明，报酬结构会影
响公司的息税前利润和股票市场表现，但对传统上衡量盈利水平的净资
产收益率影响不显著，同时，包括年薪和持股激励的报酬结构可以促使
高管关注公司短期和长期目标，但是要把既领年薪和持股的高管人数控
制在一定的范围内。

虽然诸多学者都认为应当在薪酬构成部分之间合理安排比例，但是
否存在最优的报酬结构以及其实现条件，则只有少量文献对此问题进行
了深入的探讨。张勇（2004）对经理人长期报酬和短期报酬的优化组
合激励问题进行了探讨，建立了组合激励的两阶段模型，并求解模型得
到了最优报酬组合。谢作渺（2007）认为最优的报酬结构是使管理者

的效用最大化时，分享企业剩余索取权的报酬（通常包括短期的业绩奖励和长期的股票期权等）与不分享剩余索取权报酬（通常由工资、年薪、退休金和不与业绩挂钩的奖金组成）的最优组合，作者进一步运用模型构建和公式推导得出了最优报酬结构的条件。王宗军等（2008）建立了高管长期和短期激励组合模型，求解了长期报酬和短期报酬均衡状态组合，并运用长短期期望比、贴现率、努力成本系数、努力货币化数量等参数对经理人长期和短期报酬的影响进行了分析。

2）薪酬差距与公司绩效

Becker & Huselid（1992）、Ehrenberg & Bognanno（1990）、Pfeffer & Langton（1993）等人的研究指出高管之间的报酬分配问题会对公司的业绩产生显著的影响。Hayward & Hambrick（1997）认为，在CEO 和其他管理人员薪酬之间的较大差距反映了 CEO 对公司战略的巨大影响。Carpenter & Scanders（2002）的研究也发现，较大薪酬差距的公司其业绩也较高。Lazear & Rosen（1981）、Rosen（1986）运用锦标赛理论（Tournament Theory）主张拉开管理团队内部的层级报酬，强调通过更多的竞争奖金和更大的级差报酬，来鼓励高管人员的内部竞争，激励经营者追求个人业绩，从而提升公司整体价值。他们认为，报酬差异是给予在竞赛中获胜者的一种额外奖励，晋升前后报酬的差异大小要由竞争奖金的多少来决定。Henderson & Fredrickson（2001）的研究也认为，与其他理论相比，锦标赛理论能够更好地预测 CEO 的薪酬差距。支持行为理论的学者则认为，过大的薪酬差距更可能招致不满，而使企业凝聚力下降（Cowherd & Levine，1992；Pfeffer & Langton）。Deutsch（1985）的研究发现，有些组织需要很强的相互合作，组织业绩的提升依赖于大家的协作配合和共同努力，薪酬差距过大反而不利于组织成员的协作，影响了公司绩效。Cappoli & Sherer（1990）指出，过大的薪酬差距往往与更大的不满情绪和更差的工作质量相联系。Pfeffer（1994）的研究也认为，较小的薪酬差距能带给人共同的目标感和公平感，从而通过有效的团队合作来提升公司业绩。也有学者的研究对上述两种观点均不认同。Leonard（1990）的研究认为薪酬层级差距与公司绩效之间并不存在显著的相关性；Ang. 等（1998）、Conyon（2001）等的研究也发现"高管"团队的薪酬分布状况与公司绩效之间不存在显著的相关关系。

林浚清等（2003）对我国高管之间的报酬分配问题进行了实证研究发现，高管人员内部的薪酬差距和公司未来绩效之间具有显著的正相关关系，说明我国上市公司的薪酬激励支持锦标赛理论，适当扩大薪酬差距能够更好地发挥薪酬激励作用。张鸣、陈震（2006）的研究认为公司中核心高管的作用显著，其他高管存在普遍的"搭便车"现象，因此，只有适度扩大管理层内部薪酬差距，加强对核心高管的激励力度，才能更有效地发挥薪酬激励效应；他们的实证结果也进一步表明高成长公司的高管层级差报酬与公司市场业绩之间存在正相关关系；低成长公司的高管层级差报酬与公司每股收益指标之间存在正相关关系，锦标赛理论在我国上市公司中成立。刘学（2003）研究了"空降兵"与原管理团队的冲突及对企业绩效的影响，发现薪资差异由于削弱了公平感与信任感（中介变量），从而造成空降兵与原管理团队之间的关系（情绪）冲突，进而会对组织的业绩产生不良影响。张正堂（2007）的研究则表明，锦标赛理论对我国上市公司管理层薪酬差距的解释能力有限，企业应基于特定的环境与情景，合理选择和设计高管团队的薪酬结构。

以上文献分别从持股比例、薪酬差距的视角探讨了管理层薪酬结构与公司业绩的关系，研究结论虽然不尽一致，但都认为设计合理的报酬结构和薪酬组合比例，能够最大限度地调动员工的积极性，各种激励方式的相对比重影响着薪酬机制的激励效果。

2.2.3 薪酬激励与公司成长

大部分学者的研究都认为管理层持股能够克服管理者的短视行为，从长远来看，管理层持股比例越高，越有利于促进公司的管理变革，提高公司生产率（Francis & Smith, 1995; Palia & Lichtenberg, 1999），因此，一些学者开始关注公司的成长性和公司未来业绩与管理层薪酬激励之间的关系。Lewellen、Loderer & Martin（1987）预期成长公司的管理者比非成长公司管理者承担了更大的风险，所以应该得到更多的公司股票。Smith & Watts（1992）、Chung & Charoenwong（1991）的研究也指出，成长公司的风险可能比非成长公司大，成长公司的管理者由于承担了这一额外风险而要求一个薪酬溢价的补偿，通过实证检验，他们也发现了公司增长机会和股权激励水平之间存在正相关关系。Guay（1999）的研究显示出股票期权可以激励高管人员主动承担风险，具有高成长机会的公司更倾向于实施股权激励，来激励高管人员承担风险，而进行投资净现值为正且风险较大的项目。Gaver & Gaver（1993）、Simon、Kevin、Heibatollah（2004）的研究结论也表明，成长性公司通常会对管理者发放较高的现金薪酬，并且使用股权激励的倾向也高于非成长公司。Yermack（1995），Kole（1997）的研究指出，企业的成长性越大，投资机会越多，经理人报酬就更多地依赖经理人股权激励薪酬等风险性激励机制。Bathala（1996）的解释是，高成长性的企业对资本的需求量很大，与低成长性企业相比更有可能依靠外部融资满足对资本的需求。由于个人财富的限制，使得经理人股权无法根据外部融资量的增加而成比例上升，所以公司成长性与经理人股权比例呈负向关系。Simon（2004）等人以1994—1995年在香港上市的公司为样本的实证结果表明，成长型企业比非成长型企业向高管人员支付了更多的激励补偿，而董事会持股会抵销和缓和企业成长机会集和企业财务政策的关系。学者们的研究虽然有不同的解释，却表明了公司的风险性激励方式与公司的成长性相关。

胡继之等（1999）的研究指出，新兴产业、成长性好的公司股价具有较大的上升空间，公司高管可以从股票期权等长期激励机制中获利，因此这类公司比较注重对高级管理人员的股权激励。周建波、孙菊生（2003）以2001年前实施股权激励的34家上市公司为样本，发现成长性较高的公司，经理持股与公司业绩呈显著正相关，而成长性不高的公司这种关系不显著。李维安、张国萍（2005）的研究认为，经理层的治理状况对公司成长性具有较大的影响，拥有股权的经理人员对上市公司成长性发展具有一定的偏好。张鸣、陈震（2006）则考察了在成长性不同的上市公司中高管年度报酬与公司绩效指标的关系，研究发现，高成长公司比稳定成长公司会赋予市场股价指标较大的权重，而对会计收益指标赋予较小的权重；同时，高成长公司会给予高管较大的保底报酬。周嘉南、黄登仕（2006）的研究表明，在成长机会大的公司，薪酬业绩敏感度与风险之间存在正相关关系，成长机会小的公司，则存在负相关关系。张宏敏、单鑫和朱敏（2009）对股票期权激励效果的影响因素进行了实证分析，结果表明：成长性高的公司，实施的股票期权激励效果更显著，私营性质上市公司的激励效果更显著。

这些研究都是基于公司的不同成长机会出发，探讨高成长机会与低成长机会的公司中，激励方式的选择以及与业绩的相关性有怎样的差异，他们的研究表明，公司的成长状态与管理层薪酬激励相关。

2.3　制度环境与薪酬激励

企业行为的本质是管理行为，管理者对企业行为及其产出效果的影响因环境变化而异，这些变化包括不同的任务环境、不同的组织结构，或者不同的经理个人特性等因素（Hambrick & Finkelstein, 1987）。Lazear（2000）的研究也指出企业经营业绩是由代理人的努力和相关外部因素共同作用决定的。支晓强（2003）则从理论视角探讨了管理层持股的作用机理，也认为股权激励的有效性会受企业内外部诸多因素的制约。因此，薪酬激励机制有效发挥作用还需考察公司内外部制度环境和配套机制的运行与建设情况。

2.3.1　外部制度环境与薪酬激励

我国制度环境对管理层薪酬的影响，主要表现之一为法律环境。La Porta 等人（1999, 2000）的系列研究发现，一国是否具有健全有效的法律体系对其公司治理会产生重要的影响作用。我国的经济改革无先例可循，法规制度的建设也只能是"摸着石头过河"，造成现阶段中，我国法律制度不够完善，执法力度不足，对公司管理层薪酬激励作用的发挥产生了负面影响。我国现行公司法规定，企业管理者的具体薪酬协议必须经过股东大会批准才能生效，但是在现实中难以操作，也因为种种原因，实践中的上市公司也并没有将管理者的具体薪酬方案提交股东大会表决（朱奕锟，2005），从而限制了股东对管理者薪酬的监督作用。同时，我国破产法实施不得力，使得经理人员的权力滥用风险极低，这种高收益与低成本的对比，无限扩大了管理者机会主义的行为空间，法律制度对经营者行为的约束作用基本失效。上市公司的股票期权制度也是在2006年才颁布了统一的政策法规，但是仍缺乏相关的实施细则和税法规定。

政府干预是我国转轨经济中制度环境的另一重要因素，会影响到上市公司薪酬制定的自由裁量权，传统的人事任免制度也制约了经营者积极性和创造性的发掘，甚至为经营者的"败德行为"提供了保护伞。此外，资本市场、经理人市场、经济水平以及社会文化等因素也会对薪酬政策产生一定的影响（岳颖，2006）。刘凤委等（2007）从政府干预以及行业竞争的视角，分析了高管薪酬业绩敏感度的变化；辛清泉、谭伟强（2009）研究了市场化进程对我国国有企业经理人薪酬业绩敏感性的影响。这些研究都表明企业所处的制度环境会影响薪酬激励的作用发挥。

还有一些学者的研究表明，我国上市公司管理层报酬具有区域差异，但通过回归分析，却没有发现区域因素影响经理人员年度报酬与公司绩效的显著性证据。也就是说，地区间经营者报酬的差异不是由公司业绩所决定的，而是取决于地区经济发展水平（李增泉，2000）。张正堂（2003）对我国公司2000年的薪酬数据进行了分析，发现报酬最高的地区是浙江（164 041元），报酬最低的地区是内蒙古（17 431元），两者相差8.41倍。谌新民、刘善敏（2003）的研究则指出，上市公司管理者的年薪和持股比例都具有地域性差别。这些现象可能是由于在经济较发达的东部地区，公司治理结构较为完善，报酬起点较高，激励机制能更好地发挥激励效应。中西部地区的经济发展相对滞后，平均主义的文化色彩浓郁，导致激励机制的建立与推行具有一定的阻力。

2.3.2 内部公司治理结构与薪酬激励

学者们的研究还发现公司治理的完善程度对管理层薪酬制度的设计和激励作用的发挥也具有重要的影响作用。Jensen & Murphy（2004）、

Bebchuk 等（2004）的理论都认为，在公司治理弱化的情况下，薪酬契约的签订与执行很可能出现机会主义行为，从而代理成本上升，影响了薪酬激励效应及公司绩效。Conyon & Peck（1998）分析了董事会和薪酬委员会的构成对薪酬业绩敏感性的影响，得出结论认为外部董事的比例越高，薪酬业绩的相关关系越强。Kern & Kerr（1997）的研究也证明了高比例的外部董事和董事持股有利于提高管理者的薪酬业绩敏感性。Newman & Mozes（1997）发现当薪酬委员会中存在内部人时，CEO 的薪酬水平显著更高，而薪酬和业绩的相关性则显著更低。Core 等（1999）的研究也认为，当 CEO 控制了董事会，且董事会规模较大时，CEO 的薪酬往往较高，但业绩却很差。Behchuk，Fried & Walker（2002）与 Behchuk & Fried（2003）等人的研究发现，较弱的董事会及市场监管，分散的股权结构，都会导致经理人对自身报酬的制定有较强的影响能力。Hartzell & Starks（2003）研究了公司股权集中度与高管人员薪酬绩效敏感度之间的关系，发现公司股权集中度与薪酬业绩敏感度有显著的正相关关系，股权集中度越高的公司，管理者薪酬绩效敏感度越高。Firth et al.（2006b）的研究认为控股股东的性质也会影响薪酬激励制度的有效性。Cyert，Kang & Kumar（2002）的实证结果表明，当 CEO 兼任董事长时，CEO 报酬要比平均水平高出 20% ~ 40%，而且 CEO 报酬与薪酬委员会成员的持股比例负相关，持股比例增加一倍会导致 CEO 的非现金报酬降低 4% ~ 5%。Lambert et al.（1993），Boyd（1994）认为董事会越独立，越支持将薪酬与业绩相挂钩；但也有研究认为董事会规模越大，越有可能对 CEO 的监控无效（Jensen，1993；Corc et al.，1999）。Ivan 等（2006）的实证研究表明，在 CEO 和董事报酬之间存在正相关关系，作者认为这可能是由于未被识别的公司复杂变量或者是对董事和经理人员的过分报酬造成的。由于高层管理人员在治理层面上可划分为董事会和管理层，董事会的作用就在于监督经营层，并审订管理者的报酬。因此，董事会成员过高的报酬会影响到其在监督管理层中的作用，经营层的内部报酬相互影响，会在一定程度上影响到企业的业绩。

我国学者的研究也论证了弱化的公司治理会对薪酬激励作用产生影

响。陈湘永（2000）指出，我国上市公司存在的内部人控制状况，是造成管理者薪酬业绩不相关的重要原因。周建波、孙菊生（2003）考察了公司治理特征、股权激励和公司绩效之间的关系，发现董事长和总经理兼任的公司中，管理者持有股权激励的数量显著高于两职分离的公司，说明公司治理机制的弱化会导致经营者的机会主义行为增加。林俊清等（2003）的研究发现公司内部董事比例和高管薪酬差距成正比，说明 CEO 存在"专断薪酬"的情况。肖继辉和彭文平（2004）认为股权性质对薪酬业绩敏感性有限制作用，民营企业的薪绩敏感性要高于国有性质公司；大股东治理对报酬业绩敏感性没有显著影响，但总经理与董事的兼任对薪酬业绩敏感性有显著影响。张必武、石金涛（2005）从董事会特征、产权视角考察了高管的薪酬业绩敏感度，结果表明，独立董事制度的建设和董事长总经理两职兼任能显著提高管理者薪酬业绩的敏感性。夏纪军、张晏（2008）的实证研究认为，我国上市公司中存在着显著的大股东控制权与股权激励的冲突关系，从而影响了薪酬激励效应的发挥。张宏敏、单鑫和朱敏（2009）的研究则发现，在成长机会较高、资产负债率较低、股权集中度也较低的公司中，股票期权激励制度具有较好的激励效果，而且这种激励效应在私营性质的企业中显著性更高。

2.4　文献评析

国内外学者们对公司成长能力的研究更关注公司成长的动力源泉，影响公司成长的内外部因素的作用，以及企业家能力对公司成长的贡献。这些研究主要采用了规范分析的方法和调查问卷的经验分析方法，大样本研究较为少见。对于管理层激励的研究文献虽然较为丰富，研究内容和研究方法也越来越细致和严谨，但是，在我国上市公司的激励实践中仍然存在着很多现实问题需要解决，不断推行的薪酬制度改革需要理论指导，因而，基于我国的现实制度背景，如何提高管理层薪酬激励效果是个值得我们不断思考的课题。

2.4.1 现有文献的研究不足

（1）研究方法的差异导致研究结论的不一致。本书通过对现有文献的梳理，发现学者们的研究结论并不一致但均有实证数据支持，造成这种令人困惑的现象可能是学者们在研究方法上的差异所导致的。一是由于样本选择和实证方法的不同，导致了研究结论存在较大的偏差。Gomez-Mejia（1992）将这种研究结论的差异总结为不同的数据收集方式、不同的统计技巧、不同的样本和时期、调节变量的存在和共线性等因素的影响。学者们利用不同国家和不同时期的数据研究了管理层报酬和企业业绩之间的关系，企业的成长与发展是动态的，采用不同时期的截面数据或面板数据，可能会对实证结果产生不同的影响。从具体模型的构造来看，大部分学者考察的是薪酬激励与业绩之间的线性关系，也有少部分学者考虑了变量间的非线性关系和区间变化，但具体模型的构建都存在或多或少的问题，而且模型中加入的控制变量不同，也影响了实证结果的可靠性。二是指标选择和概念的界定不同。众多研究文献都采用了单一的会计指标或市场指标进行业绩的衡量，如 ROA、ROE、托宾 Q、市值账面比等，采用单一业绩指标，思路简单明了，计算量小，但是却难以全面涵盖公司经营绩效，不同指标只能体现公司某一方面的经营效果，用来全面、准确衡量公司的真实绩效，仍然具有较大的局限性，而且难以评价公司未来的价值创造。对于管理层股权激励变量，很多学者选用了管理层持股比例进行计量，也有的学者认为管理层持有股权价值的计量方法更为合理。此外，现有研究中大多以规模增长、营业收入增长或托宾 Q 等指标作为企业成长的代理变量，这些指标能够表示企业规模的扩张，却难以表达成长经济的含义。赵晓（1999）分析了中国企业成长的问题，认为成长经济强调的是企业内部资源的经济利用，而规模扩张只是成长过程的副产品，因此成长经济更具有绝对意义，这些单一的指标并不能客观地反映公司真实的成长绩效。对于管理层的界定，学者们也存在不同的认识，有直接界定为总经理或 CEO 的，也有研究董事长或董事的，我国学者大多认为二者均属于管理层范畴，还有的学者界定范围则更为宽泛。由于指标选择和概念界定的不同，也是造成实证结果不一致的原因之一。

（2）研究内容和研究视角仍存在片面性和局限性。现有文献从经济学与管理理论的视角对企业成长的研究较多，但对企业成长决定因素研究的实证文章并不多见，尤其是缺乏更深入的模型分析和大样本研究，造成现有成果中思想性研究较多，而规律性成果较少，且不太成体系。对企业成长能力的实证研究又大都基于资源基础观，认为企业成长是企业能力及其资源、知识基础量的增长。企业作为市场价格机制的替代物，替代市场进行资源的交易和配置，而企业各项物质资源、财务资源，以及人力资源的组合运用与配置又取决于管理者的能力大小，因而企业管理者能力发挥与努力程度对企业资源配置效率和企业成长起着至关重要的作用。但企业家能力对企业成长的关键促进作用，由于企业家能力的难以计量特征成为实证研究的难点。

对于管理者薪酬激励的研究，国内外学者主要还是集中在管理层薪酬水平与公司业绩、公司特征、高管特征的关系等过于微观的视角上，而站在企业发展战略的高度，从企业的终极目标——企业成长的视角来研究管理层薪酬激励机制的激励效力仍是研究领域的空白，而且对于管理者薪酬构成的激励效率差异的研究也关注不多。目前的国内外研究文献主要都是基于Jensen & Murphy的"按绩效付酬"理论来检验薪酬激励的有效性，但什么是公司绩效呢？从管理学的角度看，所谓绩效，是组织期望的结果，是组织为实现其目标而展现在不同层面上的有效输出，公司绩效具有多因性、多维性和动态性的特点。现有文献仅仅考虑会计指标和市场指标的绩效检验无法体现企业这样一个生命体的动态性和多维性，不仅激励效率下降，而且更易导致管理层的自利行为，在我国上市公司薪酬激励实践中已有不少这样的例证。此外，现有研究对薪酬的整体性、系统性和薪酬要素功能之间的互补性的研究还远远不够（李新建等，2006），还需要从薪酬组合、激励强度等方面进一步进行系统、深入的研究，以实现最优的激励效果。正如Barkema等（1998）指出，未来不应该把研究重点放在对经理报酬与业绩关系的实证检验上，而是要探讨在不同公司治理结构和经营环境下经理报酬不同决定标准的相对重要性以及报酬决定标准的确定和计量问题。因此，研究不同制度环境下，管理层激励与公司动态性、多维性绩效的关系，应该成为未来的一个研究方向。

（3）对制度环境的影响研究不足。目前我国处于转轨经济阶段，上市公司的激励机制始终处于改革和变化之中，激励因素和手段也不断地趋于多样化。1998—1999 年间上市公司披露的高管人员薪酬基本上都是采用岗位和职务工资形式，2000 年后上市公司披露的高管人员薪酬开始大量采用年薪制，部分上市公司也开始了股权激励的尝试。随着经营者报酬结构中股权激励比重的逐渐增大，经营者报酬和企业业绩的相关性显著增加（Hall & Liebman，1998）。2006 年后我国上市公司开始广泛、深入地推行股权激励，但其激励效果还需要实践证据的检验。可见，随着我国薪酬制度的改革和公司治理结构的完善，不同阶段会表现出不同的报酬形式和激励特点，从而可能影响着报酬和企业绩效的关系，也在一定程度上反映了上市公司激励机制变迁的报酬特征和实际激励效果。此外，公司外部的制度环境，如市场化进程、政府或行业规制、融资环境、产品市场竞争等因素也会影响管理层薪酬激励机制的效应发挥。如 Murphy & Jensen（1990），Boschen & Smith（1995）的研究表明，经理的报酬-业绩敏感系数很低就是由于政府或行业规制等原因所致。因此，研究管理层薪酬激励的效果还应考虑公司内外部制度环境因素的影响。但遗憾的是，尚未有学者关注公司所处外部环境对薪酬激励效应的影响，仅有部分学者研究了公司内部治理结构对薪酬激励作用发挥的影响。Steve & Ward（2004）在对过去 7 年的报酬研究评论中曾指出，目前的理论研究和实践出现了相脱离的现象。因此，对管理层薪酬方面的研究应当关注不同时期薪酬制度的变化趋势和企业内外部制度环境的影响，基于我国上市公司的实际情况进行全面、深入的分析与研究。

（4）内生性问题。对于公司成长性与薪酬激励的关系，一些学者的研究认为，在高成长性与低成长性的公司中，激励方式的选择以及激励与业绩的相关性具有不同的特点，也就是说，公司的成长性特征决定了管理层的薪酬激励形式。他们的研究思路隐含的假设前提是：公司的成长性是外生的，不受管理人员行为的影响。笔者以为这种逻辑分析存在着内生性问题。实际上，企业所处的外部环境和内部资源给企业带来的机会和风险是对等的，如果没有企业管理者的正确决策和较强的资源配置能力，成长机会是无法转化为现实的公司成长能力的，企业经营者在公司成长能力的养成中具有重要的能动作用，正是由于高管人员的管理与协调能力，才促进了公司的成长与发展。Myers（1977）指出，对于高成长机会的企业来说，股东财富更多地依赖管理者对投资机会的成功利用。因而，应该是由于薪酬激励提升了管理者的努力行为，从而带来了企业的持续成长。

2.4.2　对本研究切入点的思考

笔者通过对现有文献的学习与梳理，认识到对于管理层薪酬激励的研究既要切合实际，与时俱进，又需要跳出现有研究的局限，高瞻远瞩，才能更好地为我国上市公司提高薪酬激励效果提供理论指导和实践支撑。

首先，管理者能力是企业成长的关键推动力。企业是各种资源的集合体，其中物质资源的配置和使用效率取决于企业的管理能力，并最终决定着企业成长的速度和效率，而企业的管理能力又来源于管理者的知识积累和管理经验（Penrose，1959）。可见，具有主观能动性的管理能力作为人力资本的使用是影响企业成长的关键因素之一，管理能力的发挥与企业成长有直接的正向关系。

其次，薪酬激励能有效提升管理者的潜能发挥和努力付出。从制度维度来看，公司成长发展的关键是企业存在和成长的一整套各利益主体之间的责权利的制度安排。管理层薪酬机制是公司主要治理制度之一，也是激励管理者努力增加创新行为供给的最有效手段，哈佛大学教授威廉·詹姆斯的研究发现，在缺乏激励的环境中，人们仅能发挥其潜力的 20% ~ 30%；而在有效激励的环境下人们潜力的发挥会增长 80% ~ 90%[①]。因此，虽然不同企业的管理能力不尽相同，管理者付出的努力也难以准确计量，但是我们可以通过合理的薪酬激励机制的设计，促使

---

① 　袁凌. 中国企业家行为的制度分析［M］. 长沙：湖南大学出版社，2005：168.

管理者尽可能地发挥其最大的能力与努力，增强管理者对企业资源进行创新性配置的积极性，提高企业竞争力，实现企业成长。也就是说，管理层薪酬契约在管理者能力与企业成长之间搭起了桥梁，管理层的薪酬激励应与企业成长存在联动关系。

再次，薪酬制度设计应以企业成长战略的实现为目标导向。Montemayor（1996）的研究发现，薪酬政策和公司战略不协调会导致公司的业绩较差；Balkin et al.（2000）也认为，管理层薪酬和公司的创新战略密切相关。因此，薪酬激励机制要与企业的发展战略契合，要根据企业的行业特征和成长战略"量身定做"，追求公司长期价值的最大化，而不仅仅是就激励而激励。现有研究中使用的单一指标业绩计量方法很难避免业绩操纵和短期化行为的发生，张正堂（2007）指出，薪酬机制的有效性在很大程度上取决于评价和考核高管人员业绩指标的科学性与准确性。李维安和张国萍（2005）的研究认为，经理层的治理状况对公司成长性具有较大的影响，拥有股权的经理人员对上市公司成长性发展有一定的偏好。因此，本研究尝试从公司成长的视角来检验管理层薪酬激励机制的作用效应，就薪酬激励的方式和强度与上市公司成长能力的关系进行分析并进行实证检验。事实上，这种分析视角既能克服短视行为，满足长期激励所要求的业绩增长，即公司成长的目标，又能较好地压缩会计操纵空间，与公司成长实践相吻合，更好地体现出绩效的多因性、多维性和动态性特征，在此框架内公司的成长能力体现的是公司的管理质量和治理效率，薪酬契约的有效性正是公司治理效率提高的重要层面。

最后，从企业成长的视角设计管理者薪酬机制，经济激励才能实现最佳的激励效果。管理者的经营管理活动主要是进行管理决策，这种决策通常需要一个连续性的执行过程，其产出效果与企业前期的准备条件和后期内外部环境变化密切相关，这就决定了对经理人的定价应该是一个长期的不断调整的过程。如果薪酬政策没有一个连续的长期预期，即使管理者主观上追求企业收益的最大化，管理与决策的滞后性产出也往往会造成"前人栽树，后人乘凉"的状况，这种突出的"外部性"特征，使管理者倾向于选择那些能够带来短期收益的方案，而不顾企业的长远发展目标。因此，以企业成长为目标导向，企业管理者长期、稳定的预期是经济报酬激励模式发挥最佳激励效果的前提条件。

在笔者视野所及的文献中，未发现从公司成长的视角来研究管理层薪酬激励效应的相关文献。公司的成长绩效不仅关注公司当期绩效表现，而且更注重公司未来绩效及未来持续的业绩增长绩效，企业绩效的增长是企业成长的外在表现，有反映在数量层面的变化，如员工人数、企业规模、财务绩效增长等，更重要的是由于质量层面的变化，如产品创新、流程创新和知识创新等而带来的数量增长。本书尝试从管理层薪酬激励的不同激励方式、激励强度方面来分析其与公司成长能力之间的关系，期望从公司长期价值增长效率的层面最大程度地发挥薪酬机制对管理者的激励作用。Hambrick & Finkelstein（1987）指出，企业行为的本质是经理行为，经理对企业行为及其产出效果的影响因环境变化而异。也就是说，公司成长的直接推动力是公司内部的协调管理作用，而公司内部协调作用的形成和变化会受到公司内外部因素相互作用的影响。因此，对管理层薪酬激励的研究还应从我国现实的制度环境出发，深入分析不同制度环境因素对薪酬激励机制效应发挥的影响，这种更契合现实的分析视角，不仅具有理论价值，而且更具现实意义。

本书的研究思路如图 2-1 所示，在我国特定的制度背景框架内，通过对管理人员实施薪酬激励，促使管理人员提升自己的学习能力和努力程度，从而提升公司的成长能力，在确保当期绩效的基础上，具有持续的绩效增长能力。

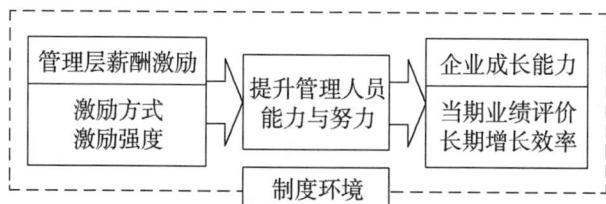

图 2-1　研究思路

3 理论溯源与制度背景

3.1 企业成长能力理论

"成长"是企业实践的最终追求，因而，众多经济学家和管理学者从不同角度对企业成长问题进行了研究，形成了不同的企业成长理论的思想来源，探索和梳理这些理论流派的形成和发展轨迹，有助于我们正确地认识促使企业成长的根本原因，以及企业管理者在企业成长中的作用。

3.1.1 企业与企业成长的本质

1937 年科斯的《企业的性质》指出：市场运行是有成本的，企业的产生就是通过形成一个由某个权威（企业家）来支配资源的组织，从而节约了市场运行成本。当存在企业时，某一生产要素（或它的所有者）与企业内部同其合作的其他一些生产要素签订一系列的契约的数目大大减少了，一系列的契约被一个契约代替了，从而节约了交易费用。因而，可以说企业是通过缔结契约来优化资源配置、实现盈利目标的组织。

对于企业成长的本质，学者们的观点和认识在经历了长久的磨合后，科斯的契约治理观逐渐成为主流思想。从科斯的契约观出发，企业成长则表现为一系列治理结构、管理行为契约的制定和契约的执行，从而提高企业经营效率的过程。企业经营效率的提高则表现为企业"量"的扩张和"质"的提高，是企业内部系统功能不断完善的过程。企业成长的本质表现为一系列契约的有效率执行，那么企业管理者在契约制定和执行中的作用就不言而喻了。

3.1.2 企业成长理论——外生论

许多经济学者认为企业成长的动因主要是企业为适应外部环境的变化而不断调整自身发展轨迹的结果，称为企业成长的外生论。外生论认为促使企业成长的因素主要存在于企业外部，企业只能适应和利用外部因素来实现企业成长。该理论从产业定位的视角主要阐述了基于规模经济效应的企业成长论、科斯的企业成长论以及制度变迁所带来的企业成长理论。

1) 规模经济理论

古典经济学家认为企业成长的主要动因是分工带来的规模经济利益，即企业在生产中的专业化分工提高了劳动生产效率，促进了企业生产规模的扩张，规模扩大又进一步深化了企业的分工与协作，如此螺旋式地上升从而实现了企业成长。规模经济理论的代表人物主要有亚当·斯密、小穆勒和马歇尔。亚当·斯密（Adam Smith，1776）在《国富论》中指出，由于工人的劳动分工，提高了企业的生产效率和交易效率，从而带来了企业规模的扩大[①]。小穆勒（John Stuart Mill）认为由于规模经济的作用和规模经济对资本的需要，导致企业规模不断扩张，出现了大企业代替小企业的成长趋势[②]。马歇尔（Marshall，1890）也是规模经济决定论的积极倡导者，他认为随着企业规模的扩大，企业灵活性下降，如果企业不能保持强大的销售能力，成长的负面效应会超过正面效应，企业将无法实现持续成长；同时，新企业和年轻企业家参与竞争后，能够制约行业垄断的维持，从而进一步支持了规模经济所带来的企业成长理论。

因此，规模经济理论认为企业是同质的，企业没有成长的主动性，促使企业成长的基本因素都是外生的，是企业调整产量达到最优规模的过程。

---

① 斯密. 国民财富的性质和原因的研究（上卷）[M]. 郭大力，王亚南，译. 北京：商务印书馆，1997：5.
② 穆勒. 政治经济学原理及其在社会哲学上的若干应用（上下卷）[M]. 朱泱，赵荣潜，桑炳彦，译. 北京：商务印书馆，1991：155.

2）交易费用理论

科斯（R. Coase，1937）在《企业的性质》一文中指出，企业的成长和扩张可以节约因市场摩擦而产生的交易费用，通过成本的节约能够促使企业的规模和边界不断扩张，从而完成了企业成长的过程①。格罗斯曼（Grossman，1986）和哈特（Hart，1986）提出，当纵向一体化节约的市场上机会主义带来的交易费用大于一体化带来的合并费用，纵向一体化行为才能发生，从而才能带来企业的成长。他们的观点实际就是科斯交易费用理论在企业成长方式中的具体表现。奥利弗·威廉姆森（Williamson，1991）以有限理性和机会主义假定为前提，通过比较经济组织的成本效益，得出了理论上企业的最优规模。因此，交易费用理论强调的是企业的交易性，认为企业的行为和绩效完全是由外部环境因素造成的，如给定的技术、市场交易状况、外部机会等，却并没有关注企业内部活动、组织结构差异，以及企业间差异的问题。

3）制度变迁理论

在古典经济学家中，马歇尔（Marshall）是最早探讨企业制度对企业成长影响的代表人物之一，他认为只有内部经济与外部经济同时具备，才是企业成长的源泉，企业可以通过制度建设促使企业突破原有的成长上限，从而获得新的成长空间②。马歇尔还指出，当企业成长到一定规模，企业家能力会对企业成长形成制约，因此，企业的成长是艰难曲折且难以持续的。钱德勒（Chandler，1977，1992）更为系统地探讨了企业成长的制度变迁理论，认为现代企业成长的关键因素包括两个方面：一是所有权与经营权分离的制度变化；二是企业内部形成的层级制管理结构。在他看来，随着技术的发展和市场的扩大，需要借助企业内部的管理协调来提供比市场协调更高的效率，因而出现了企业制度的变迁，企业制度变迁是维持和促进企业规模扩张的必要条件，同时也体现出管理层的管理能力对企业成长的关键作用。威廉·姆森（Williamson，

---

① 科斯. 企业的性质 [M] //盛洪. 现代制度经济学. 北京：北京大学出版社，2003：103-117.
② 马歇尔. 经济学原理 [M]. 朱志泰，译. 北京：商务印书馆，1997.

1975，1985）也沿着这个研究方向，从理性思维的角度阐述了企业成长过程中组织结构的演变。

制度维度的企业成长理论秉承了新制度经济学的研究范式，从企业与市场的关系、人与人的经济契约关系出发来探讨企业的成长，它把企业看做是一种各利益主体之间权责利关系的契约制度安排，从制度制定及其变迁的角度来分析企业成长。

3.1.3 企业能力理论——内因论

内因成长理论关注的是企业之间的"异质性"，它主要强调企业内的资源和能力对企业成长的作用，而较少关注企业外在因素的影响。Nelson & Winter（1982）将企业的能力称为组织的惯例（routine），也就是说，组织进行审慎思考和实施行为的技巧。因而，公司能力理论实质上是从管理学视角分析公司内部资源配置和使用而带来的公司成长的理论。

1）资源禀赋说

彭罗斯（Edith T. Penrose，1959）是企业内因成长理论的主要代表，她提出的资源决定论通过"企业资源—企业能力—企业成长"的分析框架，得出结论认为，企业是通过不断挖掘未利用资源的动态变化来实现成长的，因而影响企业成长的关键因素就是企业内部对资源的管理能力。彭罗斯从企业内部去寻找企业成长的源泉与动力的内生成长理论具有开拓性的理论贡献，但遗憾的是，由于所处时代的限制，彭罗斯过于关注管理的力量，而忽略了现代企业中两权分离所带来的代理问题，以及现代企业中技术能力和核心能力的重要作用，这成为彭罗斯企业成长理论的不足之处。在彭罗斯资源观的基础上，学者们继续深化了对企业资源的认识，认为从企业经营者的认知差异，到成长机会的识别与确认，再到形成企业的组织管理能力都可以看成资源的表现。企业管理者的能力作为企业的重要资源，其功效就在于将企业间同质性的投入转化为异质性的产出，其最终目标就是根据机会的要求将控制的资源进行创造性结合，以产生新的价值（Wernerfelt，1984）。

2）核心能力说

企业核心能力理论是在企业资源观的基础上发展起来的，该理论认为企业的边界是由企业能力和企业资源共同决定的，企业成长的优势源泉来自于企业拥有的特殊能力。1990 年，普拉哈拉德和哈默尔（Prahalad & Hamel，1990）在《公司核心能力》一文中，将企业能力划分为核心能力和非核心能力。企业核心能力是一种积累性集体学识，它具有异质性、不可仿制性和难于替代性。核心能力理论强调了在企业成长过程中，发挥着更为关键作用的是企业内部资源、核心技术、技能等企业核心能力。帕维特和奈尔森（Pavitt & Nelson，1991）的研究认为，决定企业能力的是企业所掌握的独特的知识资本，如价值观念、行为方式、战略和技术等企业内部知识构成了企业长期成长的竞争优势。野中郁次郎（Nonaka，1991，1994），竹内弘高（Nonaka & Takeuchi，1995），多萝西·伦纳德—巴顿（Dorothy Leonard-Barton，2000）等人将知识视为企业能力的核心源泉，认为知识管理和知识创新在企业成长中发挥着关键性的作用。核心能力理论把企业的核心能力看做是企业成长的动力源泉，体现了企业核心能力的价值优越性。但是什么因素决定了企业的核心能力，核心能力的概念与结构描述，理论界仍然没有一个公认的结论。同时，过度关注企业成长的内在性，而忽视外部环境的影响，也导致了企业核心能力理论的不完整性。

著名管理大师德鲁克提出，能产生企业独特性和作为企业独特资源的是企业经营者运用各种知识的能力。也就是说，企业的核心能力对管理者的异质型人力资本具有高度的依赖性，市场对企业核心能力价值进行检验的同时，也是对管理者异质型人力资本运用的检验。因而，企业核心能力的构建取决于经营者人力资本和组织资本的共同提升。

3）学习能力说（Argyris & Schon，1978；彼得．圣吉，1998）

知识是企业的基本资源，学习能力说认为企业的成长表现为组织对知识的学习和积累过程，企业需要不断地学习、提高学习能力来创造知识资本，才能保持企业成长的动力。因而，企业作为一种组织安排和整合专家知识的协调机制（Grant，1996），其所具有的组织能力和学习、协调能力决定着企业成长的速度和路径。Michael A. Hitt 等人（2000）的研究指出，技术学习对企业维持和开拓动态核心竞争优势的能力起着关键的促进作用。Eugene Sadler，Smith 等人（2001）通过对 300 家制造和服务类小企业的考察，发现高成长率的制造企业具有很高的主动学习意识，比成长缓慢的企业能够更充分地利用知识资产。他们尝试在组织学习和企业绩效之间建立某种联系，认为知识资产的经营管理是提高企业竞争力的有效途径。

由于市场竞争和环境的变化，企业需要不断加强知识管理和学习能力的培养，才能保证企业维持持续的竞争优势，实现企业的持续成长。而对于知识的学习和运用又取决于企业管理者的能力和努力程度，因此，企业管理者的能力与努力程度决定着企业知识资产的作用发挥。

4）人力资本说

20 世纪 50 年代，西奥多·舒尔茨（Theodore W. Schultz）发表了著名的《人力资本的投资》一文，成为人力资本理论的"独立宣言"。舒尔茨把"人力资本积累"从传统的物质资本积累中分离开来，发现资本、劳动、土地等有形要素在经济增长过程中的贡献比例不大，人力资本的作用却很重要，尤其是人力资本在发展中国家中的作用更大。卢卡斯（Lucas，R. E.，1988）将人力资本纳入经济增长模型，提出了著名的人力资本模型，指出具有"专业化的人力资本"是经济增长的原动力。1992 年诺贝尔经济学奖得主贝克尔指出，发达国家资本的 75% 以上是人力资本，人力资本成为了人类财富增长、经济进步的源泉。他们的研究都得出了人力资本投资与经济增长密切相关的结论，而企业的发展与成长又是整个国民经济增长的微观基础，因此，人力资本也是企业成长的关键要素之一。

新古典经济学家马歇尔对企业家的作用也有着自己卓越的见解。他认为，由于市场的不确定性存在，买卖双方并不能准确预测市场的供求情况，因而造成市场发展的不均衡，而消除这种不均衡性、洞悉复杂现象解决种种难题的特殊力量则是企业管理者，因此企业家是企业成长的关键，是企业"车轮"的轴心。企业成长越快，风险就越大，企业家也就越重要。因此他得出结论，企业家的能力是企业成败的关键。熊彼特在《经济发展理论》一书中，也提出"企业家就是创新者"的著名思想。熊彼特认为，传统经济理论的局限性在于把经济发展看成是由经济领域外的情况变化所带来的，如人口增加，土地资源开发和技术进步等活动。但是经济的成长，并非只是经济体系对外界条件变化的适应过程，它是一种非连续的、突发的、从一种均衡走向另一种均衡的过程，而推动这个过程的主体就是来自于经济体系内部、从事"创造性毁灭"革新活动的企业家。企业家要决定如何配置资源以便发明利用，发挥的是管理或决策作用，所以说企业的成长依赖于企业家的创新行为，而熊彼特所说的企业家的作用实际上就是现代公司制企业中管理者的职能。

3.1.4　企业管理者在契约治理中的中心地位

基于以上分析，无论是企业成长的外因论，还是内在决定论，都较为详细地论述了理论界对企业成长认识的历史轨迹，但由于经济学界的分析注重制度关系，管理学界研究的着眼点是人性特点的方法导向，从而形成了卷帙浩繁、各具特色的理论体系，也为本书的研究奠定了坚实的理论基础。我们基于企业的契约性质出发，尝试结合企业成长的外部环境与内部管理者的"权威"职能，来剖析管理层薪酬激励契约设计对公司成长的决定意义。

1）企业的契约性质

从科斯的企业理论出发，企业是利用权威关系进行资源配置，以有形或者无形的长期契约替代一系列的短期契约将交易内部化，简化了契约的调整过程，从而节约了交易费用。张五常（Cheung，1983）则对企业性质提出了更透彻的解释，认为企业与市场的不同只是一个程度问题，是契约安排的两种不同形式。在企业中，私有要素的所有者按合约将要素使用权转让给代理者以获得收入。在此合约中，要素所有者必须遵守某些外来的指挥，而不再靠其参与的多种活动的市场价格来决定自己的行为。科斯和张五常的企业理论侧重点虽有差异，但他们对企业存在的原因和基础却有着共同的认识，都强调了企业的契约本质，以及"权威"与"指挥"在资源配置中的作用。詹森和麦克林（Jensen & Meckling，1976）的研究中也指出，企业本质是要素契约、团队间契约，以及企业外部交易参与者契约等一系列契约的联结。

2）动态环境下的企业成长——契约治理

由于企业成长普遍存在于动态变化的环境中，环境的不确定性影响着企业资源的配置和使用效率。纳尔逊和温特在《经济变迁的演化理论》一书中，提出了企业成长的轨迹是"物竞天择、适者生存"的生物演化过程的观点，认为企业全部的成长和兴衰成败都要受到选择环境的影响，包括内部环境和外部环境。Teece、Pisano、Shuen（1997）提出的"动态能力企业观"也着重强调了企业能力对外部环境的适应性。"动态"指的是为了与不断变化的经营环境相协调，企业应具备的更新独特能力的能力；"能力"强调的是为了适应动态环境的要求，企业进行内外部技能、资源的重构与整合。这种观点融合了企业成长理论与企业能力理论的基本分析思想，将促使企业成长的内因与外因决定论更好地结合起来，认为企业成长能力强调的是企业内部机制系统对企业外部环境变化的适应性，是一种把企业放置现实，从企业内部寻找成长动力来源的成长观。这种成长观需要企业管理者对外部环境的辨析与内部资源的配置整合能力作为沟通桥梁，凸显了企业管理者在企业成长中的关键决定作用。

由于现实世界中普遍存在着交易成本和信息不对称现象，为避免更多不确定因素的影响，契约成为保障交易达成的重要手段，企业管理者基于市场环境，通过企业内部治理机制进行资源配置的能力也是由一系列契约的执行来完成的。因而，企业成长可以看做是契约完善和治理结构效率提高的过程。换句话说，公司成长能力其实质就是动态环境下的契约治理效率，是企业在动态市场中通过资源配置实施新的价值创造战略而创造价值，以及匹配甚至创造市场变化的过程。

3）企业管理者的中心契约地位

各要素所有者通过市场达成契约组成企业，进入企业后，企业内部契约的履行主要依赖于治理权威和管理权威。治理权威主要来自于法律、法规等基础性制度；管理权威是根据企业面临的环境以及管理者个人的能力、魅力等内生于企业的，是一种以"决策"为特征，协调各要素投入和契约关系的行为能力。企业内部运作更主要的是管理权威的作用①，而企业管理者是企业内部履行"管理权威"职能的执行者，他处于企业合约集合中的中心地位，是制定和执行各项管理决策契约的主要责任人。因而，企业管理者的能力在企业成长过程中起着非常关键的作用。一方面，管理者要敏锐地辨析市场风险与机会，降低企业外部的不确定性；另一方面，管理者还要准确地把握企业自身的优势与劣势，从而最优化企业内部资源的配置与运用。管理者"管理能力"的发挥和努力程度的大小又与企业激励机制设计直接相关，激励机制越合理，越有利于管理者的能力发挥，管理者工作越努力，企业的经营绩效就越好。因此，对企业管理者激励机制设计的有效性，直接影响到企业的成长能力大小。正如麦金森（C. Megginson）所描述的那样："激励是管理的核心。"

3.2 薪酬激励理论

North 指出，契约是制度的一部分，是一种微观性制度，在一个不确定的世界里，契约是不完全的，从而可能带来各种机会主义行为。现代公司制企业中的机会主义行为主要表现为代理问题。激励就是通过满足代理人的需求和愿望，来调动其主动性和积极性，从而使其主动而自发地把个人的潜能发挥出来，减少机会主义行为，以满足或超过委托人的期望。代理人内心要争取的条件、希望、愿望和动力都能构成对人的激励。有学者对各种激励方式及其对个人生产率的影响进行了研究，认为以金钱作为刺激物能使生产率水平提高程度最大，达到了 30%，而其他激励方式仅能提高 8% ~ 16%②。可见报酬在各种激励要素中都具有的重要地位，因而，我们主要从组织的薪酬系统出发，对为什么要激励，激励的目标以及怎样激励进行理论分析。

---

① 高程德. 现代公司理论［M］. 北京：北京大学出版社，2000：44.
② 罗宾斯. 管理学［M］. 孙健敏，译. 北京：中国人民大学出版社，1997：40.

3.2.1 薪酬激励的目标

由于信息不对称及经营活动本身的复杂性，经理的许多行为难以直接监督，或监督成本很高。在此情况下，如果能设计一个有效的激励机制，将经营者的利益与出资人利益连在一起，使经营者从考虑自身利益方面追求出资人利益的最大化，就能使经营者形成自我约束，从动力机制上引导和规范经营者的行为。

1)"经济人"行为的假定

理性"经济人"假设是新古典经济学均衡分析框架的基本前提，它包含了两个层面的含义：从行为目的和人的本性视角，他认为每个人都是自利的，而且往往只关心自身的利益，以自己的最大化满足作为行动目标，因而称其为"经济人"；在具体的行为方式上，他又是理性的，能够在不同的具体环境中，基于自身所获得的信息，采取最有利于实现自身利益的行动方案，即经济人的行为又是"理性"的。经济人假设是西方主流经济学的核心概念之一，基于"经济人"假设，企业管理者的行为目标是追求个人效用的最大化，而且关心的只是个人收入水平的稳定及上升空间、良好的工作条件和职位消费，以及提拔升迁和职业发展等精神荣誉带来的满足。从其行动目标出发，企业管理者在行为方式上就有可能背离企业的长期发展要求。因而，我们需要进行管理者激励机制研究，探究在何种制度下能够实现激励相容，从而改进和完善契约集合和企业治理结构，实现企业成长目标。

2)人力资本的产权特征

产权是排他地使用资产并获取收益的权利，产权的归属在很大程度上决定了行为主体能否存在充分的激励去努力寻找更有效的组织方式，来提高资源的利用效率[①]。随着知识经济与信息时代的发展，企业家的管理才能这一人力资本的价值凸显出来，并从企业总"资本"里分立

---

① 刘世锦.经济体制效率分析导论［M］.上海：上海人民出版社，1994.

了出来。人力资本①的产权特征在于它只能属于个人，其产出价值的高低完全取决于其主体所愿意供给的数量和质量。正是由于人力资本的产权特点，企业面对无规律可循的市场不确定性，只能通过激励机制的安排和执行来充分调动管理者人力资本的潜能和价值（周其仁，1996）。正如产权学派大师巴泽尔（Barzel，1997）所说："人力资本是一种'主动性资产'，它的所有者——个人——完全控制着它的开发和利用。"②

企业管理者通过在企业中投入大量的专用资本，一方面掌握了许多关于企业的信息，另一方面管理者才能又属于个人，难以监督和计量，因而，只有用类似"分成合约"（sharecropping contract），即让人力资本的所有者分享企业经营的剩余，管理者才能才有可能被"激励"出来。作为股东而言，由于获取信息的成本较高，又希望管理者与自己的利益目标趋于一致，也愿意采用薪酬激励的制度安排拉近与管理层的关系。因此，发展"激励性契约"（incentive contracts）成为有效利用企业其他各项非人力资本的前提，是保证企业非人力资本保值、增值和扩张的动力源泉，如何有效激励管理者能力发挥也因此成为当代企业保持持续成长的中心问题。

3) 激励目标

激励机制的核心是将管理者对个人效用最大化的追求转化为对公司价值最大化的追求。管理者的个人效应包括货币和非货币物品，其中以货币计量的形式向管理者发放薪酬，是对管理者行为进行激励的主要手段，这种激励性薪酬机制期望实现的激励目标主要有以下几个方面：

（1）提高管理者的努力程度。一方面管理者的薪酬制度中包含的固定薪金部分较为稳定，能够满足管理者的基本需求，为管理者分担了部分风险，从而减少了管理者在决策中过于保守引致的机会成本。另一方面，将管理者的经济报酬与公司绩效相联系，能够缓解所有者与经营

---

① 人力资本是指个人具备的经验、知识和技能的总和。李嘉图、亚当·斯密和威廉·配第等古典经济学家的论述中都强调了员工的经验、技能等要素在个人劳动生产率和社会财富创造中发挥着重要的作用。

② 巴泽尔. 产权的经济分析 [M]. 费方域，段毅才，译. 上海：上海三联书店，上海人民出版社，1999：111.

者之间的激励不相容约束。如管理者的现金奖励基于公司当期绩效进行奖优罚劣，能够产生较强的激励作用，降低了管理者的偷懒动机，促使其努力把握市场机会，为企业发展提出创新性管理决策，从而使管理者个人收益与企业收益联系在一起。

（2）使管理者行为目标与企业目标相一致。要促使管理者行为目标模式的转变，需要管理者参与剩余支配权的分享，并从制度上进行有效规范，从而有效引导管理者追求企业长期价值的持续增长。对管理者实施股权激励实际上就是让管理者参与分享公司的剩余索取权，如果公司得到的剩余越是接近于管理者开创性的努力，那么这种剩余支配权的激励效果越好，管理者就会越注重公司的未来收益和持续成长。而且，随着管理者持股比例的提高，经营激励得到了进一步的强化，管理者的风险回避偏好也会显著降低，能够减少管理者保守行为导致的成本。

（3）加强对管理者人力资本的投资。企业的人力资本存量决定着企业成长的效率，要使企业在市场拥有持续的竞争优势，就需要不断激励管理者的学习主动性，不断积累经验和知识，Demsets（1998）指出，企业所掌握的技能、经验和知识决定着企业的能力大小。而企业物质资源的配置和剩余资源的挖掘又依赖于管理者的能力大小，因此，企业需要通过有效地激励来提升管理者人力资本价值，从而激发管理者的积极性和创造性。

3.2.2　薪酬激励的理论基础

由于公司制度的发展与演进，委托代理关系普遍存在于现实企业中，人力资本价值、个人效用与公司利益的背离、代理人行为的不可观察性，以及信息的不对称性和契约的不完备性，引起了众多管理学家、心理学家、社会学家和经济学家从不同角度对激励问题进行了大量研究，提出了许多不同的激励理论。

1）委托代理理论

20世纪60年代末70年代初，随着企业规模和经营范围的扩大，企业管理行为越来越复杂，经营决策趋向于专业化发展，传统的业主型企业被所有权和经营权分离的现代公司制企业所取代。在现代公司中，股东作为公司的所有者，由于其精力、时间、相关知识和管理能力的局限，会把企业财产的实际占用、使用和处置权，委托给"代理人"，即具有经营管理能力的职业经理人行使，促使优秀管理者的人力资本与股东物质资本形成最佳结合，从而实现企业的价值最大化目标，这样就形成了委托代理关系，但是由于两者的利益目标不一致和信息控制权不对称，导致了"代理问题"的产生。首先，委托人追求的是所拥有资本的价值增值和资本收益最大化，而代理人不是资产拥有者，为实现自身效用的最大化，除了追求更高的薪金收益外，还有名誉、权力、地位等多元化的利益目标。因而，代理人为了追求自己的利益而侵害委托人利益的事件就会时有发生。其次，代理人直接控制并经营企业，掌握了大量、细致的企业运营信息，而委托人的专业管理知识相对贫乏，授权后又不能过多干预企业经营，所以掌握信息有限，对经营者的能力及努力程度无法做出准确判断，从而形成信息不对称情况下的代理人监督弱化。最后，由于不确定性的存在，委托人与代理人之间不可能事先穷尽各种情况，因而两者之间签订的只能是一个不完全契约，正因为不完全契约和代理人权责不对等的情况存在，也导致了代理人可能损害委托人利益的行为发生。

为了解决两权分离带来的"代理问题"，威尔森（Wilson，1969）、罗斯（Ross，1973）、霍姆斯特姆（Holmstrom，1979）、格罗斯曼和哈特（Grossman & Hart，1983）等人开创的委托代理理论认为，在任何满足代理人参与约束及激励相容约束从而使委托人预期效用最大化的激励合约中，代理人都必须承担部分风险；对于风险中性的代理人，可以通过使代理人承受全部风险（即成为唯一的剩余权益者）的方法来达到最优激励效果。这个研究结论给我们的启示是：在设立激励契约，构建代理人的薪酬结构模型时，为减少代理人采取机会主义行为的可能，风险收入是一个不可或缺的变量。20世纪80年代，法玛和詹森（Fama & Jensen）研究了公司中管理职能与承担风险的情况，认为通过报酬安排如设立奖金与股票期权，将报酬与绩效挂钩等方式方法，可以缓解代理问题，能够使股东与管理者的利益目标趋于一致，从而调动经理人员的积极性。同时，法玛和詹森还进一步指出控制权市场和股票市场的外部监督机制也是降低代理成本，缓解代理问题的有效途径。迄今为止，代理理论是经济学家分析激励问题最通用的工具，激励问题的核心是在委托代理框架下寻求最优的激励方案，或设计最优的激励机制。

2）管理激励理论

20世纪30年代以来，许多管理学者从人的行为与激励的关系出发，提出了"多因素激励理论"、"行为改造理论"、"过程激励理论"和"综合激励模式理论"等不同的管理激励理论，期望通过不同的方式与手段，来增强个人行为的积极性和主动性。

多因素激励理论也称为内容型激励理论，它从"什么样的需要会引起激励"出发，研究了激发、引导、维持和阻止人的行为的因素，主要有马斯洛、奥尔德弗、赫兹伯格、麦克利兰和梅奥等代表人物。马斯洛将人的需要分为生理、安全、社会、尊重和自我实现五个层次，揭示了人类心理发展的一种普遍特性，得到了理论界与实务界的广泛认可。但是人的需要层次是建立在不同的价值观基础上的，不同的文化也会带来需求层次的变化，因而影响了该理论的普适性，同时该理论仍缺乏实证证据。奥尔德弗（Alderfer, 1972）对马斯洛的"需要层次论"进行了归纳，提出生存需要（existence）、相互关系需要（relatedness）和成长需要（growth）的"ERG理论"，该理论更侧重于个体差异和组织内人的行为分析。赫兹伯格（F. Herzberg, 1957）则将低层次需要称为保健因素，高层次需要称为激励因素，认为只有满足激励因素的需要才能真正有效、持久、充分地激励员工。美国著名心理学家麦克利兰（D. C. McClelland, 1961）认为决定一个人成就需要的因素只有两个，即直接环境和个性。直接环境是由个人所处的社会环境决定的，不同时代、不同社会和文化背景中人的需要是不同的；个体的激励水平则取决于其追求卓越、力争成功的意愿强度。"成就需要理论"强调了精神的作用、榜样的力量、教育和培训的价值，这对于我们把握管理人员的高层次需要具有积极的参考意义。梅奥（E. Mnyo, 1933）等人跳出了个人行为规律的研究，强调了人际关系的重要性，这种分析视角对实际的管理工作也有着重要的指导意义。

行为改造理论被认为是激励目的理论。学者们认为，人的行为受外部环境刺激和个人内在思想认识的影响，通过外部环境刺激（条件反射论），或人的内在思想指导（归因论），或两者的共同作用（挫折理论），能够改造和转化人们的行为，变消极为积极。

过程型激励理论注重对动机形成的心理过程进行研究。弗鲁姆（V. H. Vroom，1964）首先提出了比较完备的期望理论，他认为一种激励因素（或目标）的作用大小，受个人从组织中得到报酬的价值判断（效价），以及对取得该报酬可能性的预期（期望概率）这两个因素的影响。因此，组织奖励应该与满足个人愿望相结合，并注意不同的人对同一目标的效价和期望值有可能不同。美国心理学家亚当斯（J. S. Adams，1963）提出的公平理论研究了报酬公平性对人们积极性的影响，报酬激励中的一个关键问题，就是如何平衡个人做出的贡献与他所得到的报酬之间的关系，比较报酬的结果会直接影响今后的积极性。波特（L. M. Porter）和劳勒（E. E. Lawler）吸收了期望理论和公平理论的内容，提出了"努力—成绩—报酬—满足"的比较动态模型，从而使得激励更加合理和符合实际，但是，该模型引入了更多影响激励效果的变量，在实际应用中也显得较为困难。20世纪60年代末期，爱德温·洛克提出了著名的"目标管理理论"，认为增强目标的合理性和可接受性，也会产生积极的激励作用。

罗伯特·豪斯（Robert House）将内在激励因素和外在激励因素结合起来，提出了综合激励模式理论模型（公式3-1），认为激励力量的大小取决于诸多激励因素的共同作用。

$$M = V_{it} + E_{ia}(V_{ia} + \sum E_{ej}V_{ej}) = V_{it} + E_{ia}V_{ia} + E_{ia}\sum E_{ej}V_{ej} \ (j = 1, \cdots, n)$$

（公式3-1）

其中：M 表示某项工作任务激励水平的高低，即动力的大小；

V_{it} 表示工作本身的效价，即工作本身对个人的意义；

E_{ia} 表示任务内的期望值，即完成任务的可能性；

V_{ia} 表示完成任务的效价，即完成工作对个人的意义；

E_{ej} 表示完成工作任务能否导致获得某项外在奖酬的期望值；

V_{ej} 表示某项外在奖酬的效价，即外在奖酬对本人的意义；

i 表示内在的；

e 表示外在的；

t 表示任务本身；

a 表示完成；

j 表示外在奖酬项目。

3）产权理论

"产权"（property right）是"财产权力"一词的缩写，是人与人之间的一组行为性权力。科斯从经济运行的制度基础出发，认为由于存在交易成本，资源配置的有效性会受到不同产权组织制度的影响。奈特（Knight，1921）从风险角度指出，企业产权界定的重要功能是保障财产权利受到财产责任约束，企业只能由具有财产权，进而具有财产责任能力的人支配，而且在制度层面上应承担相应的责任。德姆塞茨（Demsets）和诺思（North）指出，产权是界定人们是否有权利用自己的财产获取收益或损害他人的权益，以及他们之间如何进行补偿的规则，是一种排他性权力。产权经济学大师阿尔钦（Alchian）则强调了产权源于物品的稀缺性及产权排他性的观点。只有明确了产权界定，在一个资源稀缺的市场经济中，人们才能够有序地进行交易活动，知道应该如何获取资源，在什么样的权力范围内可以选择资源的使用，并得到应得的权益。因而，德姆塞茨认为，产权的一个主要功能就在于"引导人们实现将外部性较大地内在化的激励"。

伴随着从工业经济到知识经济的发展，知识对经济增长的贡献由 20 世纪初的 5% ~ 20% 增加到目前的 80%，在经济发达地区和行业已经达到 90%[①]，可见，人力资本已经成为制约经济增长的稀缺资源。从产权角度看，管理者人力资本是管理者通过自身知识、技术、思想文化、意志品德和团队协作等综合活动力的投入来实现个人效用的最大化。由于管理者人力资本作为企业的稀缺资源逐渐占据了主导地位，而其产权又归属管理者个人所有，管理者将自己的知识、技能、体力作为资本投入企业，并不断地追加累积，与企业物力资本所有者一起承担企业的特有风险和系统风险，因而，企业人力资本所有者与物力资本所有

---

① 程承坪，等. 人力资本剩余索取权与政策取向［J］. 经济与管理研究，2000（5）.

者必然共同分享剩余索取权，才能补偿投资风险和保护自己的产权权益。但如果人力资本产权束的一部分被限制或删除时，产权的主人可以将相应的人力资产"关闭"起来，从而使这种资产的经济利用价值一落千丈。因此，企业所有者需要建立一套科学、有效的激励约束机制来激励这种人力资本的潜能开发。

4) 信息不对称理论

信息不对称是指有些信息某些参与人拥有但另一些参与人不拥有的状态。由于委托人与代理人在企业中所处地位和发挥的作用不同，导致了相关信息在双方之间的不对称分布。首先，代理人享有企业运营和投资机会的信息优势。由于委托人处于生产经营之外，相关信息的局限和专业知识的劣势，使委托人不可能对企业生产经营进行决策，进而把这种决策权让渡给经营者，使经营者更了解相关产品生产、经营和投资的具体信息。从理论上说，这是专业化分工的需要，也是一种有效率的制度安排。其次，代理人享有个人能力与工作努力程度的信息优势。经营者最清楚自己的能力与努力的付出，委托人则只能通过学历、业绩等外在信号加以推测和判断，但这种推测极有可能出现误差，而且只能短期有效。在难以观察和监控代理人管理能力和工作努力程度的情况下，对经营者的激励机制的设计就显得非常重要了。可见，信息不对称假设是管理层薪酬激励设计的一个重要理论基础，如果委托人和代理人之间不存在信息不对称现象，委托人能清楚地了解代理人的一举一动，代理人就无法向企业转嫁成本从而使自己受益，那么人的行为外部性就会全部内在化，激励与约束机制都将没有必要。

3.2.3 薪酬激励与企业成长

通过对激励理论的梳理，我们发现，经济学分析主要是从两权分离的现代企业特征出发，由于人力资本的产权特性和信息不对称环境，需要通过薪酬激励手段来缓解代理问题，降低代理成本。故经济学学者关注的是薪酬激励方式和激励结构的安排。管理学学者则更多的是从人的行为和效用满足的视角研究激励的价值，因而从人的行为、过程管理、目标导向等诸多层面提出了不同的激励手段。本书以为，这两种视角的研究都是期望通过激励手段来提高人的工作积极性和努力程度,但激励的目标导向过于微观,难以发挥诸多治理工具的合力作用,反而由于各种治理工具的各自为政增加了代理成本。因而,本书以为应从企业成长的战略高度出发,以清晰的目标导向引导治理力量的发挥,能更有效地实现薪酬激励的作用,实现企业持续的价值最大化目标。于是,我们在对企业成长能力理论和薪酬激励理论梳理与分析的基础上,进一步厘清了薪酬激励与企业成长的关系,从而构建出本书的理论分析框架。

(1) 管理者是促进企业成长的核心力量。既然企业成长的本质表现为一系列契约的有效率执行,那么企业管理者在契约制定和执行中的作用就不言而喻了。人是企业发展的第一要素,作为在企业成长中承担着计划、组织、协调、控制、领导职能的管理者更是企业发展的核心力量[①]。首先,企业管理者要制订企业未来的长期发展规划,这一决策的正确与否将直接关系到企业的生死存亡,决策水平的高低将影响到企业的发展水平与发展速度。因此,管理者人力资本已经成为企业成长中的关键要素,管理者的能力与努力程度对企业的生存与持续成长起着重要的决定作用。其次,在企业的发展战略执行中,管理者又是方案的第一执行人,其执行力与资源组合配置能力又奠定了企业成长的基本步伐,是企业持续发展的核心能力。最后,企业管理者的经营理念和管理哲学构成了企业文化的核心和基础,其学习能力和人格魅力会潜移默化地影响到员工的价值观、伦理和道德信仰,这种精神力量在企业成长与发展过程中起着巨大的凝聚和激励作用。因此,企业成长中管理者的作用将是核心的、重要的关键力量,是企业决策和创新的源泉。

(2) 现代企业管理者为什么需要激励?既然管理者在企业成长中起着关键的核心作用,是企业成长的决策者、执行者和协调者,那么为什么管理者不能自觉、主动地积极实施其管理职能,而需要通过设立相应的激励机制来激励管理者更努力地发挥其管理才能呢?这与现代企业特征和管理者的经济人假设相关。在现代企业理论中,企业是一组契约的联结,所有权与控制权的分离使得管理者的劳动较少的存在资本效

---

① 谢作渺.最优薪酬结构安排与股权激励 [M].北京:清华大学出版社,2007.

应，他们仅仅获得劳动补偿的薪酬而不参与资本收益的分配。因而，管理者与所有者效用目标的差异，会使管理者产生机会主义动机。从产权特征来看，管理者的人力资本与其所有者具有不可分离性和不可抵押性，加上信息的不对称性，使得管理者行为难以监督，从而导致管理者的机会主义行为成为可能。从管理激励视角来看，管理者人力资本具有高度的可塑性，其行为很难有一个客观的优劣标准。因此，对企业管理者实施有效的激励，使管理者朝着所有者所希望的方向努力，是所有者实现其目标的最佳途径之一。

（3）激励是促进管理者完成其管理职能的高效催化剂。据国外学者的调查显示：一般企业员工只需要发挥 20%～30% 的能力用于工作就足以保住饭碗，但是如果能充分调动其积极性，那么他们的潜能就会发挥到 80%～90%，相当于一般情况下的 3～4 倍。贺小刚、李新春（2005）等人的研究也表明，相对于外部环境而言，管理者自身的能动性变量对管理者管理能力的发挥影响作用更大。可见，有效的激励能促进管理能力地提升，必然对企业成长产生深刻的影响。按照管理激励理论，作为理性经济人的管理者会追求其人力资本收益的最大化，而管理者的薪资报酬是实现其效用最大化的最直接手段，同时，管理者的薪酬收益又能体现出管理者的个人价值和社会地位。因此，基于企业的成长战略，设计合理有效的薪酬激励机制，能有效促进管理者的能力提升和潜力发挥，从而更有利于实现企业成长的战略目标，管理者薪酬激励与企业成长之间也因此会表现出正向关系。

从企业成长的战略视角出发，进行管理者薪酬激励的制度安排，不仅有更为清晰的目标导向，而且有利于发挥各种治理工具的合力，治理效率提高的同时，自然代理问题将得到最大程度的缓解，从而避免"头痛医头脚痛医脚"的弊病。同时，企业成长目标能更好地体现出绩效的多维性和动态性特点，基于企业成长战略的薪酬制度，能够促使管理者追求公司长期的价值最大化目标。

有效的激励能促使企业持续成长，应表现出两者之间存在较强的相关关系。我们采取"行为—变量—结果"的分析框架，在后续的研究中将进一步通过实证方法建立行为与结果之间的函数关系，寻找行为与结果之间关系的经验证据。

3.3 我国制度环境下的薪酬激励

企业是嵌入制度环境的经济组织，是在制度约束和制度协调下来开展其经济活动的，而制度作为一系列被制定出来的规则、程序，其目的也在于约束和引导企业的经济活动。新制度经济学的核心思想之一，就是制度会对契约结构产生决定性的影响（North，1990），"超产权论"和"外部环境论"也都阐述了环境对企业业绩的影响作用。因此，在分析我国上市公司管理者报酬激励效应时，要考虑到管理者的薪酬契约从制定到实施，除了受公司自身经营状况的影响，还会受到市场竞争、社会制度、法治水平，以及公司内部治理结构等诸多因素的影响，是许多因素协调、权衡和博弈的结果。

3.3.1 我国上市公司管理层薪酬激励实践的演进

我国在从计划经济体制向社会主义市场经济体制转变的进程中，逐步认识到了管理者人力资本、知识资本的特殊价值及其对公司绩效的重要性，在借鉴国外成功经验并结合我国国情的基础上大胆探索，对管理者的薪酬制度进行了一系列的改革实践。

在改革开放初期，国有企业管理者的报酬主要采用固定工资制，同时辅以职位升迁和精神激励，对企业管理者价值体现强调的是社会贡献和奉献精神，管理者的源动力主要来自高度的政治觉悟、个人良心和社会责任感，这种以 Y 理论为支撑的激励制度在计划经济的历史背景和"当家做主"的使命驱动下，起到了积极的激励作用。但是这种仅仅依靠管理者的责任感和个人品质为基础的政治和荣誉激励，忽略个人经济利益的分配机制必然导致长期激励动力不足、激励效率较低。

20 世纪 70 年代末 80 年代初，我国逐步恢复了奖励工资和计件工资制度，国有企业从利润留成开始，实行了奖金与利润挂钩、工资总额与经济效益挂钩的制度。这种"工效挂钩"的做法实际上就是劳动分红和利润分享。80 年代中后期国有企业又开始推广承包制改革，来解决"放权让利"态势下企业管理者"权责"不对等问题。政府将企业经营权交给企业管理者，通过双方协议约定来保证政府的固定收益，超额部分则归企业管理者所有或在双方之间按比例分配，并规定了企业管理者的个人收入可以高出职工收入的 1～3 倍。工效挂钩与承包制的推行，扩大了经营者的自主权，曾一度激发了企业活力，制止了企业利润的滑坡，其实际上也体现了分享经济理论的激励作用。但承包制的短期契约特征终于使其渐趋式微，在竞争性市场尚未形成、政企职责尚未分开的改革阶段，政府仍然掌控着企业活动，企业的自主经营权并不能得到真正落实，同时，作为"国家干部"的企业管理者，其职业生涯与企业经营业绩无关，这些都促使企业管理者仅仅关注承包期内的短期收益，通过显性的薪金收入和隐性的在职消费来实现个人效用最大化，助长了企业管理者"在职消费"、"穷庙里的富方丈"，以及"59 岁现象"等道德风险问题的滋生与蔓延。

20 世纪 90 年代初，我国开始股份制试点和现代企业制度的改革，企业管理者的收入分配问题也引起了政府的高度重视，基于"建立和健全企业经营管理者的激励约束机制"的政策命题，我国开始试点年薪制改革。所谓年薪制是根据经营者的经营业绩、经营规模与经营风险，以年度为计算单位确立和支付经营者薪金的一种工资制度。管理者年薪主要分为基薪和风险收入两大部分。基薪是管理者的基本生活需求的保证，主要根据公司规模和效益水平，并参照本地区和本公司职工平均收入水平加以确定，一般约占整个年薪的 30%；风险收入是对管理者提高工作绩效的激励，主要根据公司本年度各项考核指标的完成情况确定，一般约占整个年薪的 70%。此外，在实行年薪制的公司中一般还设立了风险基金，即由管理者事先交纳一定的风险抵押金，用于部分弥补由于决策失误和经营不善给公司造成的损失。这样，不仅可以突出管理者人力资本的重要性，较为完整客观地反映管理者的工作绩效，体现管理者在公司中的核心地位和重要作用，而且可以使管理者个人收入与公司的经营业绩挂钩，并使管理者真正承担一部分经营风险，较好地体现了风险、责任与利益相一致的分配原则。但是，在年薪制中，管理者的报酬主要取决于公司当年的经营绩效，因而容易促使管理者为了追求自身利益而诱发各种短期化行为，也难以避免会计操纵引致的激励失效问题。

20 世纪 90 年代中后期我国开始引入了期股、期权激励制度。1993 年 "深万科（000002）" 的员工持股计划流产后，上海仪电控股（集团）公司于 1997 年在其上市子公司中尝试 "股票期权计划"，成为我国率先实行经理股票期权计划的国有企业。随后上海、深圳、武汉、北京等地的地方政府也都相继出台了国有企业高级管理人员实行股权激励的办法。1999 年党的十五届四中全会肯定了经营者 "持有股权" 的激励方式，提出了要建立和健全国有企业管理者激励约束机制的命题。接着颁布的《2002—2005 年全国人才队伍建设规划纲要》中将 "试行企业高层管理人员年薪制，试行股权制和期权制" 作为一条明确的目标，提出要建立健全人才激励机制，要建立与现代企业制度相适应的企业经营管理人员薪酬制度。至此，年薪制、股权、期权等一系列以收入报酬为核心的利益激励形式相继出现。2004 年，中央企业开始全面实行了经营者年薪制；2005 年，中国证监会颁布了《上市公司股权激励管理办法（试行）》并修订了《公司法》；2006 年国资委与财政部联合发布了《国有控股上市公司（境内）实施股权激励的试行办法》。此后，2007、2008 年国资委进一步颁布了股权激励的相关补充规定，对股权激励比率、管理者任用方式、考核评价等方面做出了详尽规定；2009 年人力资源和社会保障部会同中央组织部、监察部、财政部、审计署、国资委等单位联合下发了《关于进一步规范中央企业负责人薪酬管理的指导意见》，规定了央企高管薪酬主要由基本年薪、绩效年薪、中长期激励三部分组成；2010 年国资委进一步提出要研究制定《国有控股上市公司实施股权激励工作指引》，期望为国有控股股东依法履行股东职责、上市公司规范实施股权激励制度提供切实可行的操作指引。至此，我国上市公司逐步建立起了激励与约束相对称、短期激励与长期激励相配套的激励约束机制。

目前，我国对管理者实施的经济激励主要包括基本工资、福利、奖金、年薪和股权激励等形式。基本工资、福利和奖金一般可以合并构成年薪的一部分来计算发放。基本工资是管理者的基本生活保障，不受公司绩效地影响；福利是公司对每一个职工依法应该承担的责任，包括养老保险、医疗保险等各种社会保障；奖金是对管理者在一年内实现的良好绩效的物质鼓励。股权激励形式主要有股票期权、限制性股票和股票增值权三种。股票期权是指公司授予管理者在规定的时期内以事先确定的价格购买一定数量的本公司股票的一种权利，管理者也可以选择放弃行使这种权利。限制性股票是指事先授予管理者一定数量的公司股票，但对股票的来源、抛售等有一些特殊限制，一般只有当激励对象完成特定目标（如扭亏为盈）后，管理者才可以抛售限制性股票并从中获益。股票增值权是指公司授予管理者的一种权利，如果公司股价上升，管理者可通过行权获得相应数量的股价升值收益，管理者不用为行权付出现金，行权后获得现金或等值的公司股票。这些激励方式在不同的经济社会发展阶段和不同的管理情境下，对管理者的激励效果会有所不同。

3.3.2 我国上市公司管理层薪酬激励实践中存在的问题

1）我国上市公司管理层持股总体比例偏低，股权激励不足

关于国有控股上市公司股权激励的补充规定中明确指出，上市公司及境外 H 股公司股权激励收益不得超过行权时薪酬总水平的 40%（含预期的期权或股权收益），境外红筹股公司不得超过 50%。这一规定降低了国有企业实施股权激励的积极性，造成国有企业管理层持股水平普遍较低，影响了股权激励的长期激励作用发挥。据统计我国上市公司中高管人员的固定报酬占 70% 以上，而在西方发达国家已经极为普遍的股权激励方式，在我国尚处于探索阶段，管理层平均持股比例仅占公司总股份的 4%，且近年来还呈现出下滑趋势，股权激励尚未显示出足够的激励作用。此外，我国资本市场发育尚不完善，股价波动受非经营性因素的影响较大，大部分公司公布的股票禁售期平均只有 1.4 年，进一步弱化了股权激励的长期激励效应。

2）缺乏健全的业绩评价指标体系

管理者薪酬激励机制建立在薪绩高度相关的基础上，因而其激励效率在很大程度上取决于公司业绩评价指标的科学性和准确性。目前在我

国上市公司的实践中，与管理者收益挂钩的业绩评价指标通常包括会计利润类和市场价值类指标，由于会计信息失真现象的存在，会计利润指标几乎成了管理者的"数字游戏"；而市场价值指标也因为资本市场的不健全，难以克服非业绩因素的"噪音"影响，导致其对公司业绩的评价缺乏指导意义。更重要的是，现有的业绩评价忽略了对公司长期业绩增长和长期价值最大化的考量。此外，对于国有上市公司而言，除了经济业绩目标以外，往往还兼有较多的社会责任目标，如就业率、收入的公平性、社会声誉和社会责任等等，在实现不同的目标时，管理决策常常会出现相抵触的情况，单纯追求经济利益可能会损害社会公众和国家利益，而保全了社会公众和国家利益的同时往往又以牺牲经济利益为代价。因此，我们可以考虑从公司成长的视角评价公司绩效，这样能够使不同短期目标的长期利益趋于一致，比如以损害社会公众利益而换取的经济利益必然不具有持久性，牺牲了短期经济利益而取得的社会声誉和形象必然能带来公司长期价值的增长。基于公司战略发展的视角，以公司长期成长利益为基本目标，根据不同发展阶段的 KPI（关键绩效指标）来评价当期业绩情况将更具有客观性和现实性。

3）管理者激励的行政化

国有企业薪酬管制及经营者任免的行政化行为仍然是薪酬激励机制有效发挥作用的"绊脚石"。国有企业中明确规定了管理者与普通员工的薪酬倍数以及管理者股权激励收益的份额限制，这些规定大大制约了薪酬激励强度的提升所带来的激励效应。同时，国有企业经理人市场的内部化和责权不对等关系也可能导致薪酬激励机制产生扭曲或异化现象，某些人往往抱着"不求无功，但求无过"的思想，注重搞好上级"关系"，脱离了企业价值最大化的行为目标，从而大大削弱了薪酬激励作用。

4）治理机制和外部制度环境的弱化也影响了薪酬激励的作用

在我国上市公司中，仍然存在着管理者职责不清，薪酬的制定、考核和激励对象相互重叠的现象。周建波、孙菊生（2003）的研究发现，在董事长、总经理兼任的公司中，经营者股权激励增加明显。张必武、石金涛（2005）的研究也认为，当存在内部人控制时，董事会的监督

将流于形式，从而经理人很可能会自定薪酬、自我考核。而 Kern &
Kerr（1997）的研究则指出，董事会的独立性越高，越有利于高管人员
薪酬和业绩相关性的提高。因此，进一步完善公司内部治理机制，将是
保障薪酬激励有效发挥作用的基本条件。此外，经理人市场尚未形成，
控制权市场受诸多因素影响也难以有效发挥制约作用，执法力度不足，
管理政策不稳定和过度干预等等外部制度环境因素的影响，也都限制了
薪酬激励正向引导作用地发挥。

3.3.3 管理层激励实践的组织制度与环境分析

Shleifer & Vishny（1997）认为，公司治理就是保护投资者利益的
一整套经济和法律制度安排。管理层薪酬激励是公司制度的一个重要组
成部分，它与相应的经济、法律等制度环境的约束机制相辅相成，有效
的约束机制能促使激励机制更好的地发挥激励作用。因而，上市公司外
部环境与内部治理结构的完善程度不同，会影响其治理作用地发挥，从
而对管理者的激励模式要求和激励效应也呈现出较大的差异。因此，我
们必须分析我国管理层薪酬激励所处的制度环境，思考适合我国上市公
司管理者薪酬激励的模式和激励效率提高的措施。

1）组织内部制度

西方发达的资本市场以分散的股权为特征，外部健全的市场机制能
较好地监控管理者的逆向选择和道德风险，因而，主要实施的是分享剩
余收益的分配机制（大致在65%左右浮动），高额的风险性报酬能使管
理者更关注企业的长远发展利益；同时，激励方式日趋复杂和精细化，
从基薪、福利、奖金、股票期权、股票购买计划、限制性股票、股票赠
与等方面最大限度地把公司业绩与管理者报酬联系起来。而我国国有企
业的特殊制度背景，造成我国上市公司的股权集中度相对较高，股东大
会被大股东所操纵而沦为形式，大股东一方面在"掏空"公司，另一
方面高管层仍获得与业绩并不匹配的高额薪酬。叶康涛（2005）的研
究就发现，上市公司与大股东之间的关联交易会降低薪绩敏感性，从而
抑制了薪酬激励的作用发挥。随着股权分置改革的推行，股权过于集中
的现象得以缓解，但不健全的资本市场仍然无法有效约束管理者的逆向

选择行为，从而弱化了薪酬激励的正向引导作用。

引进独立董事制度能够加强董事会的监督效率，压缩管理者的机会主义空间，从而有利于发挥薪酬的正向引导作用。Kern & Kerr（1997）的研究认为，外部董事的比例越高越有利于高管人员薪酬和业绩相关性的提高。Ryan & Wiggins（2004）也认为，独立董事能够较好地与 CEO 讨价还价，因而，外部董事的比例越高，越倾向于向管理者支付股权薪酬。我国学者张必武和石金涛（2005）的研究也发现，独立董事制度能较好地发挥监督作用，显著提高了薪酬业绩敏感性。但也有学者持相反的观点，认为我国的独立董事制度并没有发挥应有的治理作用，反而成为代理问题的一部分（谢德仁，2005）。朱奕锟（2005）认为灰色董事是影响董事会独立性的主要原因，导致对管理层薪酬的评议缺乏客观性。唐清泉（2005）也认为独立董事具有花瓶效应和风险回避效应，影响了独立董事的治理作用。因此，如何有效发挥独立董事的监督作用也是提高薪酬激励效应的有效举措之一。

完善董事会的专业化建设和内部制衡机制也是公司治理的重要方面。董事会的专业化程度较高，更有利于发挥其决策和监督作用，降低信息不对称程度，从而较好地约束管理者行为，减少其机会主义动机。但是，目前我国上市公司董事会的专业委员会建设正处于逐步完善阶段，大部分上市公司按要求基本均设立了四个专业委员会，但也有些公司并没有设立相应的专业委员会（专业委员会个数为零），有些公司则设立了八个相应的专业委员会。董事会具有较高的专业水平，能够缓解与经营者之间的信息不对称情况，进而可以有效影响和监督薪酬激励机制的设计及执行情况。内部人控制也是影响我国上市公司董事会治理效率的主要因素之一，管理者自己确定自己的薪酬，同时又自己考核自己，必然导致激励失效和扭曲问题的发生。

因此，公司治理弱化，会导致薪酬契约在签订和执行中可能出现代理问题，造成逆向选择和道德风险增大，从而影响了薪酬激励机制的作用发挥。

2）公司外部环境

美国有成熟的资本市场提供有效的控制权竞争，还有发达的职业经理人市场约束管理者行为，健全的外部制度环境能有效地防范经理人可能的道德风险和逆向选择，因而，基于经理人市场价格水平，公司倾向于对 CEO 实施高额的风险性报酬，尽可能地使管理者与所有者的目标函数趋于一致，从而更好地发挥薪酬的激励效应。我国尚属于新兴资本市场，政府干预的影子在企业联营兼并、资产处置、摊派等方面仍然随处可见，由于市场和行政的双重机制作用，控制权市场未能有效形成并发挥作用；同时，我国经理人市场存在着二元化结构，国有上市公司管理者仍然存在行政任命，国有企业管理者更倾向于通过贿赂政府官员而不是提高公司绩效来保住自己的职位，充分竞争的经理人市场和经理人市场定价机制尚未有效形成，致使外部约束和监控力量弱化，管理者的机会主义行为成为可能。

健全的法制环境是确保管理者薪酬激励有效发挥作用的重要保障。La Porta 等（1999，2000）的系列研究证明了法律体系的完善对公司治理效率有重要影响。在转轨经济阶段，我国的各项法律制度建设始终落后于经济建设的发展，难以保障各种治理工具效用的发挥。在现实的经济环境中，由于种种原因导致我国破产法实施不力，极大地降低了管理者的权力滥用风险；权责不对等造成管理者机会主义动机泛滥，却缺乏相关的法制约束；公司法规定，我国企业管理者的具体薪酬协议要经过股东大会批准才能生效，但在实践中也难以操作，削弱了股东对管理者薪酬的监督作用（朱奕锟，2005）。上市公司管理层薪酬实施细则和监管制度的不完善，加上经理人声誉机制尚未形成，都会给管理者在薪酬上实施利益侵占预留空间，从而影响了薪酬激励的作用效力。

在市场体系完善的公平竞争环境中，产品市场的监督和约束作用对管理者的影响也是有力和巨大的，同时也促使了薪酬激励更好地发挥正面引导作用。在完全竞争的市场中，产品市场所提供的信息可以对上市公司管理者行为进行监督，这种监督其实也是一种制约，市场占有率越高，证明这种产品的竞争力越强，意味着管理者的绩效越好。这样，管理者就会努力改善经营，提高产品的技术含量和市场占有率，追求企业的持续、健康成长，管理者的能力与努力就会直接表现为企业的当期绩效和未来的绩效增长。但是，我国仍处于市场经济建设过程中，仍然有不少的公司处于非完全竞争条件下，外部约束力量的欠缺，会造成公司管理者们有更多的机会主义动机，在不至于使公司倒闭的情况下，去追求自己的利益而牺牲公司利益。

从上面的分析可以看出，目前我国的市场环境还很不健全，包括产品市场、资本市场、劳动力市场和经理人市场，政府对企业的干预仍然较多，加上国家宏观政策等社会福利目标的多元化利益追求，使企业经济绩效与管理者努力无法达到高度相关，对管理层薪酬激励效应带来干扰作用。因而，在这种特殊的制度背景下，管理层报酬制度的设计与实施应当与企业内外部制度环境很好地结合起来，才能共同服务于公司发展与成长的战略目标。

3.3.4 基本评价与分析

结合我国的薪酬实践和制度环境状况，笔者以为，我国上市公司目前的薪酬制度设计具有其合理性和有效性的一面，但同时也有目标导向不够清晰，制度设计不够细化等问题，具体实施效果也存在诸多的干扰因素。

（1）从薪酬激励的决定方式来看，管理者的收益与公司业绩挂钩，而公司业绩的提升在一定程度上取决于管理者的努力程度，管理者作为代理人有进行企业经营管理的决策权，从而也应承担管理决策带来的经济后果。在这种情形下，需要对公司管理者进行绩效考核，基于公司绩效表现来确定管理者报酬水平和报酬构成是较为合理的决定方式。但是，目前绝大多数上市公司仅仅基于当期业绩指标来确定激励标的，且考核标准较易达到，具有一定的福利性质，削弱了薪酬激励的长期激励效应，而且仅仅基于业绩指标也难以满足公司长期价值最大化的目标。因而，笔者以为应以公司的长期成长战略为目标导向，细化不同阶段的成长绩效指标和指标权重来确定薪绩标准，才能更有效地发挥薪酬的长期激励作用。市场经济的发展，提高了经济的货币化程度，个人拥有的物质资本已经成为衡量成功和个人价值的重要标志，因此，将管理者个人的物质财富与公司成长绩效联系起来，能更好地实现管理者效用最大化，从而激发管理者努力提高公司绩效的潜能，提高薪酬激励效率。

（2）从激励方式看，我国上市公司管理层薪酬已基本形成短期激励与长期激励相结合的多元化薪酬结构，包括基本工资、年薪、奖金、股票期权、限制性股票等多种激励形式。这种多元化的激励模式能有效地克服机会主义行为，减少道德风险，降低监督成本。从理性经济人的效用最大化目标出发，管理层报酬形式中既包括了保障管理者基本生活的固定薪金，也涵盖了体现管理者努力程度的业绩补偿，还有管理者承担的风险溢价收益。应当说，这样的激励方式组合与管理者的效用特征相吻合，也与企业的经营机制及市场经济的发展相吻合。当然，为减少"59岁现象"和"穷庙富方丈"等怪象的发生，我们还需要不断完善薪酬激励形式和各项基本保障，一方面保障了管理者的基本权益，另一方面就能更好地实现风险与收益的分担激励。

（3）从薪酬结构看，我国从20世纪90年代初开始进行管理层股权激励试点，到2005年证监会颁布《上市公司股权激励管理办法（试行）》，股权激励方式才逐步在全国范围内推广开来。但是，由于我国资本市场尚不完善，非业绩因素对股票价格的影响仍然较大，造成管理者往往更为重视现金薪酬收入，持股份额较低，影响了股权激励的作用发挥。我国国有企业管理者由组织部门和国有企业管理部门供给并考核，一方面管理者报酬受到政策管制，业绩考核具有多元化标准，从而影响了管理者的努力动机；另一方面，经理人市场的二元化结构，外部经理人存在进入壁垒，导致国有企业管理者机会主义成本降低，更加剧了管理者的短期化行为，使管理者更多地追求现金收入和在职利益，弱化了薪酬的长期激励作用。相比较而言，非国有企业的薪酬构成中股权收益的比重相对较大，管理者的经营行为直接受到外部市场地约束，因而公司的经营绩效不仅能反应管理者的努力水平，而且为管理者提供了更好地发挥个人才能的机会，薪绩相关的激励制度显得更为灵活有效。

（4）从管理者行为的导向性来看，如果管理者表现为风险偏好，则在激励制度安排中，较高的股权激励比例能促使管理者更注重未来业绩的增长，对管理者行为具有长期的引导作用。也就是说，我们应基于各种薪酬形式的特点，合理设计薪酬结构能有效引导管理者行为，从而实现公司长期价值最大化的目标。但企业管理者通常表现为风险中性，国有企业管理者的行政配置又降低了管理者的职位风险，导致管理者行为表现为风险厌恶型，在"不求无功，但求无过"的动机驱动下，会放弃高风险高盈利项目带来的未来业绩增长机会；加上不完善的控制权市场、经理人市场和相关法规制度的执法力度不足，也都无法有效约束管理者的机会主义行为，使薪酬激励的正向引导作用弱化。因此，我们在完善制度环境的约束力，提高管理者逆向选择的机会成本的同时，更要细化薪酬制度的设计与引导作用，进一步提升管理者薪酬激励的实践效果。

3.4 本章小结

本章作为我们研究的理论基础，首先对企业成长能力理论和管理层薪酬激励理论进行了梳理与分析，然后从企业的契约性质出发，认为企业成长是企业管理能力与契约治理效率提升的结果，而作为公司治理工具之一的薪酬契约对于提升公司管理能力和治理效率具有积极的催化作用。因此，管理层薪酬激励与公司成长之间应具有正向关系。

（1）从企业成长能力理论来看，契约治理所强调的动态成长能力理论将企业成长理论和企业能力理论的分析思想有机结合，通过企业管理者对外部环境的洞察与分析，来进行企业内部资源地适应性或创造性配置与调整，从而实现企业的持续成长。这个过程说明企业管理者对企业成长具有关键的决定作用。Baumol（1990）则进一步指出，一个社会的生产力发展和科技进步的快慢，主要不是取决于该社会企业家资源的多少和优劣，而是取决于该社会的制度机制对企业家资源的引导和发挥[①]。这一论述说明企业管理者人力资本作用的发挥比拥有资源本身更重要，而人力资本作用的发挥又取决于管理者的利益机制即报酬激励的科学性。因而，有效的报酬激励必然对企业的成长有着深刻的影响。

（2）在现代公司制企业中，由于经济人假设和管理者人力资本的

---

① BAUMOL. Entrepreneurship：Productive，Unproductive and Destructive ［J］. Journal of Political Economy. 1990，9（5）：893-921.

产权特征，委托人需要通过薪酬激励机制来引导管理者行为，提高管理者努力程度。有研究表明，没有激励时，一个人只能发挥其全部潜能的20%～30%，而科学有效的激励机制能使其潜能发挥到80%～90%。可见，有效的激励能较好地提升管理者的能力和努力程度，从而能更有效地发挥管理者的人力资本作用，实现企业成长目标。同时，薪酬制度必须基于公司的成长战略进行设计，才能有效引导管理者行为，实现公司的长期价值最大化目标。

（3）从我国的薪酬实践来看，目前，我国上市公司薪酬制度既有其合理性和有效性的一面，但同时也存在目标导向不清晰，缺乏长期引导作用，制度设计不够细化等问题。同时，由于企业是嵌入制度环境的经济组织，是在制度约束和制度协调下来开展其经济活动的，因此，薪酬激励的具体实施效果也会受公司内外部诸多制度环境因素的影响，是各种因素协调、权衡和博弈的结果。

基于以上分析，我们认为具有主动性的管理者能力对企业实现成长目标具有重要作用，而管理者能力的发挥和努力程度又取决于激励机制的有效性，因此，企业成长与管理者薪酬激励效率正相关。

4 薪酬激励方式与公司成长能力的实证检验

4.1 引 言

薪酬激励是指委托人通过薪酬形式、水平、结构的合理安排来调动代理人积极性，设法将代理人个人效用的最大化与企业价值最大化的股东期望目标相统一的一种制度安排。代理理论认为，制定补偿政策或采取让管理者分享剩余索取权的措施能够激励管理者去选择和实施可以增加公司价值和增进股东财富的活动。Demsetz（1997）的研究也为管理层薪酬显著的激励效应提供了经验证据。

我国上市公司管理者薪酬，从功能来看，可以分为保障性收入和风险性收入；从形式来看，可分为现金收入和能够间接带来货币收入的股票收益；从表征来看，又可以分为显性报酬和隐形报酬。就显性报酬而言，目前，我国上市公司管理层薪酬已基本形成短期激励与长期激励相结合的多元化薪酬结构，包括基本工资、福利、奖金、年薪、股票期权、限制性股票等激励形式。基本工资是公司管理者薪酬激励的最基本形式，它是基于管理者的工龄、学历、岗位级别和以往业绩，给予管理者的固定支付。作为保障性支付的基本工资数量对风险规避型管理者能起到替代分享公司剩余的激励，如果公司激励形式中没有基本工资或者工资数量较少的话，一方面会使管理者缺乏基本生活保障，劳动力得不到持续生产和再生产；另一方面，也会削弱管理者参与职位竞聘的兴趣，公司也可能因此而失去一部分合适的人才。年薪作为短期激励的主要形式，其大额支付的特点具有较强的激励作用，既提高了岗位的吸引力，也激励了管理者提升绩效的主动性。许多公司中实施的分级年薪制，就是将年薪额度与公司业绩相挂钩，实现的业绩目标不同，支付的年薪额度不同，这种年薪就接近于奖金式的激励了。奖金是国内外公司中应用比较普遍的一种激励方式，一般是基于公司年度业绩或个人年度业绩来确定奖金形式与奖金的目标额度，通常会结合公司的财务指标进行评估分析，如利润额、净资产收益率和销售增长率等。需要注意的是，当公司会计业绩指标被管理者操纵而造成会计信息失真时，短期激励方式不仅激励效应大打折扣，而且会诱发管理者的短视行为。股权激励属于风险报酬，是分享公司剩余索取权的一种激励方式。股权薪酬不会减少公司当前的现金流，而且能够促使管理者更加关注公司的成长和公司的未来绩效，因而成为现代公司制企业中，占有薪酬比例最大的一种薪酬形式。目前我国上市公司实施的股权激励主要有股票期权、限制性股票和股票增值权三种。

不同的薪酬形式给管理者带来的效用不同，因而对管理者努力程度和关注方向的激励作用也不相同。现有研究主要侧重于不同薪酬形式的激励有效性分析，从薪酬与当期业绩相关性视角提供了诸多的实证证据，但这些研究并没有形成一个一致的结论，即使管理层薪酬与公司当期绩效呈现出显著相关性的公司，却也表现出激励效力不足，长期激励乏力，管理者短视行为严重的现象。从理论上分析，管理者的现金薪酬能起到短期激励作用，而管理者持有股权主要是激励管理者努力提升公司的长期业绩增长，实现公司的长期价值最大化目标。现有研究仅仅通过当期薪绩的相关性来验证薪酬激励的有效性，难免会导致研究结论有失偏颇，也会大大弱化薪酬的长期激励作用。因此，我们认为，要实现公司长期的价值最大化，必须保证公司地健康、持续成长，而公司成长又取决于企业管理者的能力和努力程度，薪酬激励则是提升管理者能力和努力程度的有效手段之一，从而表现出公司成长与管理者薪酬激励之间的正向联系。管理层薪酬激励以公司成长战略为目标导向，能更为有效地引导管理者的长期化行为，实现公司长期价值最大化目标。在本章中，我们将对我国上市公司管理层现金薪酬和股票薪酬与公司成长能力的关系进行实证检验，分析不同激励方式对公司成长能力的激励效应差异，为本书的理论分析提供经验证据的支持。由于我国上市公司年报中公布的现金薪酬包括基本工资、年薪及奖金薪酬的总和，基于数据可得性和三种激励形式其激励目标的相似性，本书将三者合计的现金薪酬作为短期激励的代理变量，来检验其与公司成长绩效的相关性，考察我国上市公司管理层现金薪酬对公司成长的激励效应。长期激励通常以多年（一般为 3~10 年）的绩效为基础，一般薪酬总额越高，长期激励的比重应该越大。我国上市公司采取的长期激励形式主要是股权激励，其中90% 以上的公司均主要采用了股票期权和限制性股票的激励方式，故本研究将分别考察股票期权和限制性股票对公司长期成长绩效的激励作用。

探讨薪酬激励方式的激励效果还取决于业绩评价的准确性，通过准确的业绩评价使委托人与代理人具有共同的利益（Kaplan & Atkinson，1998），实现激励相容。有研究指出，高质量的业绩指标能提供更多的代理人行为选择的信息，从而更有利于对经理人的监督与奖惩（Gibbs et al.，2003）；反之，低质量的业绩指标可能降低了代理人应承担的风险，影响了薪酬激励契约的激励效应发挥。因此，业绩评价的合理性和准确性决定了薪酬契约的具体形式，也决定着薪酬激励的实际效果。Demski（1994）指出当存在很好的业绩度量标准的情况下，应增加激励强度来更好地发挥薪酬激励作用。因而，本研究从企业的终极目标——公司成长的视角出发，综合考虑公司的规模、盈利能力、营运能力和发展能力，既涵盖了公司的会计业绩指标，又包括了公司的市场价值体现，采用因子分析方法综合评价公司成长绩效，期望克服单一指标的业绩评价缺陷，从企业发展战略的高度来检验我国上市公司薪酬激励的作用效力。

4.2 公司成长能力的因子分析

因子分析法（factor analysis）源于 Charles Spearman（1904）提出的"普遍智力因素理论"（简称 g 理论），他认为由于潜在的、共通的智能因素的影响，从而导致了学生在数学、语文、音乐等学科上的成绩差异。随后，Thurstone 等推广了这一理论，将单一的潜在因子推广为多个潜在的公共因子，并构建了定量化模型，称为"因子分析"，是一种降维的数据处理统计方法。通常我们在做数据分析处理时，涉及的样本往往包含多个测量指标，虽然多个指标更能体现信息的完整性，但较多的指标也会带来分析问题的复杂性，而且指标彼此之间还存在着一定程度的、有时甚至是相当高的相关性，这就使得观测数据中的信息在一定程度上有所重叠。因子分析法能够通过降维技术把多个指标约化为少数几个综合指标，约化后的几个综合指标能够反映原始指标的绝大部分信息，它们通常表示为原始指标的某种线性组合。因此，因子模型本身的特点和本研究的客观需要共同决定了采用多元统计分析中的因子分析法可以更好地完成本书的研究任务。

4.2.1　成长能力指标的选择

学术界对成长性的衡量有许多不同的尝试，但基本都强调了"量"的增长和"质"的增长相结合的思想。赵晓（1999）比较了公司的规模经济和成长经济，认为成长经济强调的是公司内部资源的经济利用，而规模不过是成长过程的副产品，仅具有相对意义，在竞争性市场和独立经营的企业主体下，资源存在不平衡性，成长经济则更具有绝对意义。曾志伟（1999）也认为公司成长的实质是对未来资源的有效利用和培育，公司成长的综合表现是公司竞争力的持续提高。美国经济学家彭罗斯（Penrose，1997）指出成长是一个过程，而规模是一个状态。因此，对公司成长能力的衡量，既应该包括规模扩张所体现出来的成长状态，更应该涵盖内部资源的有效使用所带来的盈利能力，只有公司内部资源的优化配置所体现出来的持续性的盈利能力，才能带来公司真正意义的规模增长。现有的公司成长能力实证研究文献中，学者们大多以销售收入或收入的增长作为公司成长的代理变量，这样的计量方法具有一定的片面性，因为销售收入仅仅表示了公司规模的扩张，却难以表达成长经济的含义。为克服以往实证研究中的偏差，本研究拟从公司的"量"与"质"两个方面来描述公司的成长能力：从量上说，是指公司在效益一定的情况下，公司规模的扩大；从质上说，是指在公司规模一定的情况下，公司效益的提高，体现的是公司的长远发展和扩张能力。健康、持续地公司成长应该是"质"与"量"两个方面的有机结合。

我们从公司当期成长绩效和公司未来的绩效增长两个角度出发，选择了以下能够体现公司成长的"质"与"量"的相关公司规模、收益、盈利能力指标及其各指标的 3 年平均增长率来综合地反映公司的成长能力，具体指标见表 4-1。

表 4-1　　　　　　　　　　公司成长能力指标体系

指标类型	公司当期成长绩效（Y）	公司长期业绩增长（GY）
规模	总资产 营业收入	3 年总资产平均增长率 3 年净资产平均增长率 3 年营业收入平均增长率
盈利质量	经营现金流量净额 开发支出 净利润	3 年经营现金流量净额平均增长率 3 年营业利润平均增长率 3 年净利润平均增长率
盈利能力	ROA ROE	3 年 ROA 平均增长率 3 年 ROE 平均增长率
市场业绩	EPS 市盈率	3 年 EPS 平均增长率 3 年主营业务利润率平均增长率

各指标 3 年平均增长率[①]的计算方法如公式 4-1 所示，我们以利润总额为例：

$$3 \text{ 年利润平均增长率} = \left(\sqrt[3]{\frac{\text{年末利润总额}}{\text{3 年前年末利润总额}}} - 1 \right) \times 100\% \qquad \text{（公式 4-1）}$$

我们用一定时期内企业收益增长率指标并辅以收益水平等静态指标作为企业成长的表征，能够较好地体现公司短期绩效与长期成长的绩效变化。对反映公司成长的多项原始指标，采用因子分析法计算出反映公司

[①] 本书采用 EXECL 进行指标数据 3 年平均增长率的计算，具体计算过程借鉴了王卫华的《如何利用电子表格计算三年平均利润增长率》一文中的方法（《中国审计信息与方法》，2003 年第 8 期）。

当期成长绩效的综合评价指数（Y）和公司长期业绩增长的综合评价指数（GY），分别用来作为公司当期成长绩效和公司长期业绩增长的代理变量。在选择原始指标时，我们借鉴了已有文献的评价思路和方法，尽可能地涵盖了公司成长中数量增长和质量提高的价值体现，以确保所提取的公共因子能够真实完整地反映公司成长绩效。

4.2.2 数据分析

由于所选择的原始指标间量纲和数量级的不一致，可能会导致数据间的差异较大，从而会影响到协方差矩阵的特征值大小，因此首先需要对数据进行标准化处理和因子分析的可行性检验。

1）数据的标准化处理

为了消除指标间量纲和数量级的影响，减少极端值对结果的影响，我们用公式4-2对原始指标进行了标准化变换。

$$X_{ij} = \frac{(Y_{ij} - EY_j)}{\sqrt{DY_j}} \qquad\qquad （公式4-2）$$

其中：

$$EY_j = \frac{1}{m}\sum_{i=1}^{m} Y_{ij}, \quad DY_j = \frac{1}{m-1}\sum_{i=1}^{m}(Y_{ij} - EY_j)^2$$

Y_{ij}是实际观测值，i=1，2，3，…，m；j=1，2，3，…，n；m为观测样本的个数，n为所选指标个数。

2）相关系数的 KMO 检验

因子分析要求变量间具有一定的相关性，样本量与变量个数的比值至少在 5∶1 以上，总样本量要在 100 以上，一般来说样本量越多分析效果越好。我们首先对各项原始指标进行相关性分析，在变量相关系数计算的基础上，通过 KMO 统计量或 SMC 检验，来判断原始数据是否适合进行因子分析。KMO（Kaiser-Meyer-Olkin）统计量是通过比较变量的相关系数与偏相关系数来测量变量间相关关系强弱的指标。KMO 值介于 0～1 之间，KMO 越高，表明变量的共性越强，适合进行共性因子的提取。如果偏相关系数相对于相关系数比较高，则 KMO 比较低，因子分析就不能起到很好的数据约化效果了。根据 Kaiser（1974）的判断标准：KMO 值在 0.5 以下，不能接受（unacceptable）；0.7 以上可以接受（middling）；0.9 以上非常好（marvelous）。我们用 STATA10.0 软件计算的原始指标的相关系数表（见表 4-2、表 4-3）和 KMO 值如下。

表 4-2　　　　　　　当期成长绩效原始指标的相关系数表

	总资产	净利润	经营现金流	开发支出	营业收入	ROA	ROE	EPS	市盈率
总资产	1								
净利润	0.9383 ***	1							
	0.0000								
经营现金流	0.929 ***	0.958 ***	1						
	0.0000	0.0000							
开发支出	0.210 ***	0.182 ***	0.146 ***	1					
	0.0000	0.0000	0.0000						
营业收入	0.963 ***	0.924 ***	0.906 ***	0.211 ***	1				
	0.0000	0.0000	0.0000	0.0000					
ROA	0.0075	0.074 ***	0.0286 **	-0.0046	0.0113	1			
	0.589	0.0000	0.0396	0.768	0.4148				
ROE	0.0084	0.025 *	0.0081	0.005	0.0096	0.455 ***	1		
	0.5475	0.0683	0.5621	0.752	0.4902	0.0000			
EPS	0.052 ***	0.104 ***	0.042 ***	0.032 **	0.057 ***	0.741 ***	0.239 ***	1	
	0.0002	0.0000	0.0027	0.042	0.0000	0.0000	0.0000		
PNP	-0.007	-0.03 **	-0.013	-0.01	-0.015	-0.202 ***	-0.048 ***	-0.209 ***	1
	0.6191	0.0433	0.3888	0.483	0.3167	0.0000	0.0011	0.0000	

表 4-3　　　　　长期业绩增长速度原始指标间的相关系数表

	3年总资产平均增长率	3年净资产平均增长率	3年营业收入平均增长率	3年营业利润平均增长率	3年净利润平均增长率	3年经营现金流量平均增长率	3年ROA平均增长率	3年ROE平均增长率	3年销售利润率平均增长率	3年EPS平均增长率
3年总资产平均增长率	1.0000									
3年净资产平均增长率	0.0882 ***	1.0000								
	0.0000									
3年营业收入平均增长率	0.5428 ***	0.065 ***	1.0000							
	0.0000	0.0007								
3年营业利润平均增长率	0.0537 ***	0.0026	0.0160	1.0000						
	0.0051	0.8923	0.4050							
3年净利润平均增长率	0.3098 ***	0.0123	0.091 ***	0.115 ***	1.0000					
	0.0000	0.5229	0.0000	0.0000						
3年经营现金流平均增长率	-0.074 ***	-0.08 ***	0.086 ***	0.0077	-0.0032	1.0000				
	0.0001	0.0000	0.0000	0.6886	0.8666					
3年ROA平均增长率	0.0501 ***	0.0048	0.012	0.045 **	0.771 ***	0.0123	1.0000			
	0.0090	0.8021	0.5329	0.0196	0.0000	0.5201				
3年ROE平均增长率	0.0680 ***	0.0051	0.064 ***	0.042 **	0.567 ***	0.01	0.62 ***	1.0000		
	0.0004	0.7902	0.0009	0.0292	0.0000	0.6052	0.0000			
3年销售利润率增长率	0.0274	0.0017	0.0071	0.013	0.149 ***	0.0034	0.16 ***	0.745 ***	1.0000	
	0.1541	0.9308	0.7115	0.4990	0.0000	0.8596	0.0000	0.0000		
3年EPS平均增长率	0.0897 ***	0.0072	0.0226	0.063 ***	0.653 ***	0.0134	0.65 ***	0.812 ***	0.190 ***	1.00
	0.0000	0.7073	0.2399	0.0010	0.0000	0.4865	0.0000	0.0000	0.0000	

从相关系数表 4-2 中我们可以看出，原始变量间存在着显著的相关关系，而且大部分变量的 KMO 值都在 0.7 以上，整体 KMO 为 0.7119，样本量为 5 168 个，可以进行因子分析。

相关系数表 4-3 也显示出各增长率指标间具有较强的相关性，变量的 KMO 值介于 0.56 ~ 0.85 之间，整体 KMO 值为 0.7848，样本量为 2 717 个，说明原始数据适合进行因子分析。

4.2.3　求解因子

在求解因子前我们需要根据碎石图来判断需保留的因子个数，然后通过方差最大旋转法（正交法），得到各因子的贡献率和累积贡献率，根据因子贡献率和旋转后的因子得分系数矩阵，可以确定各因子的权重，从而得到公司成长绩效的综合评价指数。

我们对公司当期成长绩效指标和长期业绩增长指标进行因子分析的碎石图描述，如图4-1、图4-2所示。

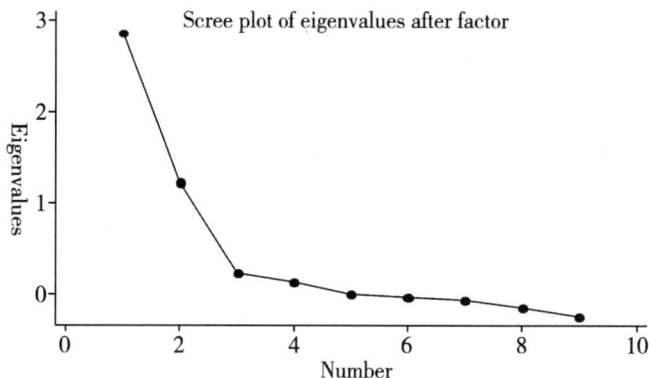

图4-1 当期成长绩效因子分析碎石图

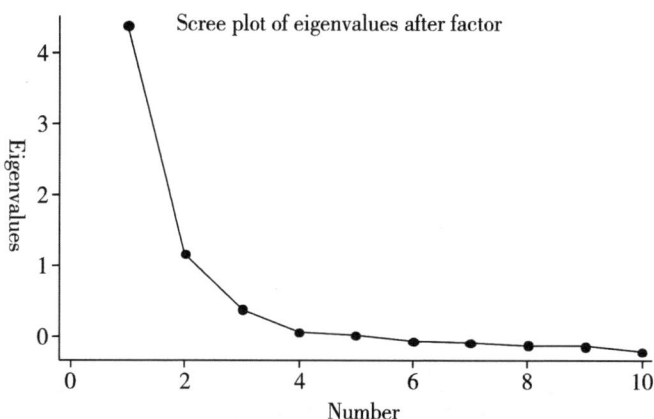

图4-2 长期增长效率因子分析碎石图

碎石图中横坐标为因子个数，纵坐标是因子的特征根。图4-1表明，特征值大于1的因子只有2个，累积方差解释率为90%以上，说明前两个因子对原有变量的贡献率已经达到90%以上。因而，我们从原始指标中提取出两个公因子 Y_1 和 Y_2。从图 4-2 中可以看出，特征值大于 1 的因子也有 2 个，累积方差解释率几乎达到 100%，其他变量几乎可以视为"高山脚下的碎石"，所以，我们也提取了两个公因子 GY_1 和 GY_2。为进一步简化因子结构，得到更高的总方差解释比例和因子载荷，我们通过最大方差正交旋转，得到各因子贡献率（见表 4-4、表 4-6）和因子载荷系数矩阵（见表 4-5、表 4-7）。

表 4-4　　　　　　　　公司当期成长绩效因子贡献率

Factor	Variance	Difference	Proportion	Cumulative
Factor1	2.73446	1.39649	0.7025	0.7025
Factor2	1.33797		0.3437	1.0462

LR test：independent vs. saturated：chi2（36）= 2.1e+04 Prob>chi2 = 0.0000

表 4-5　　　　　　公司当期成长绩效因子载荷系数矩阵

rotated factor loadings（pattern matrix）and unique variances

VARIABLES	Factor1	Factor2	Uniqueness
总资产	0.8965	-0.0312	0.1952
净利润	0.8127	0.2879	0.2566
经营现金流量	0.6818	0.1391	0.5158
开发支出	0.1982	-0.0186	0.9604
营业收入	0.8506	-0.0237	0.2759
ROA	0.0200	0.8345	0.3032
ROE	-0.0181	0.3425	0.8824
EPS	0.1974	0.7166	0.4476
市净率	-0.0660	-0.2959	0.9081

因子载荷矩阵体现了 2 个公因子对每一个原始变量的载荷。从表 4-5 中我们可以看出，Y_1 主要解释了总资产、营业收入、经营现金流量和净利润指标的信息，体现了公司当期成长绩效的规模与收益质量，我们可以称其为规模质量公因子；Y_2 则是 ROA、ROE、EPS 等指标的信息集合，表现了公司当期绩效的盈利能力，称为盈利能力公因子。用表

4-4 中 2 个公因子的贡献率加权，我们就可以得到公司当期成长绩效的综合评价指数 Y，见公式 4-3。

$$Y = 0.7025 \times Y_1 + 0.3437 \times Y_2 \qquad （公式 4-3）$$

表 4-6 　　　　　　　　　公司长期业绩增长因子贡献率

Factor	Variance	Difference	Proportion	Cumulative
Factor1	4.07604	2.59378	0.7497	0.7497
Factor2	1.48226		0.2726	1.0224

LR test：independent vs. saturated：chi2（45）= 2.8e+04 Prob>chi2 = 0.0000

表 4-7 　　　　　　　　公司长期业绩增长速度因子载荷系数矩阵

Rotated factor loadings（pattern matrix）and unique variances

Variable	Factor1	Factor2	Uniqueness
3 年总资产平均增长率	0.0837	0.6876	0.5202
3 年净资产平均增长率	0.1948	0.6326	0.5618
3 年营业收入平均增长率	0.1168	0.5505	0.6833
3 年净利润平均增长率	0.8059	0.3369	0.2370
3 年经营现金流平均增长率	0.1135	0.1992	0.9474
3 年营业利润平均增长率	0.6090	0.3631	0.4972
3 年销售利润率平均增长率	0.8314	0.0232	0.3082
3 年 ROA 平均增长率	0.8982	0.0110	0.1931
3 年 ROE 平均增长率	0.8611	0.0541	0.2556
3 年 EPS 平均增长率	0.8629	0.1324	0.2379

表 4-7 的因子载荷矩阵表明，GY$_1$ 主要反映了 3 年净利润平均增长率、3 年 ROA 平均增长率、3 年 ROE 平均增长率、3 年销售利润率平均增长率和 3 年 EPS 平均增长率指标的综合信息，体现的是公司盈利能力的平均增长速度，我们称为盈利能力增长公因子；GY$_2$ 则主要是 3 年总资产平均增长率、3 年净资产平均增长率、3 年营业收入平均增长

率和3年经营现金流量平均增长率的综合信息，反映了公司规模质量的增长情况，称为规模质量增长公因子。用表4-6的因子贡献率加权，我们可以得到公司长期增长效率的综合评价指数 GY，见公式4-4。

$$GY = 0.7497 \times GY_1 + 0.2726 \times GY_2 \qquad \text{（公式4-4）}$$

这样，我们通过因子分析法，得到了反映公司成长能力的规模质量因子和盈利能力因子，以及各因子线性组合的综合评价指数变量表（见表4-8）

表4-8　　　　　　　　**公司成长能力评价变量**

公司当期成长绩效（Y） $Y = 0.7025 \times Y_1 + 0.3437 \times Y_2$	公司长期增长能力（GY） $y = 0.7497 \times Y_1 + 0.2726 \times Y_2$
Y_1：规模质量因子 Y_2：盈利能力因子	GY_1：盈利能力增长因子 GY_2：规模质量增长因子

4.2.4　结果检验

为了验证此评价模型的有效性，我们分别用 ROA、ROE、EPS 和 TQ 作为公司当期成长绩效的替代变量，3 年 ROA 平均增长率（GROA）、3 年 ROE 平均增长率（GROE）、3 年 EPS 平均增长率（GEPS）和 3 年平均可持续增长率（Growth）作为公司长期业绩增长效率的替代变量，分析评价因子得分和上述单一会计指标与市场业绩指标之间的 Pearson 积矩相关性和 Spearman 秩相关性，以证实它们之间在数值和等级上是否相关，从而验证因子综合评价指数的可靠性。Pearson 和 Spearman 相关分析表见表4-9、表4-10、表4-11 和表4-12。

通过以上结果可以看出，各因子及因子的综合评分与公司成长绩效的替代变量之间，其 Pearson 相关系数和 Spearman 秩相关系数都通过了显著性检验（$\alpha = 0.01$），表明因子综合评价指数和公司成长绩效指标不仅在数值上显著相关，而且两者在等级上也是相关的，在 0.01 的水平上双尾显著，说明我们通过因子分析法得到的综合评价指数能够全面、综合地反映公司成长业绩。

表 4-9 Pearson **相关系数表**

	Y	Y₁	Y₂	TQ	EPS	ROA	ROE
Y	1						
Y₁	0.8833 ***	1					
	0.0000						
Y₂	0.4915 ***	0.0259	1				
	0.0000	0.1170					
TQ	0.0225	−0.1275 ***	0.2847 ***	1			
	0.1736	0.0000	0.0000				
EPS	0.5493 ***	0.1873 ***	0.8232 ***	0.0958 ***	1		
	0.0000	0.0000	0.0000	0.0000			
ROA	0.4558 ***	0.0033	0.9654 ***	0.2088 ***	0.7406 ***	1	
	0.0000	0.8408	0.0000	0.0000	0.0000		
ROE	0.1718 ***	−0.0188	0.4011 ***	0.0933 ***	0.2386 ***	0.4547 ***	1
	0.0000	0.2557	0.0000	0.0000	0.0000	0.0000	

表 4-10 Spearman **相关系数表**

	Y	Y₁	Y₂	TQ	EPS	ROA	ROE
Y	1						
Y₁	0.3686 ***	1					
	0.0000						
Y₂	0.8106 ***	−0.0927 ***	1				
	0.0000	0.0000					
TQ	0.0139	−0.3301 ***	0.2476 ***	1			
	0.3988	0.0000	0.0000				
EPS	0.8581 ***	0.0995 ***	0.9046 ***	0.0653 ***	1		
	0.0000	0.0000	0.0000	0.0001			
ROA	0.7784 ***	−0.1519 ***	0.9807 ***	0.3101 ***	0.8284 ***	1	
	0.0000	0.0000	0.0000	0.0000	0.0000		
ROE	0.811 ***	0.0779 ***	0.8844 ***	0.1844 ***	0.8388 ***	0.8583 ***	1
	0.0000	0.0000	0.0000	0.0000	0.0000	0.0000	

表 4-11 　　　　　　　　　　　　Pearson 相关系数表

	GY	GY$_1$	GY$_2$	GROE	GROA	GEPS	Growth
GY	1						
GY$_1$	0.9666 ***	1					
	0.0000						
GY$_2$	0.2948 ***	0.0403 **	1				
	0.0000	0.0376					
GROE	0.8087 ***	0.8488 ***	−0.012	1			
	0.0000	0.0000	0.5360				
GROA	0.8625 ***	0.8909 ***	0.0410 **	0.6220 ***	1		
	0.0000	0.0000	0.0343	0.0000			
GEPS	0.8674 ***	0.8901 ***	0.0631 ***	0.8123 ***	0.6493 ***	1	
	0.0000	0.0000	0.0011	0.0000	0.0000		
Ggrowth	0.1762 ***	0.1770 ***	0.0459	0.0862 ***	0.1593 ***	0.1503 ***	1
	0.0000	0.0000	0.1119	0.0027	0.0000	0.0000	

表 4-12 　　　　　　　　　　　　Spearman 相关系数表

	GY	GY$_1$	GY$_2$	GROE	GROA	GEPS	Growth
G	1						
GY$_1$	0.8273 ***	1					
	0.0000						
GY$_2$	0.3379 ***	0.1392 ***	1				
	0.0000	0.0000					
GROE	0.6385 ***	0.7167 ***	−0.1454 ***	1			
	0.0000	0.0000	0.0000				
GROA	0.6086 ***	0.7136 ***	−0.1923 ***	0.6723 ***	1		
	0.0000	0.0000	0.0000	0.0000			
GEPS	0.7332 ***	0.7747 ***	−0.0315	0.6039 ***	0.5034 ***	1	
	0.0000	0.0000	0.2756	0.0000	0.0000		
Ggrowth	0.4882 ***	0.4845 ***	0.0255	0.4983 ***	0.4199 ***	0.4097 ***	1
	0.0000	0.0000	0.3763	0.0000	0.0000	0.0000	

因子分析法是通过对原始变量的标准化处理和数学变换，消除了指标间的相互影响及指标分布不同、数据本身差异造成的不可比性，能从方法源头保证绩效评级的质量。另外，因子分析能够从指标所含区分样本的信息量多少来确定指标的重要程度，克服了权重确定的主观性，能更为客观地反映样本间的现实关系，从而提高了评价的效度。因此，我们认为本研究的评价体系可以有效衡量上市公司的成长绩效。

4.3　理论分析与假设提出

4.3.1　现金薪酬激励方式

早在 1916 年法约尔就指出，企业管理者的报酬机制设计应该能够奖励被激励者有益的努力和激发其热情，还要能够保证报酬的公平性，不应导致超过合理限度过多的报酬[①]。也就是说，对企业管理者报酬合理性的评价，一方面需要考察报酬制度对管理者努力行为的回报是否合适；另一方面还要关注报酬制度对管理者未来管理行为的引导是否有效（张正堂，2003）。在理性经济人的假设前提下，企业管理者的决策行为是对制度环境和规则的理性反应，不同的制度环境和规则下，管理者的行为特征是不同的。因而，管理层薪酬制度的合理性不仅仅体现在企业当期的业绩水平上，还应该体现在管理决策行为的滞后性产出所带来的企业未来绩效表现上。

目前，我国上市公司管理层薪酬已基本形成长短期激励相结合的报酬激励形式，短期激励方式主要是现金薪酬，长期激励主要以股权收益为主。现金薪酬是一种最直接也是最显性的激励方式，它带给经营者的满足是最直接的，是对管理者的经营能力和经营业绩的一种肯定。我国上市公司年报中披露的现金薪酬总额中既包含了管理者的基本工资，也包含了基于年度各项考核指标的完成情况所给予的变动性收入（如年

---

① 法约尔. 工业管理与一般管理［M］. 周安华，译. 北京：中国社会科学出版社，1982：29-31.

薪中的风险收入和奖金等），这些以现金为主的报酬形式，其激励目标相近，主要是为了减少管理者的偷懒动机、降低管理者保守行为而引致的机会成本，促使管理者努力提升公司价值。作为一种短期激励方式，现金薪酬中的基薪部分通常是根据公司的基础条件和职位要求确定的，与公司当期业绩水平的变动无关，从而对管理者具有职位占据的激励和引导作用；现金薪酬中的变动性收入则根据公司当期业绩指标地完成情况（如当年的会计利润）来确定支付，表现出与当期绩效的强相关性。也就是说现金薪酬的激励效应一方面要体现出对管理者当期努力成本的补偿，另一方面还要能够对管理者的未来行为进行有效引导。因而，现金薪酬不仅与公司当期绩效相关，还应该表现出与公司未来绩效的相关性。Coughlan & Schmidt（1985）、Abowd（1990）的研究都证明了现金薪酬的变化与市场收益的变化正相关。但是，由于现金薪酬中的变动部分是根据当期业绩指标确定，并一次性发放，在信息不对称的情况下，不能很好地解决管理者的短期行为，与股权激励相比，现金激励方式适合所有者与经营者的短期合作，缺乏长期激励效应。因而本研究提出假设1。

假设1：现金薪酬与公司成长绩效正相关，与公司长期业绩增长能力的相关性不显著。

公司成长绩效一方面表现为公司的当期业绩，另一方面还要体现出公司未来的业绩表现，同时，公司当期成长绩效综合评价指数又是由公司当期的盈利能力因子与规模质量因子构成，盈利能力是公司当期业绩的根本保证，盈利能力的增长才能带来公司规模有效率的扩张，因而，管理者的现金薪酬也应该与公司规模因子和公司盈利能力因子显著相关。

4.3.2 股权激励方式

现金薪酬是一种短期激励方式，侧重于对公司短期业绩表现进行补偿，而管理者的决策和管理行为常常是连续性的，其经济后果具有长期效应，这种仅仅基于当期绩效的考量可能会引发管理者的短视行为。因而，股权激励制度作为一种长期激励方式，能够较好地反映管理者决策和管理行为所带来的经济后果的滞后性，其考量的是管理者长期化行为所带来的公司持续成长。这两种激励方式的结合能够较好地体现"按绩效付酬"的基本思想，同时两者又各有侧重，互为补充，较好地解决了公司成长中的长短期业绩互为支撑的激励问题。

根据委托代理理论，股权激励可以使公司管理层利益和股东利益更好地结合起来，随着经理层持股数量地增加，对于那些决策在未来会产生较大影响的管理者能起到较强的激励作用。许多学者的研究证明了管理层持股与公司绩效之间存在正相关性（Coughlan & Schmidt，1985；Kimlee & Francis，1988；Pfeffer，1993；Joscow，Paul，Nancy 等，1993），股权激励能够促进公司价值地提高，使薪绩敏感度大幅增加。但更为重要的是，股权激励具有长期激励的引导作用，学者们认为股权激励能在一定程度上减少管理者的短期化行为和风险规避偏好，是对管理者人力资本投资的回报，因而对公司的长期绩效能起到积极的促进作用。Smith & Watts（1992），Yermack（1995），Kole（1997）认为，当企业的成长机会越大，投资机会越多时，经理人越倾向于股权激励方式。也就是说通过对经理人员实施股权激励，促使他们成功地把握投资机会，将其转化为现实的公司成长能力，才能增加股东财富（Myers，1977）。可见，管理者报酬中真正具有长期激励作用的部分是管理者的股票收益，这种激励方式一般基于较长的时间跨度，是对管理者人力资本投资参与剩余利润分享和剩余控制权的制度安排，能够促使管理者不断追求公司的长期价值最大化目标。因而，本研究提出假设2。

假设2：股权激励方式与公司成长绩效正相关，与公司长期业绩增长能力也表现出显著的相关关系。

公司的成长不是一蹴而就的，而是在前期业绩积累的基础上，由量变到质变的过程。因而，股权收益的长期激励效应不仅体现在与当期业绩和未来业绩的相关性上，还应该体现在公司业绩的有效率增长能力上。

股权激励之所以可以起到长期激励的作用，是因为在有效的资本市场上，股价的持续升高归根结底源于投资者对于公司未来回报的预期，持有股权的管理者就会产生努力工作使公司长期增长，从而提升市场评价的动机。我国上市公司中 90% 以上都主要采用的是股票期权和限制性股票两种股权激励方式。股票期权是一种"面向未来"的可能性奖励，具有高风险高收益的特征，在业绩相同的情况下，风险和股票市场价格波动比较大的公司所发行的股票期权，与相对而言风险和股票市价变化较小的公司发行的股票期权相比，显然前者的价值要高于后者的价值，因而，股票期权在高成长、低股息的公司中更有激励效率。限制性股票在服务期限和业绩上对激励对象有较强的约束，一般需要管理者事先投入部分资金，同时承担着股价下跌而带来的损失本金的风险，无偿赠与的限制性股票则属于"旱涝保收"型激励方式，其所起到的主导作用是留住人才。因而，从某种程度上说，限制性股票的确定性要比股票期权大一些，其激励作用也因此比股票期权要小[1]。故本研究进一步提出假设 3。

假设 3：股票期权激励方式的激励效果优于限制性股票的激励效果。

企业管理者人力资本对企业成长起着至关重要的作用，是企业成长的核心能力，对这类人力资本的价值回报就必须与企业的持续增值紧密联系起来，在相当长的一段时间内，通过企业的持续成长与价值增值，来回报核心人才为企业成长做出的贡献。股权激励制度能够使企业核心人才和股东结成利益共同体，从而驱动公司管理者努力提高公司业绩，使激励动态化、长期化，最终达到股东和高管人员"双赢"的局面。

4.4 样本选择与模型构建

4.4.1 样本与数据来源

本研究的研究样本选择了 2006—2010 年间深、沪两市的 A 股上市公司，主要是考虑到 2006 年《国有控股上市公司（境内）实施股权激

---

[1] 杨华，陈晓升. 上市公司股权激励理论、法规与实务 [M]. 北京：中国经济出版社，2009：270-272.

励的试行办法》颁布后，股权激励实践才开始在我国上市公司中迅速而广泛的开展起来，其激励效果才能够更真实、有效的体现出来。实证研究中的数据主要取自 CSMAR 中国股票市场交易数据库和 WIND 资讯数据库，并对样本数据进行了以下处理和删选：（1）剔除了金融类上市公司；（2）剔除了 ST、*ST 和 PT 类上市公司，这类公司业绩异常，面临着退市的危险，部分还处于停产和改制状态，不具备研究价值，故剔除此类样本；（3）剔除了现金薪酬总额为零、营业总收入为零或为负、净资产总额为零或为负的样本，这类公司的主要数据异常，为避免极端值的影响，故进行了删选处理；（4）剔除了资产负债率大于 1 的公司，这类公司事实上已经资不抵债，处于破产边缘，故予以剔除；（5）剔除了部分数据不全样本，并对个别样本数据进行了手工检验和更正。经过上述处理后，样本量分布见表 4-13，在实证检验中，进入不同回归模型的样本观测值个数又有所不同，我们将在实证结果处分别报告。

表 4-13　　　　　　　　**样本量年度分布**

	2006	2007	2008	2009	2010	合计
公司当期成长绩效样本量	1 309	1 419	1 481	1 648	2 001	7 858
公司长期业绩增长分析样本	921	977	1 024	—	—	2 922

由于公司业绩增长效率需用 3 年平均增长率计算，2006 年的平均增长率依据 2006 年年初到 2008 年年末的数据计算，故 2006—2010 年的样本只能计算出 2006—2008 年 3 年的数据。

4.4.2　模型设定与变量界定

1）模型设定

为检验假设 1、假设 2 和假设 3，我们设计了如下模型形式进行多元回归分析：

$$公司成长绩效 = \beta_0 + \sum \beta 激励方式 + \sum \gamma 控制变量 + \varepsilon$$

对上述总体模型形式按不同激励方式代入具体的回归变量，我们可以得到分别检验两种激励方式的激励效应的具体模型形式如下：

公司成长绩效 $= \alpha_0 + \alpha_1 \text{Mpay}_{it} + \alpha_2 \text{Size}_{it} + \alpha_3 \text{Struc}_{it} + \alpha_4 \text{First}_{it} + \sum \gamma_j \text{Indus}_j +$

$\sum \lambda_k \text{Year}_k + \mu_{it}$ （模型4-1）

公司成长绩效 $= \alpha_0 + \alpha_1 \text{STOCK}_{it} + \alpha_2 \text{Size}_{it} + \alpha_3 \text{Struc}_{it} + \alpha_4 \text{First}_{it} + \sum \gamma_j \text{Indus}_j +$

$\sum \lambda_k \text{Year}_k + \mu_{it}$ （模型4-2）

模型中的公司成长绩效变量，我们分别考察了不同激励方式对公司当期成长绩效（Y）、当期成长绩效的差分（△Y）、第二年的成长绩效（Y_{t+1}）、第三年的成长绩效（Y_{t+2}）和长期业绩增长能力（GY）等指标的激励效应，在考察长期业绩增长能力指标时，考虑到公司业绩的增长能力受当期资产使用效率的影响，因而进一步加入了当期业绩（ROE）的控制变量。

2）变量的选择与度量

上述实证模型中变量说明见表4-14。

表4-14 变量说明

因变量（因子分析）	当期成长绩效综合评价指数（Y）	Y_1：规模质量因子，表示公司当期规模与收益质量
		Y_2：盈利能力因子，公司当期会计业绩和市场业绩
	长期业绩增长能力综合评价指数（GY）	GY_1：盈利能力增长因子 表示公司业绩增长中的规模增长
		GY_2：规模增长因子 表示公司业绩增长中的盈利能力增长
解释变量	现金薪酬（Mpay）	管理层现金薪酬总额的对数（Mpay） 高管人均现金薪酬的对数（Apay）
	股权激励方式（STOCK） 股票期权激励方式（SO） 限制性股票激励（RS）	管理层持有股权市场价值的对数 股权市场价值＝持股数量＊年末收盘价
控制变量	公司规模（Size）：公司总资产的对数 资产负债率（Struc）：负债与总资产的比值（表示公司的风险大小） 第一大股东持股比例（First）：控制大股东对公司绩效的影响 行业哑变量（Indus_ 1-Indus_ 12）：控制行业影响 年度哑变量（Year）：控制宏观经济波动的影响	

　　因变量来自因子分析结果，包括公司当期成长绩效综合评价指数（Y）和公司长期业绩增长效率综合评价指数（GY），每项综合评价指数都由反映规模质量和盈利能力的两个公因子（Y_1、Y_2）、（GY_2、GY_1）构成。

　　本章短期激励的代理变量选择了管理层现金薪酬总额的对数，并用高管人均现金薪酬的对数进行了稳健性检验。现金薪酬一般是根据公司的基本条件和公司当期绩效水平来确定的，其与公司成长绩效之间的相关关系反应的是现金薪酬对公司成长的激励效果。

　　对于长期激励效果的检验，我们在 Himmelberg 等（1999）的测度方法基础上进行了改进，Himmelberg 用公司股票价格变化 1% 时管理层持有股权价值的变化作为股权激励的代理变量，本研究选择了管理层持有股权价值的对数作为股权激励的代理变量，股权价值用管理层持股数量乘以当年年末收盘价得到。根据信号传递理论，市场股价波动直接向管理者传递其自身财富变化的信息，对管理者有着更直接和深刻的触动；同时，股票价格的变化直接关系到股票的行权价格和解禁条件，决定着管理者可能获得的激励报酬的大小。因而，本研究以为采用管理层持有股权价值作为股权激励的代理变量能更好地体现股权激励对管理者行为的影响。目前，我国上市公司管理层的持股比例普遍较低，平均只有公司总股份的 4%，实施股权激励的上市公司中，有 50% 的公司其管理层持股比例不足 4%，管理层持股比例最高达到 10% 的只有 4 家上市公司。持股比例较低会导致持股比例的变化对公司控制权影响不大，因而导致持股比例变动对管理者的激励效应不明显。袁国良（1999）、魏刚（2000）、于东智（2001）、宋增基（2005）等人的研究结论，都认为高管层持股比例与公司业绩没有显著的相关关系。故本研究采用的是管理层持有股权价值作为股权激励的代理变量，并分别检验了股票期权和限制性股票两种不同的股权激励方式的激励效应差异。

　　相关文献的研究表明，行业、公司规模、资产负债率以及第一大股东性质是影响我国上市公司业绩的主要因素。李增泉（2000）发现，企业规模与企业绩效呈负相关关系，而企业规模与经理人员报酬呈正相关系。Baumol，W. J.（1959）、Cosh，D. H.（1975）、Finkelstein，

S. & Hambrick, D. C. (1989)、魏刚(2000)等学者的研究,都表明 CEO 薪酬与公司规模显著相关。谌新民与刘善敏(2003)、李琦(2003)、杜胜利与翟艳玲(2005)等国内学者也有着同样的发现。委托代理理论假定企业管理者是一个风险规避者,因而,风险大小对管理者的决策行为有直接地影响,从而影响到公司的成长绩效。因此,本研究的控制变量主要选择了公司总资产的自然对数进行规模控制,用资产负债率表示公司风险的控制。Shleifer & Vishny(1986)的研究指出,控股股东具有提升公司业绩的动机,又能够对管理层进行有效监督,因而股权集中型公司比分散持股公司有更好的业绩表现。Gomes(2000)提出的信号传递理论也认为股权集中度与公司绩效之间存在正向关系,表明大股东具有建立良好声誉的愿望。因而,我们用第一大股东持股比例来控制公司的股权集中情况。同时,在模型中还设置了年度哑变量来控制宏观经济波动对公司绩效地影响;行业进行了虚拟变量设置,来控制不同行业的薪酬激励差异。本研究根据中国证券监督管理委员会颁布的行业分类指引,剔除金融保险业后,对 12 个行业设置了哑变量,包括农林牧渔业(Indus_1)、采掘业(Indus_2)、制造业(Indus_3)、电力、煤气及水的生产和供应业(Indus_4)、建筑业(Indus_5)、交通运输和仓储业(Indus_6)、信息技术业(Indus_7)、批发和零售贸易(Indus_8)、房地产业(Indus_9)、社会服务业(Indus_10)、出版业(Indus_11)、综合类(Indus_12)。

4.4.3　变量的描述统计

1)我国上市公司管理层薪酬总体趋势分析

我国上市公司管理层现金薪酬总额及人均薪酬在近 10 年间(2001—2010)总体呈现稳步增长的趋势,见表 4-15 及图 4-3,尤其是近几年公司管理层最高薪酬增长很快,但最低薪酬却变化不大。具有较高薪酬的公司有着较高的净资产收益率水平,而低薪酬公司的净资产收益率水平也较低,高薪酬公司的净资产收益率大约是低薪酬公司 3.5 倍,初步显示出我国上市公司薪酬与业绩具有一定的相关关系。

表 4-15　　　　　我国上市公司管理层现金薪酬趋势分析表　　　　单位：元

	2006	2007	2008	2009	2010
管理层现金薪酬总额	1 987 299.9	3 215 087.1	3 244 882	3 538 762	4 482 184
前三名高管现金薪酬总额	850 665.99	1 355 374.8	1 388 702.6	1 494 118	1 652 360
管理层人均年薪	124 708.52	187 537.66	192 235.8	206 751.2	262 184.1

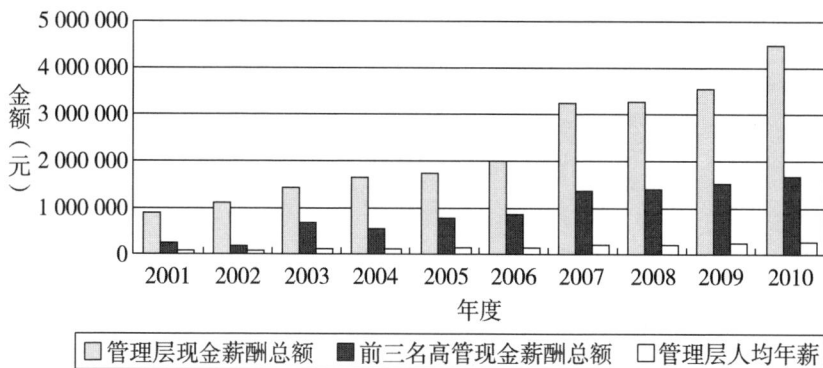

图 4-3　中国上市公司管理层现金薪酬趋势分析图

　　不同上市公司间高管人均薪酬的差距较大，最高的公司人均薪酬接近千万，最低的公司人均高管薪酬只有不足 5 000 元，而且 60% 以上的上市公司人均高管薪酬低于高管人均薪酬的总体平均数，说明上市公司高管人均薪酬总体水平不高，但不同公司间的薪酬水平差距较大。近年来，公司前三名高管的薪酬总额占管理层薪酬总额的比重也逐步增大，从 2002 年的 14% 增长到了现在的 43%，说明竞赛理论在我国薪酬激励中的应用逐步增多。

　　我国上市公司中实施股权激励的公司从 2006 年的 39 家上升到了 2010 年的 120 家，其中 73.88% 的上市公司实施的是股票期权激励方式，23% 的公司采用了限制性股票激励方式，使用股票增值权激励的公司只占所有实施股权激励公司的 3%（见表 4-16）。这个比例说明，管理者和上市公司比较青睐股票期权激励方式。股票期权一方面能够对管理者起到长期激励的作用，另一方面又可以降低公司的激励成本，因而容易受到激励双方的欢迎。在实施股权激励的总样本中，国有企业仅占

30%，而且在国有企业中67%的上市公司采用的是股票期权激励方式，比非国有企业低了将近10个百分点。这可能是由于国资委对国有企业股权激励比例限制的相关规定降低了国有企业实施股权激励的积极性，而且导致国有企业更愿意采用风险较小的限制性股票激励方式。

表4-16　　　　　　　　　　股权激励年度分布样本

公告年度	激励标的物			Total
	股票增值权	股票期权	限制性股票	
2006	1	27	11	39
2007	2	20	7	29
2008	3	78	17	98
2009	2	50	18	70
2010	3	88	29	120
Total	11	263	82	356
百分比	3.09%	73.88%	23.03%	100%

从管理层持股比例来看（见表4-17），我国上市公司管理层持股比例总体水平偏低，平均持股比例只占公司总股份数的4%。从2006年到2010年间，管理层平均持股比例呈现出下滑趋势，可能是由于实施股权激励的上市公司数量增加较快，但刚开始实施股权激励发放的份额还较少，从而摊薄了各年的平均持股比例。但上市公司管理层持有股权的市场价值却呈逐年上升的态势，说明管理者更为关注的是其持有股份的财富变化，而不是持股比例带来的控制权变化。

表4-17　　　　　　　　管理层持股比例及股权市场价值

	2006	2007	2008	2009	2010
管理层持股比例（%）	5.7729816	4.9474893	4.4994	3.4820149	3.3629147
管理层持有股权的市场价值（元）	66 786 825	2.55E+08	1.43E+08	4.19E+08	7.96E+08

2）我国上市公司管理层薪酬行业差异分析

我国上市公司管理层薪酬具有显著的行业差异（魏刚，2000），造成这种差异的原因，不仅与公司所处行业的景气情况有关，而且随该行业的竞争激烈程度变化而变化。我们分析比较了近 5 年（2006—2010）不同行业的管理层薪酬情况，见表 4-18 和图 4-4。

表 4-18   我国上市公司管理层现金收入行业统计   单位：元

	高管人均年薪	董事长平均最高收入	总经理平均最高收入
金融业	1 262 070	3 210 236	4 242 620
矿产采选业	724 125.4	510 271	546 246.3
房地产业	298 455.5	570 872.4	583 129.9
轻工业	213 741.2	395 862.1	441 652.4
建筑业	207 853.3	381 752.7	402 641.5
交通业	203 504.6	316 784.7	392 931.3

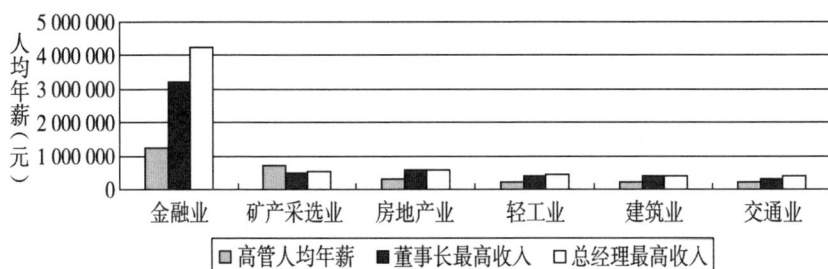

图 4-4   中国上市公司管理层现金薪酬行业分析图

从图 4-4 中，我们可以看出上市公司管理层人均薪酬排名前 6 位的行业分布。金融业高管人员的人均薪酬远远高于其他行业，甚至是收入最低行业——农业类上市公司高管人员的 10 倍以上，其中经理人员的最高人均薪酬是农业类公司的 17 倍。这与谌新民、刘善敏（2001）的研究结论较为接近。排名第二、第三的采矿业和房地产业，主要是由于近 5 年中行业的景气度所致，能源紧缺、房价上涨和拉动内需的政策，使这些行业发展态势良好，并导致公司业绩上升。从行业内竞争来看，金融业的竞争最为激烈，体现在经理人员薪酬比董事长薪酬高出32%，说明经理人员需要更强的激励才可能在激烈的竞争中脱颖而出。相对而言，其他行业内竞争可能没有金融业的激烈程度，董事长薪酬与经理人员薪酬差距不大，当然，这也有可能是由于董事与经理两职合一的原因所致。

3）主要变量的描述统计

本章回归分析模型中变量的描述性统计见表4-19。因变量是通过因子分析方法得到的，反映公司成长的当期绩效综合评价指数和长期业绩增长能力综合评价指数，及其构成综合指数的两个公因子。自变量主要有管理层现金薪酬总额和持有股份的市场价值，考虑到"偏态"分布的可能影响，本章在回归中对绝对额指标进行了取对数处理，并对连续变量进行 Winsorize（0.01）处理。

表4-19 变量描述性统计

VARIABLES	Obs	Mean	Std. Dev.	Min	Max
当期成长绩效评价指数（Y）	5 672	6.64E-10	0.720095	-1.03282	17.4138
规模质量因子（Y_1）	5 672	1.37E-10	0.948328	-2.59825	24.9304
盈利能力因子（Y_2）	5 672	4.55E-10	0.874228	-4.31928	15.41686
长期业绩增长效率指数（GY）	4 614	0.0000712	0.800375	-4.18334	4.164843
盈利能力增长因子（GY_1）	4 614	0.0000526	0.9650907	-5.359077	4.736333
规模增长因子（GY_2）	4 614	0.0001187	0.8322477	-2.553725	6.163703
高管薪酬总额的对数（Mpay）	7 872	14.49188	0.857729	10.50232	20.3746
薪酬总额对数取差分（Dpay）	3 428	0.161865	0.36226	-2.7384	2.596948
高管人均年薪的对数（Apay）	7 734	11.7958	0.765984	8.404398	17.43016
股权市场价值的对数（STOCK）	4 907	14.94979	3.831722	4.614328	24.20966
股权价值对数取差分（DSTOCK）	3 254	0.127926	1.131715	-8.58394	10.20782
股票期权市场价值的对数	210	17.8903	3.655912	7.495542	24.20966
限制性股票市场价值的对数	75	17.60366	3.162719	9.221775	22.67044
总资产（Assets）	7 872	7.56E+09	4.18E+10	3 070 803	1.66E+12
总资产的对数（Size）	7 872	21.55487	1.234184	14.93745	28.13565
资产负债率（Struc）	7 872	0.480127	0.202695	0	0.999478
第一大股东持股比例（First）	7 872	36.95712	15.65172	3.69	93.61

从表4-19中可以看出进入回归方程的各变量取值分布较为合理，不存在异常影响。值得注意的是，总资产的标准差较大，取对数后，分布趋于正态，较为合理，适合进行最小二乘法的多元回归分析。

4.5 实证检验结果及分析

4.5.1 实证结果

我们选择了2006—2010年的非平衡面板数据，主要考察我国上市公司管理层薪酬激励效应的共性特征，故采用了Pool混合面板模型进行多元线性回归，分析中主要使用了EXECL和STATA10.0软件进行模型设定检验和参数估计。

1）假设1的实证结果

我们首先检验了现金薪酬激励方式与公司成长绩效的相关性，分别从公司当期成长绩效综合指数、当期规模质量因子和当期盈利能力因子的视角进行了相关性回归，见表4-20中的（1）、（2）、（3）列。另外，我们考虑到当期业绩与当期薪酬回归模型可能存在内生性问题，导致系数估计有偏且不一致，因此我们又采用了主变量的差分形式回归来控制内生性的影响，见表4-20中的第（4）列。我们进一步考察了现金薪酬与公司未来业绩表现的相关性，分别与公司第二期（Y_{t+1}）、第三期（Y_{t+2}）的成长绩效综合指数以及公司长期业绩的增长速度（GY）进行了回归分析，见表4-20中的（5）、（6）、（7）列。在回归中我们采用了robust异方差修正回归，模型的F值均通过了显著性检验，说明模型总体设定较好，总体VIF值在2.82～6.71之间，表明模型不存在严重的多重共线性问题。

回归系数表4-20的结果证明了假设1成立，即我国上市公司管理层现金薪酬与公司成长绩效显著正相关。从公司当期成长绩效来看，现金薪酬与公司当期成长绩效综合指数显著正相关，与当期规模质量因子和当期盈利能力因子也显著正相关，说明我国上市公司管理层的现金薪酬能够对管理层的努力行为起到较好的补偿作用，能够激励公司管理者从公司规模和公司盈利能力的角度，为提高公司成长能力而努力。为克服内生性影响进一步验证回归结果的稳定性，我们分别对现金薪酬和当期公司绩效取差分进行回归，见表4-20第（4）列回归结果，同样也显示出现金薪酬与公司当期成长绩效的变动有显著的正相关关系。

表4-20　　　　　　　　现金薪酬与公司成长绩效的实证结果

VARIABLES	(1) Y	(2) Y_1	(3) Y_2	(4) ΔY	(5) Y_{t+1}	(6) Y_{t+2}	(7) GY
Mpay/Dpay	0.0924 ***	0.0300 **	0.234 ***	0.0595 ***	0.103 ***	0.102 ***	0.0252
	(0.0123)	(0.0151)	(0.0169)	(0.0206)	(0.0114)	(0.0137)	(0.0160)
Size	0.384 ***	0.531 ***	0.0326 **	0.0755 ***	0.336 ***	0.355 ***	-0.0257 *
	(0.0258)	(0.0347)	(0.0164)	(0.0160)	(0.0225)	(0.0292)	(0.0144)
Struc	-0.630 ***	-0.251 ***	-1.320 ***	0.0263	-0.462 ***	-0.406 ***	0.101
	(0.0458)	(0.0546)	(0.0675)	(0.0412)	(0.0469)	(0.0641)	(0.0727)
First	0.00348 ***	0.00249 ***	0.00489 ***	0.000437	0.00444 ***	0.00471 ***	0.00186 **
	(0.00055)	(0.000708)	(0.00077)	(0.000531)	(0.000655)	(0.000928)	(0.00079)
Indus	控制	控制	控制	控制	控制	控制	控制
Year	控制	控制	控制	控制	控制	控制	控制
Constant	-9.037 ***	-11.04 ***	-3.730 ***	-1.630 ***	-8.902 ***	-9.275 ***	0.0906
	(0.494)	(0.651)	(0.461)	(0.349)	(0.472)	(0.624)	(0.281)
Observations	5 659	5 499	5 499	3 378	4 944	3 470	4 198
F 值	41.19 ***	38.62 ***	71.2 ***	8.72 ***	34.35 ***	25.54 ***	2.68 **
R-squared	0.3899	0.396	0.2279	0.076	0.361	0.347	0.013

Robust standard errors in parentheses

*** $p<0.01$, ** $p<0.05$, * $p<0.1$

从公司未来的成长绩效来看，现金薪酬与公司第二年、第三年的成长绩效综合指数也显著正相关，说明现金薪酬对管理者的未来行为也具有显著的引导作用，这种引导作用可能是通过现金薪酬中基薪的比例来体现的，比如，大型企业的管理相对更为复杂，对经营者的能力和素质要求较高，其现金薪酬的绝对额及其基薪部分就相对较多。管理者首先要努力工作来保住现有职位，才可能有获得更多报酬的机会；在保住现有职位的基础上，进一步努力完成了公司的业绩目标，就能获得更多的业绩报酬。因而，我国上市公司管理层的现金薪酬激励方式是合理有效的，既能合理补偿管理者的努力行为，也能对管理者的未来行为起到一定的引导作用。从负面角度看，这种"引导"作用也可能是由于工资刚性作用所导致的，说明现金薪酬的约束作用乏力。由于本章仅仅考察不同激励方式的激励效应差异，故未进一步深入考察现金薪酬的约束效应。表4-20的第（7）列显示，现金薪酬与公司长期业绩增长能力的相关关系没有通过显著性检验，说明现金薪酬的激励作用更多地体现在短期见效的决策中，对短期内很难见效或有利于公司长远发展的决策，激励作用不明显。

控制变量中，公司规模与公司成长绩效及其绩效的变化呈现出显著的正相关关系，这说明公司成长会带来公司规模的扩张，规模增长只是公司成长的一个表象；但规模与公司增长速度显著负相关（$\alpha = 0.1$），规模越大的公司增长速度趋缓，这与 Leo Sleuwaegen & Micheline Goedhuys（2002）的研究结论一致，他们的研究发现公司成长与公司的规模、年龄呈负相关关系。资产负债率与公司成长绩效显著负相关，说明风险越大，对公司的成长越不利，从系数变化来看，资产负债率对当期盈利能力和当期成长绩效影响最大，对未来绩效的影响逐渐减弱。第一大股东持股比例与公司成长绩效的正相关关系也通过了显著性检验（$\alpha = 0.01$），说明大股东的存在能够更好地发挥监督作用，从而有效促进公司业绩的提升，这与谢军（2006）、徐莉萍（2006）等人的研究结论一致，认为股权集中能积极促进公司绩效的改进。在第（4）列的差分回归模型中，我们发现资产负债率和第一大股东持股比例对公司当期绩效的变动没有解释力。在回归中，我们进一步控制了行业和年度哑变量，回归结果也显示出公司成长绩效具有显著的行业和年度效应，这与经济现实是吻合的。

2）假设 2 的实证结果

为检验假设 2 是否成立，我们对模型 4-2 同样进行了 7 种视角的回归分析，表4-21 的（1）、（2）、（3）列分别是股权激励与公司当期成长绩效综合指数、当期规模质量因子和当期盈利能力因子的相关性检验；第（4）列是为了减少内生性的影响，对当期绩效和股权激励分别取差分后的回归结果；表4-21中的（5）、（6）、（7）列进一步考察了与公司第二期（t+1）、第三期（t+2）的成长绩效综合指数以及公司长期业绩增长能力综合指数的相关性。回归中进行了robust异方差修正，模型的F值均通过了显著性检验，说明模型总体设定较好，总体VIF值在3.98~9.07之间，方差膨胀因子的增大主要是由于行业虚拟变量间存在显著的相关关系，从而导致模型回归中的共线性增强，但是模型中的主要变量和主要控制变量的个体VIF值均不超过2，总体VIF<10。因而，总体上来看，笔者以为模型的回归结果是可以接受的。

表4-21　　　　　股权激励方式与公司成长绩效的实证结果

VARIABLES	(1) Y	(2) Y₁	(3) Y₂	(4) ΔY	(5) Y_{t+1}	(6) Y_{t+2}	(7) GY
STOCK/ΔSTOCK	0.0293***	0.00604**	0.0672***	0.0403***	0.0331***	0.0362***	0.00860**
	(0.00226)	(0.00252)	(0.00399)	(0.0106)	(0.00274)	(0.00372)	(0.00350)
Size	0.424***	0.544***	0.181***	0.0797***	0.419***	0.443***	0.02362
	(0.0256)	(0.0370)	(0.0221)	(0.0218)	(0.0304)	(0.0349)	(0.0181)
Struc	-0.794***	-0.277***	-1.624***	0.0344	-0.549***	-0.491***	-0.0164
	(0.0557)	(0.0656)	(0.0909)	(0.0564)	(0.0622)	(0.0812)	(0.0931)
First	0.00348***	0.00363***	0.00291***	0.000698	0.00426***	0.00546***	0.000655
	(0.000826)	(0.00112)	(0.00102)	(0.000881)	(0.00110)	(0.00151)	(0.000777)
ROE							0.326***
							(0.0891)
Indus	控制	控制	控制	控制	控制	控制	控制
Year	控制	控制	控制	控制	控制	控制	控制
Constant	-8.865***	-11.46***	-3.599***	-1.775***	-9.583***	-10.23***	-0.7567***
	(0.588)	(0.845)	(0.518)	(0.516)	(0.684)	(0.792)	(0.383)
F值	37.14***	35.24***	76.72***	6***	26.37***	19.79***	4.45***
Observations	3 556	3 556	3 556	1 971	2 941	2 061	2 740
R-squared	0.415	0.439	0.261	0.081	0.367	0.379	0.0535

Robust standard errors in parentheses

*** p<0.01, ** p<0.05, * p<0.1

表4-21表明，股权激励与公司成长的当期绩效、未来绩效及公司长期业绩增长能力存在显著的正相关关系，说明股权激励方式对公司成长能力有着良好的长期激励效应，克服了内生性的影响，其结论仍然成立（见4-21第（4）列的实证结果），故假设2得证。从系数大小来看，我们比较了 Y、Y_{t+1}、Y_{t+2} 三期的回归系数，发现系数逐渐增大，初步显示出股权激励有较好的长期激励效应。但相关系数最大的是公司当期盈利能力因子 Y_2，其次是当期业绩变化 $\triangle Y$ 的系数，说明股权激励方式是通过有效地激励管理者努力提升公司资产的使用效率，来促进公司业绩增长，从而实现公司成长的战略目标。

但是，我们发现股权激励与公司长期业绩增长能力的相关系数较小，在 $\alpha=0.05$ 的水平下显著相关，说明股权价值激励方式对公司业绩增长效率的解释力度有限。这可能与激励计划的制度设计导向有关，上市公司在制定股权激励计划时，通常以当期业绩水平为基础来确定绩效考核标准，对未来绩效的确定较为保守和主观，而且大多数公司的等待期和禁售期基本设为 1～1.5 年，加上管理者"两鸟在林不如一鸟在手"的心理作祟，削弱了股权激励的长期激励效应。公司规模、第一大股东持股比例与公司成长绩效显著正相关，资产负债率与公司成长能力显著负相关，这些结论与国内外多数学者的研究一致。在考察股权激励与公司长期业绩增长速度的相关关系时，我们加入了当期业绩的控制变量 ROE，ROE 与公司业绩增长速度的相关关系通过了显著性检验，说明良好的当期业绩基础条件是公司成长的前提，也是公司未来业绩有效率增长的助推剂。

3）假设3的实证结果

我国上市公司中主要采用了股票期权和限制性股票两种股权激励方式，我们进一步从长期激励的角度来比较这两种不同的股权激励形式对公司成长的激励效应有无显著的差异。我们对模型4-2按不同的激励方式进行了分组回归，在回归中仍然采用了 robust 异方差修正，模型通过了 ovtest 检验，说明模型设定较好。VIF 值在 2.73～4.10 之间，表明模型不存在严重的多重共线性。模型的回归系数见表4-22。

表4-22　　　　　　不同股权激励方式与公司长期业绩
增长能力的回归系数表

VARIABLES	股票期权（SO）			限制性股票（RS）		
	(1) GY	(2) GY₁	(3) GY₂	(4) GY	(5) GY₁	(6) GY₂
STOCK	0.0103 **	0.0163 ***	0.0121	−5.41E-05	0.00290	0.00943
	(0.00490)	(0.00515)	(0.00901)	(0.0261)	(0.0264)	(0.0294)
Size	−0.0141	−0.0165	−0.00318	−0.0181	−0.0375	0.0501
	(0.0203)	(0.0215)	(0.0297)	(0.0269)	(0.0258)	(0.0521)
Struc	0.0770	−0.00443	0.332	0.0613	0.129	−0.177
	(0.143)	(0.144)	(0.237)	(0.321)	(0.315)	(0.545)
First	0.000430	−0.000230	0.00254	−0.00281	−0.00327	−0.000680
	(0.00150)	(0.00160)	(0.00263)	(0.00269)	(0.00284)	(0.00328)
ROE	0.523 **	0.549 **	0.329 *	0.279	0.294	0.173
	(0.199)	(0.230)	(0.179)	(0.527)	(0.579)	(0.816)
Indus	控制	控制	控制	控制	控制	控制
Year	控制	控制	控制	控制	控制	控制
Constant	0.580 *	0.823 *	−0.343	0.821	1.261 *	−0.811
	(0.404)	(0.417)	(0.756)	(0.715)	(0.682)	(1.179)
F 值	2.52 **	3.77 ***	1.87 **	3.68 ***	4.92 ***	1.43 **
Observations	95	95	95	33	33	33
R-squared	0.228	0.263	0.172	0.550	0.624	0.383

　　表4-22的实证结果验证了假设3成立，即我国上市公司中股票期权的长期激励效果优于限制性股票的激励作用。表4-22中（1）～（3）列的回归结果显示，股票期权与公司长期业绩增长效率综合指数显著正相关，与长期业绩增长效率中的盈利能力增长因子显著正相关，与规模增长因子的相关性不显著，说明股票期权的激励方式能有效地激励管理者更加关注公司长期的盈利能力和市场表现，在公司规模一定的情况下，注重提高公司资产的使用效率和效益。（4）～（6）列中限制性股票的激励方式与公司长期增长效率综合指数相关性不显著，与长期盈利能力增长因子和公司规模增长因子的相关性也没有通过显著性检验。这与赵祥功等人（2011）的研究结论具有一定的相似性，赵祥功运用事件研究法得出结论，认为股票期权激励具有显著的正向市场反

应，而没有发现限制性股票市场反应的显著证据。

股票期权激励方式与公司长期业绩增长显著正相关，但在限制性股票激励方式下的相关性却没有通过显著性检验，这可能是由于样本量较少的原因所致。公司长期增长效率与公司规模、资产负债率、第一大股东持股比例的相关性都没有通过显著性检验，但部分行业哑变量和年度哑变量通过了显著性检验。

4.5.2　稳健性检验

1）假设 1 的稳健性测试

为了检验假设 1 实证结果的稳定性，我们选择了 ROE 和 EPS 指标分别作为公司当期成长绩效的代理变量进行了稳健性检验。除了选用管理层现金薪酬总额的对数进行回归分析以外，我们还进一步用高管人均薪酬（取对数）作为自变量进行了稳健性检验。实证结果如表 4-23、表 4-24 所示。

表 4-23　　现金薪酬与公司成长绩效稳健性回归系数表（一）

VARIABLES	(1) ROE	(2) ROE$_{t+1}$	(3) ROE$_{t+2}$	(4) EPS	(5) EPS$_{t+1}$	(6) EPS$_{t+2}$
Mpay	0.0386 ***	0.0462 ***	0.0480 ***	0.156 ***	0.166 ***	0.155 ***
	(0.00784)	(0.00383)	(0.00426)	(0.00760)	(0.00873)	(0.0114)
Size	0.00170	0.00700 **	0.00899 **	0.0538 ***	0.0289 ***	0.0184 **
	(0.00699)	(0.00340)	(0.00355)	(0.00658)	(0.00738)	(0.00893)
Struc	-0.149 ***	-0.00255	-0.0319	-0.645 ***	-0.226 ***	-0.129 ***
	(0.0381)	(0.0258)	(0.0263)	(0.0314)	(0.0354)	(0.0434)
First	0.00100 ***	0.000966 ***	0.00101 ***	0.00385 ***	0.00350 ***	0.00356 ***
	(0.000378)	(0.000180)	(0.000209)	(0.000366)	(0.000424)	(0.000528)
Indus	控制	控制	控制	控制	控制	控制
Year	控制	控制	控制	控制	控制	控制
Constant	-0.429	-0.468 ***	-0.499 ***	-3.113 ***	-2.828 ***	-2.527 ***
	(0.264)	(0.0721)	(0.0860)	(0.156)	(0.172)	(0.198)
F 值	24.16 ***	26.3 ***	21.88 ***	85.49 ***	48.27 ***	32.18 ***
Observations	7 831	5 781	4 103	7 844	5 774	4 094
R-squared	0.019	0.059	0.065	0.242	0.177	0.161

表 4-24　　　　现金薪酬与公司成长绩效稳健性回归系数表（二）

VARIABLES	(1) ROE	(2) ROE$_{t+1}$	(3) ROE$_{t+2}$	(4) EPS	(5) EPS$_{t+1}$	(6) EPS$_{t+2}$
Apay	0.0390 ***	0.0530 ***	0.0535 ***	0.165 ***	0.178 ***	0.166 ***
	(0.00974)	(0.00415)	(0.00517)	(0.00841)	(0.00966)	(0.0124)
Size	0.000464	0.00428	0.00718 *	0.0614 ***	0.0350 ***	0.0234 ***
	(0.00716)	(0.00350)	(0.00382)	(0.00656)	(0.00709)	(0.00858)
Struc	-0.148 ***	-0.0130	-0.0328	-0.655 ***	-0.231 ***	-0.128 ***
	(0.0387)	(0.0251)	(0.0270)	(0.0316)	(0.0351)	(0.0425)
First	0.000915 **	0.000872 ***	0.000918 ***	0.00347 ***	0.00305 ***	0.00324 ***
	(0.000372)	(0.000178)	(0.000214)	(0.000371)	(0.000422)	(0.000520)
Indus	控制	控制	控制	控制	控制	控制
Year	控制	控制	控制	控制	控制	控制
Constant	-0.404 *	-0.460 ***	-0.507 ***	-2.945 ***	-2.628 ***	-2.232 ***
	(0.232)	(0.0648)	(0.0852)	(0.155)	(0.169)	(0.191)
F 值	23.2 ***	28.1 ***	20.16 ***	84.58 ***	47.25 ***	32.54 ***
Observations	7 696	5 670	4 012	7 706	5 663	4 003
R-squared	0.018	0.065	0.066	0.239	0.176	0.160

　　表 4-23 的实证结果表明，管理层现金薪酬总额（取对数回归）与公司成长绩效显著正相关，公司规模、第一大股东持股比例与公司成长绩效显著正相关，公司风险大小则与公司成长绩效显著负相关，与表 4-20 的结论一致。因此，我们认为公司管理层现金薪酬与公司成长绩效显著正相关的结论（假设 1）是稳健的。用 3 年 ROE 平均增长率和 3 年 EPS 平均增长率作为公司业绩增长能力的代理变量回归结果不显著（表略），与前面的检验结论一致，说明现金薪酬具有短期的激励和引导作用，但缺乏对公司长期业绩增长能力的激励效应。同时，我们发现，现金薪酬对市场绩效 EPS 的激励效应明显好于会计业绩 ROE，其

激励系数和拟合优度都大于会计指标度量的公司绩效，初步体现了股权分置的政策效应，表明了上市公司更加注重公司的市场业绩表现。我们用公司高管人均薪酬进行进一步的稳健性检验也得到了相同的结论，见表4-24。

2）假设2的稳健性测试

我们仍然用ROE、EPS指标及其各指标的3年平均增长率分别作为公司当期成长绩效和公司长期业绩增长能力的代理变量对假设2进行了稳健性检验，实证结果见表4-25。

表4-25　股权激励方式与公司成长绩效的稳健性回归系数表

VARIABLES	(1) ROE	(2) ROE_{t+1}	(3) ROE_{t+2}	(4) EPS	(5) EPS_{t+1}	(6) EPS_{t+2}	(7) EPS 增长率
STOCK	0.00678 **	0.011 ***	0.0111 ***	0.041 ***	0.0360 ***	0.0323 ***	0.0798 ***
	(0.00284)	(0.00085)	(0.00117)	(0.00188)	(0.00257)	(0.00302)	(0.0189)
Size	0.0143	0.017 ***	0.014 ***	0.134 ***	0.103 ***	0.0841 ***	0.0269
	(0.0175)	(0.00337)	(0.00418)	(0.00804)	(0.00929)	(0.0114)	(0.0590)
Struc	-0.148 ***	-0.0210	-0.0254	-0.617 ***	-0.201 ***	-0.0996 *	0.0317
	(0.0362)	(0.0250)	(0.0304)	(0.0393)	(0.0478)	(0.0587)	(0.0331)
First	0.000190	0.001 ***	0.0007 **	0.002 ***	0.0024 ***	0.00250 ***	0.000879
	(0.00043)	(0.00022)	(0.00028)	(0.00046)	(0.000584)	(0.000728)	(0.00454)
EPS							0.0815 **
							(0.0346)
Indus	控制	控制	控制	控制	控制	控制	控制
Year	控制	控制	控制	控制	控制	控制	控制
Constant	-0.360	-0.390 ***	-0.433 ***	-3.028 ***	-2.047 ***	-2.112 ***	0.816
	(0.408)	(0.0745)	(0.0908)	(0.182)	(0.233)	(0.243)	(1.255)
F 值	23.19 ***	17.1 ***	12.32 ***	74.19 ***	32.28 ***	21.38 ***	2.83 ***
Observations	4 886	3 399	2 420	4 888	3 395	2 416	1 743
R-squared	0.018	0.078	0.068	0.284	0.163	0.135	0.048

表 4-25 显示，股权激励不仅与当期成长绩效及随后两期的公司绩效显著正相关，而且与公司长期业绩增长能力显著正相关，与前期的研究结论一致，证明假设 2 的结论成立并且是稳健的。在与长期业绩增长指标回归时，我们对当期业绩变量的影响进行了控制，并进行了 VIF 检验，除了行业哑变量间相关程度较高以外，其他主要变量的 VIF 值均小于 2，没有发现严重的多重共线性问题，因而回归结果是可信的。我们用 3 年 ROE 平均增长率为公司增长能力代理变量进行回归时，没有通过显著性检验（未报告），可能是由于股权激励的业绩目标更多的是以市场业绩为基础，因而对公司绩效的市场表现激励效应更为显著，这也从一个侧面说明单一指标的业绩评价并不能反映出公司综合的成长绩效，我们采用因子分析得出的公司成长绩效指标具有更多的信息含量。

同时，我们仍然发现，股权激励效应对市场业绩的激励作用优于对会计业绩的激励效果，从激励系数大小和拟合优度的变化都能清晰地体现出来股权激励对两者的激励效应差异。这些经验证据表明，现金薪酬和股权激励方式都对公司市场业绩具有较强的激励作用，说明随着我国资本市场建设的逐步完善，上市公司越来越重视公司业绩的市场表现。

3）假设 3 的稳健性测试

为了验证假设 3 的稳定性，我们从公司长期业绩增长的视角选择了 3 年 ROE 平均增长率和 3 年 EPS 平均增长率指标作为代理变量，对模型 4-2 按不同的股权激励方式分组回归进行稳健性检验，实证结果见表 4-26。

表 4-26 的实证结果说明假设 3 的结论是稳健的，即股票期权的激励效果优于限制性股票的激励效果。无论是用会计指标 ROE，还是用市场指标 EPS 的 3 年平均增长率作为公司长期绩效增长的代理变量，都与股票期权的市场价值显著正相关，而与限制性股票的市场价值不具有显著的相关关系。值得注意的是，第（1）列中公司规模与公司 ROE 的 3 年平均增长率表现出显著的负相关关系，说明规模越大，公司增长速度会放缓，这与 Farinas & Moreno（2000）的研究结论一致，他们以 1990 年西班牙的制造业企业为研究对象，采用非参数研究方法得出结论，认为成功企业的平均增长率随着公司规模的增加而降低。

表 4-26　　　公司长期业绩增长能力稳健性回归系数表

VARIABLES	股票期权（SO）		限制性股票（RS）	
	3 年 ROE 平均增长率	3 年 EPS 平均增长率	3 年 ROE 平均增长率	3 年 EPS 平均增长率
STOCK	0.0936 ***	0.107 ***	0.0352	0.298
	(0.0378)	(0.0430)	(0.108)	(0.151)
Size	−0.325 **	−0.167	−0.151	0.109
	(0.167)	(0.190)	(0.211)	(0.295)
Struc	0.166	0.193	1.464	−3.63
	(1.161)	(1.334)	(2.009)	(2.809)
First	0.00320	−0.00731	−0.0350 **	0.00938
	(0.01067)	(0.0121)	(0.0158)	(0.02884)
Indus	控制	控制	控制	控制
Year	控制	控制	控制	控制
Constant	−8.628 **	−5.592 *	7.7763	1.384
	(3.417)	(3.890)	(5.158)	(6.356)
F 值	5.14 ***	3.97 ***	2.30 ***	1.94 **
Observations	97	95	31	31
R-squared	0.2555	0.2237	0.6008	0.4668

4.6　本章小结

　　激励是行动的推动力，薪酬激励又是公司显性激励的重要内容。本章将我国上市公司管理层薪酬激励方式分为现金薪酬的短期激励方式和股权激励的长期激励方式两大类，分别检验了现金薪酬与公司成长的短期绩效、股权激励方式与公司长期业绩增长能力之间的相关关系，尝试从公司成长的视角来分析不同激励方式的激励效应差异。

　　从薪酬机制的设计及激励目标出发，现金薪酬一般基于当期业绩确定，其优点在于收入相对稳定可靠，能起到基本的保障和引导作用，但其灵活性和刺激强度不足。而股票收益与公司的未来成长紧密相关，在激励管理者的长期化行为时，具有更强的激励作用，但风险也更大，不同的股权激励方式其作用和特点也有一定的差异。因而，本章提出三个基本假设：（1）现金薪酬与公司成长绩效显著正相关，但与公司业绩增长能力的相关性不显著；（2）股权激励方式与公司成长绩效显著正相关，与公司长期业绩增长能力也呈现出显著的相关关系；（3）股票期权的激励作用优于限制性股票的激励效果。

　　公司成长是一个"量变"与"质变"互动的过程，公司成长能力不仅仅体现在规模的扩张，还体现在资源的配置与应用能力，结构的调整和市场表现，因而，本研究分别从公司规模、盈利质量、盈利能力和市场业绩方面选取了相应的评价指标，并采用因子分析法对反映公司成长能力的指标体系进行了因子提取和综合评分。通过因子分析法，我们基于当期业绩的规模因子和盈利能力因子计算出公司当期成长绩效综合评价指数（Y），在公司长期盈利能力增长因子和公司长期规模增长因子的基础上计算出公司成长的长期增长能力综合评价指数（GY），接着我们用两个综合评价指数及其相应的公因子作为因变量进行了非均衡面板的 Pool 混合模型多元线性回归。

　　通过实证检验，本研究认为我国上市公司管理层的现金薪酬与公司当期成长绩效具有显著的相关关系，同时与公司未来绩效的相关性表明了现金薪酬的"刚性"特征对管理层行为具有一定的引导作用，起到了应有的短期激励效应；但现金薪酬与公司长期业绩增长能力的相关性没有通过显著性检验，说明过高的现金薪酬比例容易诱使管理者过于关注眼前利益和短期见效的掠夺性投资，从而损害股东利益和公司长期成长的战略目标。管理层持有股权价值的激励方式不仅对管理者未来行为具有较好的引导作用，而且对公司长期业绩增长能力也能起到显著的激励作用，证明了我国上市公司现有的薪酬激励方式组合能够有效地激励公司健康、持续成长。在股权激励方式中，股票期权具有显著的长期激励效应，而限制性股票激励方式对公司长期成长绩效的激励作用不显著。对上述实证结果，我们加入了公司规模、资产负债率，第一大股东持股比例以及行业、年度等控制变量后，结论依然成立，在替换因变量进行了稳健性检验后，结论依然是显著的。因而，本研究提出的三个假设均得到了验证。

本章的实证结果说明，在我国大范围推广股权激励的今天，上市公司管理层薪酬契约激励形式的安排能达到预期的激励效果，现金薪酬与股权价值的激励方式分别与公司当期成长绩效、公司未来绩效和公司长期业绩增长紧密联系，能够实现薪酬契约多元化激励模式的预期激励效果。但是股权激励方式的长期激励效应还有待于进一步提高；同时，由于股票期权和限制性股票这两种股权激励方式的权利义务对等关系及风险承担等因素具有一定的差异，导致这两种股权激励方式的激励效果有明显不同。

5 薪酬激励强度与公司成长能力的实证检验

5.1 引　言

　　薪酬激励是委托人最主要、也是最基本的经济激励手段。薪酬激励效果一方面取决于代理人的偏好和需求状况；另一方面又取决于委托人所能掌握和运用的经济资源和配置手段。也就是说，在代理人需求和偏好既定的情况下，薪酬是组织中的一个有限资源。这种资源的分配会影响代理人的行为，进而影响公司的成长。许多学者的研究都证明了报酬的分配情况对公司绩效有显著的影响（Becker & Huselid，1992；Ehrenberg & Bognanno，1990；Pfeffer & Langton，1993）。那么，如何使这种报酬资源的分配更有效率呢？在一个组织内部，报酬的分配情况一方面取决于薪酬构成，即长短期激励形式的合理组合，是个人所能获得报酬的绝对量；另一方面取决于薪酬的层级差，是个人所获得报酬的相对量。Jensen & Murphy（1990）认为，经理人员在衡量自己报酬水平的高低时，往往会参照一定的标准（如相同层级人员的报酬、同行业人员的报酬、自己的历史财富水平等），"自利"的经理人会依据这个相对的报酬水平来决定自己的努力程度。也就是说，衡量经理报酬激励效果的标准不仅包括绝对报酬额，更重要的是相对报酬水平。

　　管理者报酬结构的最优设计在于激励与风险分担的最优替代，只有"激励"得当，企业契约才能节约一般（产品）市场的交易费用，实现组织成长。从第四章的实证结果，我们得知，短期的现金薪酬有利于公司当期业绩的提升，而长期的股权报酬对公司长期业绩增长的激励效果更好,股权价值会使管理者财富成倍增长,让管理者更加关注公司的长期利益,也更能激励管理者的努力程度,但管理者的报酬风险也随之增大。那么,在管理者的薪酬结构中,该如何安排两者的比重呢?增大薪酬结构中的股权激励比率是否正如理论预期的那样有利于公司成长,而使薪酬激励更有效率呢?从薪酬的层级差距来看,扩大管理层内部的薪酬差距是否有利于提高管理层的努力程度,通过实现晋升愿望来获得声誉和财富的满足,还是会更多地造成内部的不公平感,打击高水平、高能力管理者的积极性,使其努力程度下降?基于上述问题,我们利用我国上市公司的经验数据进行实证研究,从薪酬制度设计的视角出发,考察管理层薪酬激励强度与公司成长能力的关系。这不仅有助于客观地认识和评价我国上市公司薪酬制度的实际激励效率,还能进一步推进我国企业薪酬理论的发展,为我国企业制定合理的薪酬激励机制提供科学依据。

5.2　激励强度的界定

对于激励强度的认识,大多数学者是从报酬-业绩的敏感性出发的,认为敏感系数越大,激励强度就越大,薪绩相关性越高,激励强度就越大。Jensen & Murphy (1990) 通过比较 430 家企业报酬业绩的敏感性变化,认为不同的企业之间激励强度是不同的,即随着公司财富的增加,管理者报酬的变动幅度是不同的,报酬业绩的敏感性在不同的企业之间有很大的变动。Hall & Liebman (1998) 的研究认为,由于经营者报酬结构中股票期权奖励的比例从 1980 年的 30% 增加到 1994 年的 70%,导致经营者报酬与企业业绩之间具有强相关的特征,说明股票期权具有很强的激励作用。此外,Lamber et al. (2001)、DeFusco et al. (2003) 的研究也都表明股票期权对 CEO 具有更强的激励作用,使薪绩相关性显著提高。Bergstresser & Philippon (2006) 则从薪酬制度设计的视角出发,用股权价值占全部薪酬的比重来表示激励强度,认为股权激励强度越大,管理者盈余管理水平越高。美国的薪酬激励实践也显示出长期激励项目具有较大的激励强度,是推动 CEO 收入增长的主要源泉。

据统计，1965 年基本工资在总报酬中的比例为 65%；到 2003 年，在 CEO 收入的构成中，长期激励计划带来的收入占 63%，奖金占 19%，而工资收入只有 18%；近 5 年来，在美国 CEO 的报酬结构中，长期激励项目所占的比重大致在 65% 左右，工资大致在 18% 左右，奖金大致在 16% 左右。可见，长期激励项目对经营者的努力程度影响越大，激励报酬的强度就越大，与公司经营业绩的相关性就越大（张正堂，2003）。

我国学者对激励强度的界定也没有一个统一的认识，在实证研究中所使用的激励强度代理变量也并不一致。不少国内学者沿用国外学者的观点，认为激励强度体现在薪酬激励变量（因变量）与业绩变量（自变量）回归的敏感系数上。回归系数越大，说明激励强度越大（谌新民、刘善敏，2003；周宏等，2010）。也有学者认为，激励强度是管理者收入中随业绩变动的那部分风险收入的比例，可以用固定薪酬与变动薪酬的比例表示激励强度（李劲松、刘瑜，2005；胡阳，2006），还有学者用经理报酬除以行业、规模相同的企业的经理报酬中位数作为激励强度的代理变量（肖继辉等，2009）。冉茂盛等（2009），徐宁、徐向艺等（2010）用经理报酬水平或经理人持股比例表示激励强度。廖建桥等（2009）则提出用变动薪酬占薪酬总额的比重来表示激励强度。徐莉萍等（2011）设计了一个效率指标和公平指标各占 50% 的评价指标来度量激励强度，效率指标体现的是薪酬与业绩的关联度，公平指标则用薪酬的行业差距、地区差距和与公司内部职工的薪酬差距来表示。可见，我国学者没有区分激励强度体现的是具体激励效果，还是薪酬结构的制度安排，二者经常混为一谈。

我们从 Bergstresser et al.（2006）的观点出发，认为作为制度安排的激励强度与敏感系数所体现的激励效果是有明显的逻辑区分的。首先，敏感系数体现的是不同激励方式或薪酬构成的激励效果，但影响激励效果的因素很多，可能与管理者的决策有关，也可能与外生事件有关（张正堂，2003）。因此，由外生事件引起的薪绩敏感性并不能体现薪酬的激励强度。其次，薪酬激励是通过对管理者的效用满足程度和利益"刺激"的强度来影响管理者行为的，利益"刺激"程度越高，说明对管理者的激励越强。科学、合理的薪酬制度设计和结构安排是获得好的激励效果的充分条件。因而，从薪酬机制设计的视角出发来界定薪酬激励强度，体现制度设计对管理者行为的影响力大小更为合理，相同的制度安排在不同的公司、不同的制度环境中其激励效果可能并不相同。张正堂（2003）提出了影响薪酬激励强度的五个因素：①管理者努力程度的边际贡献；②管理者绝对风险的规避程度；③相对客观、合理的业绩测量；④管理者付出努力的意愿大小；⑤管理者的闲暇偏好。也就是说，管理者个体特征差异会导致相同的薪酬结构对管理者的"刺激"作用大小不同。因此，我们从薪酬机制设计的视角出发，认为激励强度是指薪酬结构的制度安排，体现的是对管理者效用满足和利益"刺激"的强度，从而与业绩相关度的激励效果相区分。在管理者薪酬构成中，股权激励的目标是促使管理层更注重公司未来的长期价值增长，具有高风险、高收益的特点。学者们的研究也表明，股权具有更强的激励作用。因而，股权激励所占的比重越大，薪酬的"刺激"作用就越大，激励强度也越大。早在1992年Smith & Watts就提出了反映管理层薪酬激励效果的是薪酬结构中权益薪酬所占比例大小的观点。公司管理团队内部的薪酬差距则从相对报酬水平方面体现了管理层薪酬激励的强度大小。管理层内部薪酬差距越大，越能激发管理者职位晋升所带来的财富和声誉的满足感，激励强度也就越大。较大的薪酬差距还可以有效地降低监控成本，为委托人和代理人的利益一致性提供较强的激励，从而提升公司绩效（林浚清、黄祖辉、孙永祥，2003）。本研究在后续的实证检验中主要将管理层薪酬构成中股权激励比率和内部薪酬差距作为薪酬激励强度的代理变量，检验薪酬激励强度的设计对公司成长能力的激励效应。

5.3 理论分析与假设提出

5.3.1 股权激励比率的激励强度与公司成长绩效

激励是公司管理者人力资本作用发挥的"加速器"。激励的强度越大，管理者越有积极性去创造良好的业绩；反之，管理者更倾向于获取"闲暇"效用。在现有的"按绩效付酬"的管理层薪酬结构中，现金薪酬一般是基于公司当期的绩效来确定的，是一种短期激励方式。但是，管理者的决策和管理行为常常是连续性的，其经济后果具有长期效应，这种仅仅基于当期绩效的考量可能会引发管理者的短视行为。股权激励制度是一种长期激励方式，其理论原理是通过管理者参与分享公司的剩余索取权，使管理者效用与股东目标尽可能趋于一致，从而最大限度地发挥管理者的人力资本潜能，获取公司发展的长期收益。因而，股权激励方式能够较好地反映管理者决策和管理行为所带来的经济后果的滞后性，其考量的是管理者长期化行为所带来的公司持续成长。那么，如何恰当地安排现金薪酬与股权收益的比例就决定着公司薪酬的激励强度和对公司长期价值增长的激励效力大小。

Gomez L. M. & Robert M.（1997）的研究指出，管理层报酬结构中，风险性报酬的比重越大，就越能够较大程度地降低代理成本。Mehran（1995）从 Tobin's Q 角度对 CEO 权益报酬激励进行了研究，认为公司业绩与 CEO 的总报酬比例及 CEO 持有的股票份额呈正相关关系。Gaver（1993），Himmelberg, Hubbard & Palia（1999）都认为公司成长性变量和高管股权激励强度之间存在正向关系。李维安、张国萍（2005）也发现了主营利润增长率与经理者薪酬结构状况呈正相关关系。这些研究指出，权益报酬能较大程度地降低代理成本，提升公司价值。同时，管理者持有股份并不能立刻转化为当期效用。只有实现了公司未来的价值最大化，管理者才能得到权益报酬的最大效用。也就是说，股权报酬对管理者行为具有长期的引导和激励作用。因此，在有效的激励机制下，公司成长能力是管理者所受到的激励强度的函数，即股权激励强度与公司成长绩效具有显著的相关关系，故提出假设 1：

假设 1：股权激励比率与公司成长能力具有正相关关系。

本研究通过公司当期成长绩效和公司长期业绩增长效率两个方面来衡量公司的成长能力，因此，提高股权激励强度能够在提高管理者努力的边际贡献的基础上，带来公司当期及未来更好的成长绩效，体现出较好的长期激励效率，故本章将假设 1 进一步分为两个分假设进行检验：

假设 1a：股权激励比率与公司当期及未来成长绩效正相关。

现代企业理论和国外公司实践证明，作为一种市场化程度较高的薪酬激励制度，股权激励能够有效地体现管理者努力的边际贡献，降低管理者的风险规避偏好，对降低代理成本、提升管理效率、增强公司的市场竞争力起到了非常积极的作用，是一种能促进公司维持长期健康发展的最佳薪酬机制。McConaughy & Mishra（1996）的研究发现，高的业绩薪酬敏感度会改善企业未来的业绩，这种效用对业绩差的企业更为明显。因而，提高管理层薪酬结构中股权激励报酬的比重，实际上就是加大了薪酬激励强度。这样能够促使经理人员为了获得更高的经济收益而努力提高公司长期价值增长和市场表现，体现出较好的长期激励效力。

但是，并不是股权报酬的比重越大越好。随着管理者股权收益的比重增加，管理者报酬中的不确定性和风险也增加，管理者必然会倾向于采取风险规避行为，减少公司未来高收益、高风险的项目，最终会导致公司未来业绩的损失。Lewellen et al.（1988）的研究发现，当面临太大的风险时，管理者就会变成"风险厌恶型"，而且会选择放弃利润很高但风险大的项目。Mishra McConaughy & Gobeli（2000）认为，管理层业绩薪酬敏感度与企业未来业绩正相关，但随着敏感度的提升，相关性逐渐减弱。Kichan & DavidYSuk（1998）研究了内部持股比例与公司长期收益的关系，发现内部持股比例越高，内外部股东的利益越容易趋于一致，但当内部持股比例高过一定界限之后结果刚好相反。因此，我们进一步提出假设 1b：

假设 1b：股权激励比率与公司长期业绩增长效率显著相关，激励效应具有区间变化。

股权激励能够促使公司业绩提升，但越到后期，公司成长受资源瓶颈、创新能力、外部竞争的影响就越大，业绩提升越困难，增长趋缓，此时，仍然加大股权激励比重反而会起到相反的作用。

5.3.2　管理层内部薪酬差距的激励强度与公司绩效

上市公司的成长不是某一个管理者的能力所能决定的，体现了整个管理团队的分工与协作绩效。因而，对上市公司管理者的激励也是一个团队激励问题。在公司管理团队中，如果核心高管的报酬与其他非核心高管人员的报酬之间的差距过大，会在管理团队内造成不公平感，使内部摩擦加剧，管理成本上升；如果管理团队内薪酬差距过小，晋升的利益"刺激"作用强度不够，难以激励团队成员为晋升体现个人价值而努力工作。对于这种情况，学者们提出了不同的理论进行解释。

崇尚扩大管理团队内薪酬差距的"竞赛理论（tournament theory）"认为，在管理团队内，偷懒和"搭便车"行为会导致管理效率降低。为此，高额报酬和职位晋升的收益增长能够有效地激励团队成员的工作性努力（Jensen & Meckling, 1976）。Lazear & Rosen（1981）用竞赛理论解释了这一现象。他认为职位晋升带来的报酬大幅增长，不是因为经理人的能力突然增长，而是将经理人看做晋升竞赛的参与者，获胜者将得到全部奖金。基于这一理论，当公司治理结构日趋完善，分工协作更加细致时，管理者报酬严格地随着层级结构递增能够有效地降低监督成本和强化对各级管理人员的激励，特别是高水平和高能力的管理者，其个人价值体现和个人满意度更高，从而更能激发其学习能力和创新能力，有助于公司业绩的提升。Gerhard & Milkovitch（1990）、Leonard（1990）、Lambert et al.（1993）、Gibbs et al.（1995）的研究都提供了支持竞赛理论的经验证据。

与竞赛理论相反，行为理论强调的是人们的社会心理和政治环境影响。通常，人们会将自己的报酬水平与上一级和同一级人员的报酬水平进行比较。如果他们认为自己付出了努力，却没有得到应有的报酬，就会消极怠工，对组织的忠诚度和凝聚力下降。而人们在进行比较时，又常常会高估自己的能力和对组织做出的贡献，忽视了个人投入上的差异（Meyer, 1975）。结果，这种可能是合理的报酬差距反而成为被激励者不满的根源（Bloom, 1999），使管理者变得互相敌视而缺乏协作精神。因此，行为理论认为，较平均的薪酬能够保证管理人员之间的协作互助，有利于公司绩效的稳步提升。Deutsch（1985）、Cappoli & Sherer et al.（1990）的研究结论为行为理论提供了经验证据。

还有一种可能就是，竞赛理论和行为理论并非非此即彼，而是在我国公司治理实践中共同发挥着作用。当公司成长绩效在某个临界点以下，竞赛理论更能解释管理者的努力行为；公司成长绩效超过这个临界点，行为理论可能更有效，即管理层薪酬差距与公司成长绩效之间可能存在着 U 型或者倒 U 型关系。Henderson & Fredrickson（2001）提供的证据表明，在预测公司绩效时，竞赛理论和行为理论是互补的。

基于上述分析，不论哪种情况成立，都体现出公司成长绩效与管理层薪酬差距之间存在一定的相关性。因而，为了验证上述理论在我国公司实践中的应用，本研究提出了 3 个竞争性假说：

假设 2-1：管理层薪酬差距与公司成长绩效之间存在正相关关系，竞赛理论成立；

假设 2-2：管理层薪酬差距与公司成长绩效之间存在负相关关系，行为理论成立；

假设 2-3：管理层薪酬差距与公司成长绩效之间存在曲线关系，竞赛理论和行为理论在特定情况下都成立。

5.4　模型设定及变量选择

5.4.1　样本说明

本章选用样本及数据来源与第 4 章一致，基于本章实证的要求，进一步剔除了一些异常数据，包括前 3 名高管薪酬为零的样本，全部高管薪酬总额低于前 3 名高管薪酬总额的样本，核心高管的人均薪酬低于非核心高管人均薪酬的样本。这些异常现象可能是出现了数据错误，也可能是由于那些既在上市公司也在母公司任职的核心高管从上市公司领取的只是部分报酬[①]。为了克服这些异常值的影响，本章对此类数据进行了剔除。经过上述处理后，各年的样本量见表 5-1。

---

　　① 叶康涛. 中国情境下的高管报酬研究——兼评《高管层内部的级差报酬研究》[J]. 中国会计评论.2006（1）.

表 5-1 各年样本分布

项　　目	2006 年	2007 年	2008 年	2009 年	2010 年	样本总量
公司当期业绩评价综合指数	1 359	1 458	1 514	1 686	2 030	8 047
公司长期业绩增长综合指数	1 362	1 463	1 518	/	/	4 343

由于我们选用了各变量的 3 年平均增长率指标来计量公司的长期业绩增长效率，即 2006 年的业绩增长需要 2006 年、2007 年、2008 年 3 年的数据来计算，故原始数据计算只能够得到 2006 年、2007 年、2008 年 3 年的样本。

从行业分布来看，制造业占总样本的比例达 50% 以上，其他行业类型的样本量基本较为平均，样本量所占比重最小的是出版业，仅有 66 家，占总样本的 0.82%。

5.4.2　模型设定

对假设 1 及其分假设的检验，本章构造的模型 5-1 如下：

公司成长能力 $= \alpha_0 + \alpha_1 \text{RATIO}_{it} + \alpha_2 \text{Size}_{it} + \alpha_3 \text{First}_{it} + \alpha_4 \text{Struc}_{it} +$

$$\sum \gamma_j \text{Indus}_j + \mu_{it} \qquad （模型 5-1）$$

若模型 5-1 中的 α_1 为正，且显著，说明股权激励比率（RATIO）的激励强度越高，则激励效果越好，越能有效提升公司成长绩效。对于假设 2-1、假设 2-2、假设 2-3 的检验，本章构造的模型 5-2 如下所示：

公司成长能力 $= \alpha_0 + \alpha_1 \text{GAP}_{it} + \alpha_2 \text{GAP}_{it}^2 + \alpha_3 \text{Size}_{it} + \alpha_4 \text{First}_{it} + \alpha_5 \text{Struc}_{it} +$

$$\sum \gamma_j \text{Indus}_j + \mu_{it} \qquad （模型 5-2）$$

在对假设 2 进行检验时，需要考虑激励强度是否存在区间效应的"U"形结构，因而，解释变量需要加入二次方形式进行回归；为了更全面地描述激励强度的"U"形变化情况，我们对模型 5-2 采用了分位数回归方法。分位数回归能够体现同样的影响因素对处在不同水平下的研究对象的不同影响程度，能够更加全面地描述研究对象的全貌。当经济问题中存在一些离群值（指某一个样本点的取值突然明显高于或低于其他样本）时，样本存在尖顶厚尾及偏态分布时，分位数回归结果具有较强的稳健性（Mata & Machado，1996）。而 OLS 回归属于均值回归模型，难以体现在组织绩效不同时，激励因素的影响差异。对模型 5-2进行分量回归的模型可以改写为：

$$Q_\theta(P_{it} \mid GAP_{it},\ GAP_{it}^2,\ Size_{it},\ First_{it},\ Struc_{it},\ Indus_{it})$$

$$= \alpha_{\theta 0} + \alpha_{\theta 1} GAP_{it} + \alpha_{\theta 2} GAP_{it}^2 + \alpha_{\theta 3} Size_{it} + \alpha_{\theta 4} First_{it} + \alpha_{\theta 5} Struc_{it} + \sum \gamma_{\theta j} Indus_j$$

（模型 5-3）

其中：P 为公司成长绩效，包括当期绩效 Y 与长期业绩增长 GY。

分位数回归模型是通过最小化加权残差绝对值和的方法进行参数估计，对模型中的随机扰动项不需要做任何分布的假定，能够把同一解释变量对不同取值的因变量的影响更加全面地刻画出来，对处理实际中带有异常值和重尾现象的数据有更好的处理效果，因此对提高估计量的精度具有很好的稳健性。近年来，分量回归技术在实证文献中的应用越来越广泛，李涛（2005）、陈旭东等（2006）分别采用分量回归方法就国有股权对业绩的影响、会计盈余水平与会计稳健性问题进行了分析，赖晓东、赖微微（2008）用分位数回归方法分析了我国上市公司中影响公司资本结构的因素的变动情况。

5.4.3 变量选择

模型 5-1 和模型 5-3 中的变量说明见表 5-2。本章因变量仍然采用第 4 章中因子分析法得出的公司当期成长绩效综合指数（Y）和公司长期业绩增长效率综合指数（GY），每项综合指数各由反映规模和盈利能力的两个公因子（Y_1、Y_2）（GY_2、GY_1）构成。解释变量主要从股权激励比率和管理层薪酬差距两个层面来考察薪酬激励强度的大小。

股权激励比率（RATIO）借鉴了 Bergstresser & Philippon（2006）的度量方法。RATIO 指标等于管理层薪酬中，股权价值占全部薪酬的比重，用来表示管理层股权激励的强度。

$$RATIO_{it} = ONEPCT_{it} / (ONEPCT_{it} + CASHSALARY_{it}) \qquad （公式 5-1）$$

$$ONEPCT_{it} = 0.01 \times PRICE_{it} \times (SHARES_{it} + OPTIONS_{it}) \qquad （公式 5-2）$$

其中：RATIO 表示股权激励强度；

ONEPCT 表示公司股票价格上升 1%，管理层持有股份价值的变化；

表 5-2   **变量说明**

因变量 （因子分析）	当期成长绩效质量综合评价指数（Y）	Y_1：规模质量因子 Y_2：盈利能力因子
	长期业绩增长效率综合评价指数（GY）	GY_1：盈利能力增长因子 GY_2：规模增长因子
解释变量	股权激励比率（RATIO）	股权价值占全部薪酬的比例（见公式5-1和公式5-2）
	绝对薪酬差距（GAP） 绝对薪酬差距的平方（GAP^2）	核心高管与非核心高管的报酬绝对差（见公式5-3）
控制变量	公司规模（Size）、资产负债率（Struc）、第一大股东持股比例（First）、行业哑变量（Indus）	

CASHSALARY 表示现金薪酬总额；

PRICE 是公司股票价格，我们选用了年末收盘价进行度量；

SHARES 表示管理层持有股权数量；

OPTIONS 表示管理层持有期权数量。

管理层薪酬差距的度量，参考了陈震、张鸣（2006）的计量方法，用核心高管与非核心高管的绝对薪酬差距来度量，见公式5-3。采用这样的分类计量方法主要是基于我国上市公司实践中董事、监事和经理人员共同决策、共担风险的现实背景，核心高管的划分更具合理性。

绝对薪酬差距（GAP）＝核心高管人均薪酬－非核心高管人均薪酬（公式5-3）

其中：核心高管人均薪酬是公司前三名高管的平均薪酬；

非核心高管人均薪酬是全体高管扣除前三名的平均薪酬。

控制变量中我们除了考虑到影响公司绩效的规模、资产负债率和行业因素以外，还控制了公司第一大股东的持股比例变量。Shleifer & Vishny（1997）的研究证明了大股东的存在有利于公司价值的增加。张维迎（1996）也提出，委托人的监督对代理人的激励具有相互替代效应。因而，我们控制了"一股独大"对公司业绩的影响，来考察管理层薪酬差距对公司成长绩效的激励作用。

5.4.4　变量的描述性统计

1）我国上市公司管理层股权激励强度的总体趋势

2006年股权分置改革后，依据《上市公司股权激励管理办法（试行）》的要求，我国上市公司开始广泛实施股权激励方式，公司管理层薪酬构成中股权激励的比率逐年上升，近5年来在薪酬中的比重是原来的近5倍，从2006年的4.51%上升到2010年的21.48%。逐年扩大的标准差也表明公司间的薪酬激励强度差异增大（见表5-3和图5-1）。这些数据说明，近年来，我国上市公司已经开始注意高管薪酬结构中长期激励的重要性，调整了薪酬结构中长短期激励的比重，正逐步建立、健全合理、有效的管理层薪酬激励机制。

表5-3　　　　　　　　　　　　股权激励比率年度分布

公告年度	股权激励比率均值	标准差	频数
2006	0.045061	0.160884	1 417
2007	0.091134	0.241107	1 531
2008	0.085645	0.220666	1 594
2009	0.1395	0.293977	1 452
2010	0.214827	0.35462	2 023

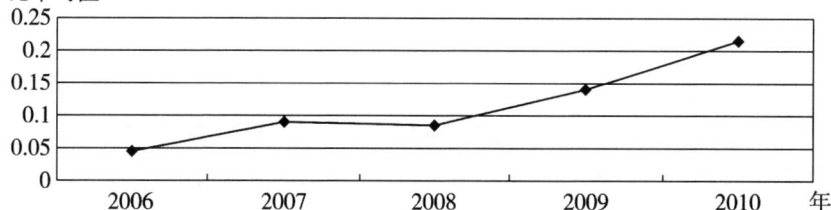

图5-1　股权激励比率变化趋势图

在实施股权激励的上市公司中，近74%的上市公司采用的是股票期权激励方式，在管理层薪酬中的平均比率高达33%；约23%的上市公司对管理层实施了限制性股票激励方式，在管理层薪酬中的平均比率达到了25%，而实施股票增值权的上市公司（3%）中平均股权激励比率为18%。说明我国上市公司中采用股票期权激励方式的较多，在薪酬总额中的比率最高，激励强度最大。

从上市公司的所有权性质来看，国有企业的股权激励比率较低，平均为1.90%。这可能是由于《国有控股上市公司（境内）实施股权激励试行办法》中规定：高级管理人员个人股权激励应控制在其薪酬总水平的30%以内。这一规定，致使国有企业实施股权激励的动机不足，很多国有上市公司管理层的持股比例很低或者零持股。非国有上市公司的平均股权激励比率为27%，虽然仍远远低于国外上市公司的平均水平，但已经有了向良好的薪酬结构调整的趋向。

从行业来看，除金融业外，股权激励比率最高的是通信业（25.8%），最低的是综合类上市公司和电力、蒸汽、热水的生产和供应业（只有1%）。

2）我国上市公司管理层薪酬差距情况

我国上市公司管理层内部薪酬绝对差距近5年来呈现稳步扩大趋势，从2006年平均18.7万元的薪酬层级差增长到2010年的35.5万元。这个增速说明我国上市公司实践中较为认同竞赛理论。从极值来看，管理层薪酬绝对差距最小约为356元，最大差距达到458万元，平均薪酬绝对差距为28.7万元。这说明我国上市公司中管理层薪酬差距分布较为分散，有些公司的薪酬较为平均，有些公司则具有较高的层级差距。标准差也从2006年的180 883.3增长到2010年的375 626.78。这说明在加大管理层团队内部薪酬激励强度的同时，各公司间的薪酬制度差异也逐渐增大。公司管理层各年度薪酬差距分布见表5-4与图5-2。

表5-4 　　　　　　　**管理层薪酬差距年度变化表**　　　　金额单位：元

年度	薪酬绝对差距	标准差	频数
2006	187 229.06	180 883.3	1 363
2007	258 758.46	317 600.69	1 467
2008	285 751.90	336 133.15	1 523
2009	311 370.56	332 522.53	1 704
2010	355 135.21	375 626.78	2 051

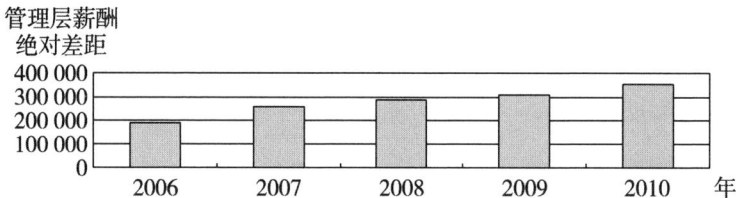

图5-2　管理层薪酬差距年度变化图

分行业来看，金融业高管的薪酬差距最大，其次是房地产业、采掘业和批发零售行业，薪酬差距最小的是农业。这可能与行业景气度和行业内的竞争程度相关。从企业所有权性质来看，非国有企业的平均薪酬差距（约33万元）大于国有企业的平均薪酬差距（约30万元），说明非国有企业管理层努力的边际收益大于国有企业。在国有上市公司中，薪酬差距最小约为356元，最大为458万元，最大薪酬差距是最小薪酬差距的约12 865倍；非国有上市公司中，薪酬差距最小为1 083元，最大为352.7万元，最大薪酬差距是最小薪酬差距的约3 257倍，而且非国有企业的平均回报率高于国有企业。这些数据说明，国有上市公司中既存在过度的平均主义，也存在悬殊的贫富差距，管理层薪酬激励行为极不规范，而非国有上市公司最大薪酬差距与最小薪酬差距的倍数相对较为合理，初步体现出非国有上市公司薪酬制度设计的合理性。

3) 主要变量的描述性统计

本章假设检验所选用变量的描述性统计见表5-5。因变量包括公司当期成长绩效综合评价指数和长期业绩增长效率综合指数及其构成评价指数的两个公因子。自变量有股权激励比率和管理层薪酬绝对差距以及薪酬差距的平方。控制变量有影响公司绩效的规模变量、第一大股东持股比例、资产负债率和公司所属行业。

表 5-5 变量描述性统计

VARIABLES	Obs	Mean	Std. Dev.	Min	Max
当期成长绩效质量（Y）	5 510	1.45E-11	0.728381	-1.05167	17.74581
规模质量因子（Y_1）	5 510	7.26E-11	0.947991	-2.14359	24.92904
盈利能力因子（Y_2）	5 510	1.56E-10	0.868245	-4.60355	13.00829
长期业绩增长效率（GY）	4 216	-0.0075362	0.816908	-23.6927	14.56746
盈利能力增长因子（GY_1）	4 216	-0.0076774	0.927471	-27.6489	16.93558
规模增长因子（GY_2）	4216	-0.0033059	0.671661	-2.08351	41.43832
股权激励比率（RATIO）	4 385	0.1294	0.214714	0	0.986993
薪酬差距（GAP）	8 096	288 505.6	329 875.7	355.5469	4 584 464
薪酬差距的平方（GAP^2）	8 096	1.92E+11	8.64E+11	126413.6	2.10E+13
总资产的对数（Size）	8 095	21.48949	1.273045	14.15806	28.13565
第一大股东持股比例（First）	8 095	36.68502	15.64574	0.82	100
资产负债率（Struc）	8 095	0.60375	2.229386	0.009122	82.55959
行业（Indus_ 1-Indus_ 12）	8 093	4.700976	2.794944	1	12

从表 5-5 中我们看到，薪酬差距平方的标准差较大。为了使其分布更为合理，减少异方差和量纲的影响，我们对薪酬差距的平方取对数后进行回归。

5.5 实证检验结果及分析

5.5.1 实证结果

1）假设 1 的实证结果

我们首先检验了股权激励比率与公司当期成长绩效和公司未来成长

绩效的相关关系。实证结果见表 5-6。回归模型均通过了 F 检验，回归中采用了 robust "怀特修正"，总体 VIF = 3.10，不存在严重的多重共线性问题。

表 5-6 　　　　　　　　股权激励比率与公司成长绩效的回归系数表

VARIABLES	公司成长绩效						
	2007 年	2008 年	2009 年	2010 年	全部样本		
	Y	Y	Y	Y	Y	Y_{t+1}	Y_{t+2}
RATIO	0.364 ***	0.369 ***	0.254 ***	0.207 ***	0.251 ***	0.276 ***	0.329 ***
	(0.0438)	(0.0448)	(0.0362)	(0.0341)	(0.0192)	(0.0265)	(0.0377)
Size	0.351 ***	0.358 ***	0.403 ***	0.534 ***	0.413 ***	0.388 ***	0.414 ***
	(0.0420)	(0.0359)	(0.0331)	(0.0489)	(0.0212)	(0.0232)	(0.0293)
Struc	-0.591 ***	-0.699 ***	-0.801 ***	-0.949 ***	-0.710 ***	-0.463 ***	-0.437 ***
	(0.0951)	(0.0887)	(0.0802)	(0.0896)	(0.0426)	(0.0463)	(0.0637)
First	0.00328 ***	0.00471 ***	0.00280 **	0.00252 **	0.00324 ***	0.00366 ***	0.00429 ***
	(0.00110)	(0.000873)	(0.00115)	(0.00124)	(0.000579)	(0.000718)	(0.000957)
Indus	控制	控制	控制	控制	控制	控制	控制
Constant	-7.590 ***	-7.742 ***	-8.268 ***	-11.36 ***	-8.918 ***	-7.852 ***	-9.049 ***
	(0.878)	(0.751)	(0.763)	(1.089)	(0.462)	(0.529)	(0.646)
F 值	10.81 ***	18.41 ***	19.66 ***	14.98 ***	44.13 ***	37.87 ***	24.69 ***
Observations	1 240	1 207	1 191	1 664	5 302	4 670	3 420
R-squared	0.337	0.436	0.452	0.431	0.399	0.354	0.351

Robust standard errors in parentheses

*** $p<0.01$, ** $p<0.05$, * $p<0.1$

表 5-6 右半部分的实证结果表明，股权激励比率与公司当期成长绩效、与 t+1 期和 t+2 期的公司未来成长绩效均显著正相关，并且越到后期回归系数越大，说明股权激励比率具有良好的长期激励效应，假设 1a 得证，我国的股权激励实践支持"利益一致假说"。

　　表 5-6 左半部分分年度检验了股权激励比率与公司当期成长绩效的关系。回归结果表明，从 2007 年到 2010 年，我国上市公司管理层的股权激励比率与公司当期成长绩效都表现出显著的正相关关系（$\alpha = 0.01$），但相关系数却表现出变小的趋势。2010 年上市公司管理者持有较高的股权激励比率，但与成长绩效的相关系数却最小；2008 年的股权激励比率并不是历年来最高的，但与公司绩效的相关系数却最高，为 0.369。这可能是 2007—2008 年的牛市带来了股票价格的一片飘红，导致激励效果较好。这说明在股权激励中，股票价格变动对管理者财富变化起主要的激励作用。

　　控制变量中，公司规模与公司当期绩效、未来绩效显著正相关，且各年的相关系数逐年递增，到 2010 年达到最大，为 0.534，说明规模增长是公司成长的重要表征之一。资产负债率与公司成长绩效显著负相关，系数也呈现逐年递增的态势，说明公司的风险大小对公司业绩有显著影响。第一大股东持股比例与公司成长绩效的正相关关系也通过了显著性检验，说明在我国上市公司中，大股东的存在有利于提升公司业绩。

　　接着，我们进一步检验股权激励比率与公司长期业绩增长的相关关系。根据经济增长收敛理论，公司的业绩增长速度会逐步减慢趋缓。为了更清晰地反映在不同业绩增长阶段中，股权激励比率的激励作用，我们在此采用了分位数回归方法。实证结果见表 5-7。

　　表 5-7 表明，在 20 分位数以下，股权激励比率与公司长期业绩增长效率显著正相关；在 50 分位数以上时，股权激励比率与公司长期业绩增长显著负相关。这说明当公司长期业绩增长效率较低时，提高股权激励比率能有效地促进公司业绩增长；当公司业绩增长效率较高时，再提高股权激励比率反而会降低公司业绩的增长速度。也就是说，股权激励比率与公司长期业绩增长的相关性具有区间效应，假设 1b 得证。

　　公司规模与公司长期业绩增长之间的相关性也呈现区间变化，由 20 分位数以下的显著正相关变为 50 分位数以上的显著负相关。Farinas & Moreno（2000）的研究曾经发现成功企业的平均增长率随着公司规模的扩大而降低。Leo Sleuwaegen & Micheline Goedhuys（2002）考察了

表 5-7　　股权激励比率与公司长期业绩增长效率的分位数回归

VARIABLES	公司长期业绩增长（GY）分位数				
	0.1	0.2	0.5	0.75	0.9
RATIO	0.0251***	0.00837***	−0.187***	−0.0667**	−0.0348***
	(0.00774)	(0.00323)	(0.0161)	(0.0339)	(0.00885)
Size	0.00705***	0.00107*	−0.0315***	−0.00768*	−0.0113***
	(0.00191)	(0.000610)	(0.00809)	(0.00405)	(0.00237)
Struc	−0.0415***	0.000305	0.126**	−0.000974	0.0450**
	(0.0155)	(0.00458)	(0.0516)	(0.0214)	(0.0177)
First	0.000249*	9.07e-05***	−0.000593*	−0.000242	−1.26e-05
	(0.000128)	(2.83e-05)	(0.000335)	(0.000175)	(0.000170)
Indus	控制	控制	控制	控制	控制
Constant	−0.316***	−0.185***	0.772***	0.388***	0.468***
	(0.0403)	(0.0152)	(0.171)	(0.0883)	(0.0488)
R-squared	0.0059	0.0021	0.0225	0.0062	0.0044
Observations	4 144	4 144	4 144	4 144	4 144

Standard errors in parentheses

*** $p<0.01$, ** $p<0.05$, * $p<0.1$

科特迪瓦的 185 家制造企业，也证明了企业成长和企业规模、年龄之间
存在负相关关系，说明规模越大的公司，提高业绩增长速度越困难。在
10 分位数以下，资产负债率与公司长期业绩增长效率显著负相关，在
50 分位数和 90 分位数时，资产负债率与公司长期业绩增长效率又表现
为显著正相关，说明风险对增长速度较低的公司影响更大，而对于业绩
较好的公司，高风险可能意味着高收益。第一大股东持股比例在 20 分
位数以下时，与公司长期业绩增长显著正相关；在 50 分位数以上时，
与公司业绩增长显著负相关，说明在业绩较差的公司，适度的股权集中
有利于提高公司绩效，而对于业绩较好的公司，股权集中反而会降低业

绩增长效率。

通过以上分析，我们认为以股权激励比率衡量的薪酬激励强度与公司成长能力显著相关，股权激励方式不仅对公司成长绩效有显著的长期激励作用，而且对公司长期业绩增长也具有显著的激励效果，我们应基于公司的不同绩效情况合理设置股权激励比例。

2）假设 2 的实证结果

我们从公司成长能力的当期绩效和长期业绩增长两个方面进行管理者薪酬差距激励效率的检验。在对模型 5-3 进行回归中，为了减少异方差和量纲的影响，我们对薪酬差距的平方取对数后进行回归，同时，为了更清晰地体现不同业绩公司的激励效率，我们采用了分位数回归方法，方程显著性检验（Quasi-LR 检验、F 检验）在 0.01 的水平下是显著的。实证结果见表 5-8。

表 5-8　　　　　薪酬差距与公司当期成长绩效的分位数回归

变量	公司当期成长绩效综合指数（Y）分位数						
	0.1	0.3	0.4	0.5	0.6	0.7	0.9
GAP	1.11E-07 ***	1.75E-07 ***	2.06E-07 ***	2.90E-07 ***	3.92E-07 ***	4.57E-07 ***	1.05E-06 ***
	(2.91E-08)	(3.16E-08)	(4.39E-08)	(5.36E-08)	(7.84E-08)	(7.04E-08)	(3.28E-07)
GAP^2	0.0147 ***	0.0144 ***	0.0125 ***	0.00225	-0.00636	-0.0154 *	-0.0783 ***
	(0.00343)	(0.00451)	(0.00444)	(0.00617)	(0.00808)	(0.00812)	(0.0294)
First	0.00199 ***	0.00238 ***	0.00224 ***	0.00241 ***	0.00280 ***	0.00319 ***	0.00455 ***
	(0.000238)	(0.000216)	(0.000337)	(0.000330)	(0.000378)	(0.000285)	(0.000594)
Size	0.123 ***	0.159 ***	0.179 ***	0.199 ***	0.217 ***	0.256 ***	0.379 ***
	(0.00483)	(0.00369)	(0.00533)	(0.00522)	(0.00664)	(0.00700)	(0.0145)
Struc	-0.249 ***	-0.429 ***	-0.503 ***	-0.579 ***	-0.610 ***	-0.675 ***	-0.799 ***
	(0.0219)	(0.0152)	(0.0173)	(0.0224)	(0.0212)	(0.0187)	(0.0390)
Indus	控制	控制	控制	控制	控制	控制	控制
Constant	-3.342 ***	-3.923 ***	-4.212 ***	-4.322 ***	-4.453 ***	-4.991 ***	-5.897 ***
	(0.129)	(0.132)	(0.155)	(0.159)	(0.196)	(0.248)	(0.717)
R-squared	0.1533	0.2023	0.2152	0.2286	0.2424	0.2641	0.3439
N	5 501	5 501	5 501	5 501	5 501	5 501	5 501

Standard errors in parentheses

*** p<0.01, ** p<0.05, * p<0.1

表5-8中薪酬差距的平方项在不同分位数上与公司当期成长绩效由显著正相关逐渐转为显著负相关,说明管理层薪酬差距与公司成长绩效之间存在倒"U"型关系,假设2-3得证,即当公司的成长绩效不同时,竞赛理论和行为理论同时发挥着作用。公司当期成长绩效在10~40分位数时,薪酬差距的二次项与公司当期业绩显著正相关,且相关系数有逐步缩小的趋势,表明在当期成长绩效较差的公司中,扩大管理层薪酬差距的激励作用较强,而随着公司业绩的提升,薪酬差距的激励效应逐渐减弱;在50~60分位数之间,两者的相关性没有通过显著性检验,说明在当期绩效较好的公司中,扩大薪酬差距的激励效应不显著;在70分位数以上时,薪酬差距的二次项与公司当期业绩显著负相关,并且相关系数逐渐增大,显著性水平依次增强,说明在当期绩效好的公司,扩大薪酬差距反而影响了团队协作和团队的凝聚力,使管理效率下降,公司业绩下滑。

第一大股东持股比例与公司当期成长绩效显著正相关,且相关系数逐渐增大,说明增强控股股东的控制权,在短期内有利于提高公司的绩效表现。Jensen & Meckling(1976)就提出,提高公司有控制权的内部股东的持股比例能降低管理层的代理成本,提高公司价值。Shleifer & Vishny(1997)也证明了大股东的存在有利于公司价值的增加。公司规模与公司当期成长绩效显著正相关,且斜率显示出逐渐增大的趋势,表明好的业绩表现往往伴随着较大的公司规模。资产负债率与公司当期业绩显著负相关,说明风险对公司当期业绩的影响较大,而且业绩越好的公司,相关系数的绝对值越大。

我们进一步从公司长期业绩增长的角度来考察管理层薪酬差距的激励效果,仍然对模型5-3采用了分位数回归。实证结果见表5-9。

从表5-9可以看出,薪酬差距的平方与公司长期业绩增长在不同的分位数下也表现出由显著的正相关关系转化为显著的负相关关系的过程,说明薪酬差距与公司成长绩效之间存在倒"U"型关系,假设2-3得以支持。从薪酬差距平方项的系数变动来看,成长绩效越差的公司,回归系数越大,显著性越强,说明扩大管理层薪酬差距对成长绩效越差的公司激励性越强,越有利于公司成长绩效的提升。在75~90分位数

131

表 5-9 薪酬差距与公司长期业绩增长的分位数回归

VARIABLES	公司长期业绩增长综合指数（GY）分位数					
	0.1	0.25	0.50	0.75	0.90	0.95
GAP	-3.76E-08 **	-4.50E-09	-3.69E-08	-4.28E-09	4.77E-08	2.28E-07
	(1.83E-08)	(4.40E-09)	(3.83E-08)	(2.31E-08)	(5.41E-08)	(1.85E-07)
GAP^2	0.0165 ***	0.00276 **	0.0122 *	0.00431	-0.00894	-0.0534 *
	(0.00452)	(0.00131)	(0.00654)	(0.00333)	(0.00730)	(0.0282)
First	0.000350 ***	6.17e-05	-0.000136	-0.000131	0.000320 *	0.000326
	(0.000128)	(5.96e-05)	(0.000380)	(0.000289)	(0.000179)	(0.000612)
Size	-0.00243	-0.00255	-0.0246 ***	-0.0193 ***	-0.0153 ***	-0.0227 **
	(0.00219)	(0.00266)	(0.00764)	(0.00568)	(0.00423)	(0.00899)
Struc	0.0223	0.0352	0.141 ***	0.140 **	0.139 ***	0.152 **
	(0.0271)	(0.0331)	(0.0350)	(0.0616)	(0.0434)	(0.0740)
Indus	控制	控制	控制	控制	控制	控制
Constant	-0.566 ***	-0.205 ***	0.154	0.418 ***	0.687 ***	1.929 ***
	(0.106)	(0.0261)	(0.239)	(0.131)	(0.204)	(0.710)
Observations	4 114	4 114	4 114	4 114	4 114	4 114

Standard errors in parentheses

*** p<0.01, ** p<0.05, * p<0.1

之间，薪酬差距平方项的系数不显著，说明在成长绩效良好的公司中，扩大薪酬差距的激励效果不明显；在 95 分位数以上，二次项系数显著为负（$\alpha = 0.1$），说明在成长绩效很好的公司中，继续扩大薪酬差距反而不利于管理层内部的协作和目标一致性，致使公司成长绩效下降。因而，从公司成长的视角来看，我们的研究结果认为竞赛理论和行为理论在我国同时存在：在成长绩效较差的公司中，扩大薪酬差距有利于提高公司成长能力，竞赛理论成立；在成长绩效非常好的公司，扩大薪酬差距反而导致管理效率降低，带来公司绩效的损失，行为理论成立；在成长绩效中等及偏上的公司中，扩大薪酬差距的激励作用不明显。这一结论与 Henderson & Fredrickson（2001）的研究结果相近，但与国内学者的研究结论有所不同（林浚清，2003；陈震等，2006）。这可能是由于近年来我国上市公司的薪酬激励制度在不断完善，样本区间选择不同，从而体现出不同的激励效果；也可能是由于分位数回归方法与 OLS 估计相比，能得出更丰富的信息和结论。

我们从截距项系数的变动情况也能清晰地看出"U"型结构的变化：在 50 分位数以下，截距项显著负相关，截距逐渐变小；在 50 分位数时，截距项不显著；在 50 分位数以上时，截距项显著正相关，且数值逐渐增大。

在控制变量中，第一大股东持股比例在 10 分位数以下时，公司规模与公司长期业绩增长显著正相关，说明在成长绩效差的公司中，高的股权集中度反而有利于提高公司业绩；在 50 分位数以上时，公司规模与公司长期业绩增长显著负相关，说明在成长绩效较好的公司中，规模扩大，公司增长速度反而放缓，这与 Farinas & Moreno（2000）、Leo Sleuwaegen & Micheline Goedhuys（2002）的研究结论一致，即成功企业的平均增长率随着公司规模的扩大而降低。这也在微观层面上体现了经济增长收敛的原理。在 50 分位数以上时，资产负债率与公司长期业绩增长绩效显著正相关，表明高增长的公司必然伴随较大的风险。

5.5.2　稳健性检验

1）假设 1 的稳健性检验

为了考察上述实证结果的稳健性，我们分别将 ROE 和 EPS 指标作为公司当期成长绩效质量的代理变量，将 3 年 ROE 平均增长率和 3 年 EPS 平均增长率指标作为公司长期业绩增长效率的代理变量进行了稳健性检验。实证结果见表 5–10、表 5–11 与表 5–12。

表 5-10 　　　　股权激励比率与公司成长绩效的稳健性检验

VARIABLES	公司成长绩效					
	ROE	ROE$_{t+1}$	ROE$_{t+2}$	EPS	EPS$_{t+1}$	EPS$_{t+2}$
RATIO	0.0595 ***	0.0859 ***	0.0930 ***	0.397 ***	0.290 ***	0.241 ***
	(0.0107)	(0.00709)	(0.00921)	(0.0193)	(0.0273)	(0.0303)
Size	0.0229 **	0.0146 ***	0.0152 ***	0.146 ***	0.112 ***	0.0936 ***
	(0.0106)	(0.00386)	(0.00382)	(0.00703)	(0.00800)	(0.00916)
Struc	-0.176 ***	-0.0182	-0.0600 **	-0.677 ***	-0.284 ***	-0.218 ***
	(0.0395)	(0.0280)	(0.0276)	(0.0331)	(0.0389)	(0.0460)
First	0.000307	0.000725 ***	0.000789 ***	0.00267 ***	0.00269 ***	0.00282 ***
	(0.000356)	(0.000199)	(0.000224)	(0.000380)	(0.000468)	(0.000555)
Indus	控制	控制	控制	控制	控制	控制
Constant	-0.404 *	-0.302 ***	-0.161 **	-2.292 ***	-1.633 ***	-1.179 ***
	(0.232)	(0.0790)	(0.0781)	(0.163)	(0.185)	(0.211)
F 值	34.10	22.87	18.46	100.19	37.3	24.97
Observations	7 399	5 466	4 045	7 406	5 460	4 036
R-squared	0.014	0.030	0.036	0.236	0.131	0.115

表 5-11 　股权激励比率与公司长期增长效率的稳健性检验 （一）

VARIABLES	3 年 ROE 平均增长率分位数				
	0.1	0.2	0.5	0.75	0.9
RATIO	0.0672 **	-0.00865	-0.341	-0.0589	-0.218 ***
	(0.0292)	(0.0180)	(0.214)	(0.0401)	(0.0632)
First	0.00161 ***	0.000714 **	0.000165	-0.000269	-0.000353
	(0.000556)	(0.000307)	(0.00155)	(0.000512)	(0.000826)
Size	0.0183 **	-0.000239	-0.110 *	-0.00563	-0.0455 ***
	(0.00861)	(0.00237)	(0.0579)	(0.00959)	(0.0142)
Struc	-0.159 *	8.47e-05	0.603 **	-0.0163	0.192 **
	(0.0812)	(0.0425)	(0.273)	(0.0697)	(0.0901)
Indus	控制	控制	控制	控制	控制
Constant	-10.30	-1.278	1.151	1.580 ***	2.756 ***
	(12.37)	(7.407)	(1.617)	(0.211)	(0.282)
Observations	4 164	4 164	4 164	4 164	4 164

表 5-12　　股权激励比率与公司长期增长效率的稳健性检验（二）

VARIABLES	3 年 EPS 平均增长率分位数				
	0.1	0.2	0.5	0.75	0.9
RATIO	0.0831 *	-0.00118	-1.379 ***	-0.111 *	-0.210 ***
	(0.0426)	(0.0214)	(0.297)	(0.0569)	(0.0620)
First	0.00154 ***	0.000533 **	0.000161	0.000580	0.00149
	(0.000433)	(0.000254)	(0.00392)	(0.000739)	(0.00145)
Size	0.0238 *	0.00512	-0.238 ***	0.00182	-0.0631 ***
	(0.0141)	(0.00574)	(0.0527)	(0.0107)	(0.0176)
Struc	-0.201 ***	-0.0518	1.033 ***	-0.120 **	0.252 ***
	(0.0762)	(0.0322)	(0.351)	(0.0569)	(0.0959)
Indus	控制	控制	控制	控制	控制
Constant	-1.795 ***	-1.263 ***	5.977 ***	1.581 ***	3.062 ***
	(0.286)	(0.132)	(1.025)	(0.243)	(0.378)
Observations	4 227	4 227	4 227	4 227	4 227

　　表 5-10 表明，用 ROE 和 EPS 作为成长绩效的代理变量，同样体现出股权激励比率与公司当期成长绩效和未来绩效的显著正相关关系（$\alpha = 0.01$），说明假设 1a 的研究结论是稳健的。ROE 回归系数的增大趋势表现出了股权激励的长期激励效力，能够引导公司管理层的长期化行为；但 EPS 的回归系数却逐渐减小，说明公司的市场业绩表现受到其他非业绩因素的影响可能较大，也从一个侧面说明了通过因子分析法得到的公司成长绩效能够涵盖比单一指标更多的公司成长绩效信息。公司规模、第一大股东持股比例与公司短期绩效显著正相关，资产负债率与公司绩效显著负相关的结论与前面的研究结论一致。

　　表 5-11 与表 5-12 分别将 3 年 ROE 平均增长率和 3 年 EPS 平均增长率作为公司长期业绩增长的代理变量进行了回归分析。结果显示，这些业绩变量与股权激励比率的回归系数都由显著正相关转变为显著负相关，说明股权激励强度对公司长期业绩增长的激励作用具有区间效应，假设 1b 的结论是稳健的。

　　2）假设 2 的稳健性检验

　　为了验证假设 2 的稳健性，我们进一步将 ROE 和 EPS 指标作为公司当期成长绩效质量的代理变量，将 3 年 ROE 平均增长率和 3 年 EPS

平均增长率指标作为公司长期业绩增长效率的代理变量进行了稳健性检验。实证结果见表 5-13 与表 5-14。

表 5-13　　　　薪酬差距与公司当期成长绩效的稳健性检验

VARIABLES	净资产收益率（ROE）分位数				
	0.1	0.2	0.5	0.75	0.9
GAP	-5.64E-08 ***	2.14E-08 ***	2.00E-08 *	3.62E-08 ***	8.46E-08 ***
	(1.49E-08)	(7.26E-09)	(1.09E-08)	(1.03E-08)	(1.38E-08)
GAP^2	0.0356 ***	0.0112 ***	0.0141 ***	0.0155 ***	0.0131 ***
	(0.00398)	(0.00157)	(0.00159)	(0.00175)	(0.00281)
First	0.000938 ***	0.000692 ***	0.000856 ***	0.00121 ***	0.00184 ***
	(0.000166)	(6.98e-05)	(4.37e-05)	(0.000113)	(0.000167)
Size	0.0275 ***	0.00935 ***	0.00525 ***	-0.000675	-0.0126 ***
	(0.00341)	(0.00113)	(0.00108)	(0.00186)	(0.00315)
Struc	-0.340 ***	-0.0974 ***	-0.0578 ***	-0.00455	0.102 ***
	(0.0298)	(0.00689)	(0.00844)	(0.00720)	(0.0173)
Indus	控制	控制	控制	控制	控制
Constant	-1.382 ***	-0.419 ***	-0.378 ***	-0.268 ***	0.0382
	(0.0859)	(0.0437)	(0.0381)	(0.0562)	(0.0927)
R-squared	0.0649	0.0371	0.0464	0.0433	0.0424
Observations	7 840	7 840	7 840	7 840	7 840
VARIABLES	每股收益（EPS）分位数				
	0.1	0.2	0.5	0.75	0.9
GAP	-6.18E-08	1.19E-07 ***	1.88E-07 ***	2.36E-07 ***	5.49E-07 ***
	(4.25E-08)	(2.36E-08)	(2.45E-08)	(6.97E-08)	(1.00E-07)
GAP^2	0.0713 ***	0.0248 ***	0.0368 ***	0.0639 ***	0.0592 ***
	(0.00942)	(0.00385)	(0.00386)	(0.00813)	(0.0124)
First	0.00300 ***	0.00231 ***	0.00356 ***	0.00581 ***	0.00590 ***
	(0.000381)	(0.000206)	(0.000208)	(0.000358)	(0.000983)
Size	0.0444 ***	0.0313 ***	0.0239 ***	0.0197 ***	0.0411 ***
	(0.00681)	(0.00457)	(0.00281)	(0.00483)	(0.00741)
Struc	-0.545 ***	-0.212 ***	-0.0841 ***	-0.0315 **	-0.00348
	(0.0980)	(0.0447)	(0.0272)	(0.0133)	(0.0164)
Indus	控制	控制	控制	控制	控制
Constant	-2.588 ***	-1.177 ***	-1.275 ***	-1.674 ***	-1.747 ***
	(0.199)	(0.124)	(0.116)	(0.222)	(0.326)
R-squared	0.1349	0.0788	0.096	0.1041	0.1122
Observations	8 061	8 061	8 061	8 061	8 061

Standard errors in parentheses

*** p<0.01, ** p<0.05, * p<0.1

表 5-14　　薪酬差距与公司长期业绩增长效率的稳健性检验

VARIABLES	3 年 ROE 平均增长率分位数					
	0. 1	0. 25	0. 50	0. 75	0. 90	0. 95
GAP	−2. 93E-07 **	−3. 55E-08	−7. 78E-08	−3. 80E-08	−6. 19E-09	2. 06E-07
	(1. 43E-07)	(2. 34E-08)	(1. 84E-07)	(8. 66E-08)	(8. 65E-08)	(1. 47E-07)
GAP^2	0. 0913 **	0. 00804 *	−0. 00878	0. 0143	−0. 00873	−0. 0698 *
	(0. 0361)	(0. 00462)	(0. 0802)	(0. 0121)	(0. 0118)	(0. 0373)
First	0. 00159 ***	0. 000599 **	−0. 00125	0. 000264	−0. 000682	−0. 000788
	(0. 000428)	(0. 000295)	(0. 00348)	(0. 000520)	(0. 00106)	(0. 00163)
Size	−0. 00242	−0. 00733	−0. 0776	−0. 00241	−0. 0133	−0. 0386
	(0. 00568)	(0. 00534)	(0. 0738)	(0. 00991)	(0. 0156)	(0. 0279)
Struc	0. 0313	0. 0267	0. 0157	−0. 00485	0. 0157	0. 358
	(0. 0455)	(0. 0509)	(0. 888)	(0. 0342)	(0. 143)	(0. 258)
Indus	控制	控制	控制	控制	控制	控制
Constant	−3. 563 ***	−1. 289 ***	0. 581	1. 106 ***	2. 161 ***	4. 211 ***
	(0. 912)	(0. 163)	(1. 870)	(0. 311)	(0. 374)	(1. 109)
R-squared	0. 0024	0. 0005	0. 0085	0. 0004	0. 0008	0. 0024
Observations	4 136	4 136	4 136	4 136	4 136	4 136
VARIABLES	3 年 EPS 平均增长率分位数					
	0. 1	0. 25	0. 50	0. 75	0. 90	0. 95
GAP	−2. 41E-07 **	−3. 29E-08	−1. 50E-07	3. 12E-08	1. 31E-07	1. 03E-06
	(1. 18E-07)	(2. 04E-08)	(4. 60E-07)	(6. 59E-08)	(1. 26E-07)	(1. 35E-06)
GAP^2	0. 0828 ***	0. 00998 *	0. 0726	0. 0118	−0. 0320	−0. 260
	(0. 0308)	(0. 00601)	(0. 0797)	(0. 00849)	(0. 0204)	(0. 167)
First	0. 00171 ***	0. 000433	0. 000997	0. 00110 *	0. 00159	0. 00216
	(0. 000499)	(0. 000308)	(0. 00723)	(0. 000603)	(0. 00126)	(0. 00273)
Size	−0. 00921 **	−0. 0108 ***	−0. 294 ***	0. 00148	−0. 0422 ***	−0. 0778 ***
	(0. 00465)	(0. 00412)	(0. 0603)	(0. 00846)	(0. 0160)	(0. 0300)
Struc	−0. 00230	0. 00801	−0. 0124	−0. 00372	0. 156 *	0. 151
	(0. 00560)	(0. 0117)	(0. 0396)	(0. 0734)	(0. 0819)	(0. 162)
Indus	控制	控制	控制	控制	控制	控制
Constant	−3. 197 ***	−1. 231 ***	4. 271 **	1. 064 ***	3. 246 ***	9. 624 **
	(0. 733)	(0. 129)	(1. 739)	(0. 243)	(0. 518)	(3. 850)
R-squared	0. 0032	0. 0003	0. 0103	0. 0009	0. 0053	0. 0139
Observations	4 338	4 338	4 338	4 338	4 338	4 338

Standard errors in parentheses

*** p<0. 01, ** p<0. 05, * p<0. 1

表 5-13 的上半部分是 ROE 的回归结果，下半部分是 EPS 的检验结果。我们发现薪酬差距的二次方项与 ROE、EPS 均显著正相关，说明薪酬差距与公司成长当期绩效存在曲线关系，从激励系数逐渐缩小的趋势可以看出两者呈现出倒"U"型关系，说明假设 2-3 的结论是稳健的，而且我们发现薪酬差距对市场绩效的激励效果好于会计业绩。需要说明的是，在稳健性检验中，我们只看到了显著正相关逐渐下降的趋势，并没有显示出"U"型曲线显著负相关的另一半，可能是由于 ROE 和 EPS 指标的单一性，只能反映公司业绩的某个方面，而我们通过因子分析提取的业绩公因子涵盖的公司绩效信息更全面和完整，故体现的倒"U"型曲线更为完整。

表 5-14 从公司长期业绩增长效率的角度进行了稳健性检验。上半部分的 3 年 ROE 增长率与薪酬差距的平方项仍然表现出了倒"U"型关系，下半部分的 3 年 EPS 平均增长率与薪酬差距平方项的显著性变化和系数变化也基本表现出两者之间的倒"U"型关系。因而，我们认为假设 2-3 的结论是稳健的，在不同的公司成长绩效阶段，竞赛理论和行为理论都发挥着作用。

5.5.3 结 论

通过上述回归分析的实证检验，本研究得出以下主要结论：

（1）股权激励比率与公司成长绩效显著正相关，提高公司股票收益在薪酬总额中的比例可以增大股权激励强度，能够在提高管理者努力的边际贡献的基础上，带来公司业绩的提升，促进公司成长。同时，我们还发现，股权激励比率对公司未来绩效的激励作用大于对公司当期绩效的激励效果，对公司长期业绩增长效率的激励作用具有区间效应。我们应根据公司的不同业绩水平来合理设定股权报酬的比例和风险分担问题。

（2）管理层薪酬差距与公司成长绩效之间存在显著的倒"U"型关系，竞赛理论和行为理论在特定情况下都成立。我们采用分位数回归方法，更为细致地描述了在不同业绩水平上，管理层薪酬差距的激励效应。我们发现，在成长绩效较差的公司中，扩大管理层薪酬差距能有效地提升公司的成长绩效,竞赛理论成立;在成长绩效中等的公司中,扩大薪酬差距的激励效应不显著,说明这类公司已有的薪酬差距较为合理;在成长绩效很好的公司中,扩大薪酬差距反而不利于管理层内部的分工协作与目标一致性,导致公司绩效下降,行为理论成立。

(3)提高激励强度(包括股权激励比例和管理层薪酬差距)不仅有利于当期业绩的提升,而且有利于公司长期业绩的增长,说明合理的薪酬激励强度不仅具有长期激励效应,而且具有较好的短期激励效应,且激励强度对公司当期业绩的解释力(较高的拟合优度)大于对长期业绩增长的解释力。这也是符合一般经济现象规律的。

(4)我们用单一指标进行稳健性检验时,还发现激励强度指标(包括股权激励比例和管理层薪酬差距)对市场绩效的影响大于对公司财务绩效的影响,其拟合优度也高于对公司财务指标的解释力。这也说明了股权分置改革后,上市公司更加注重公司的市场业绩表现。

5.6 本章小结

本章从薪酬制度设计的视角出发,认为激励强度是通过对管理者效用满足和利益"刺激"程度大小来影响管理者行为的制度安排。薪酬制度安排的利益"刺激"程度越高,激励强度就越大;能够使管理者的努力成本获得的财富越多,激励强度越大。我们从薪酬构成出发,考虑了薪酬总额中股权激励比率和管理层薪酬差距的激励强度变化对公司成长绩效的激励效应。

通过对变量的描述统计和模型的回归分析,我们发现,激励强度指标对公司当期成长绩效和未来绩效有显著的激励作用,对公司长期业绩增长也有显著的激励效果。提高管理者的股权激励比率,激励强度增大,能有效发挥股权激励的长期激励作用,有利于提升公司的成长绩效,但股权激励比率对公司业绩增长效率的激励作用具有区间效应。扩大管理者薪酬差距的激励强度并不一定会带来公司业绩的提升,反而有可能带来业绩的下滑,因而,要基于公司成长绩效的不同阶段来设计合理的薪酬差距。在成长绩效较差的公司，竞赛理论更为有效；在成长绩效很好的公司，可能行为理论的作用更好。

本章的研究结论告诉我们，最优报酬激励机制的设计与选择，应该根据公司成长绩效的情况和行业特点进行最优组合。

6 制度环境对管理层薪酬激励效应的影响

6.1   引   言

公司是整个宏观经济体系的微观基础，不可避免地会受到各种制度环境的影响和制约。所谓制度环境是指"一系列用来建立生产、交换与分配基础的基本的政治、经济、社会和法律等基础规则"①。它为经济组织有效运营和企业间有效竞争提供了必要的"游戏规则"。不同的环境特性会导致经济组织不同的运行效率。从经济学视角分析，经济组织制度的分析模型如公式6-1所示。它较完整地体现了"制度结构—行为努力—经济绩效"之间的函数关系。

$$Q = F_E [S (T, A, I) \mid L, K, M, C] \tag{公式6-1}$$

公式6-1中，Q代表一个经济组织的产出，是劳动（L）、资本（K）、原材料（M）和管理者才能（C）投入的函数；S表示经济组织可采用的组织形式的选择集，由组织内部的有关技术和知识（T）、组织的管理能力（A）、经济组织所处产业特性（I）等的状况所决定；F是所有生产函数的总称；F_E是对应于产权结构（广义地来说是制度结构）E的一个生产函数，其中制度结构E又由制度环境和组织制度安排共同构成。显然，制度结构E决定着组织形式选择集S（决定何种组织形式被允许或被反对），一个约束较多的E会决定一个较小选择空间

---

① 戴维斯，诺斯. 制度变迁与美国经济增长 [M]. 上海：上海三联书店，上海人民出版社，1996：270.

的 S。S 必须与 E 相容，否则会导致某种组织形式极高的运作代价。该模型告诉我们，在决定经济组织绩效的影响因素之中，制度环境起着基础性的作用，它影响着企业内部其他资源效率的发挥。因而，企业作为嵌入制度环境的经济组织，在不同的制度环境和内部治理机制下，作为激发管理者人力资本潜能的薪酬机制，其激励效应也会存在差异。

La Porta et al. (1997，1998，1999，2000，2002) 的跨国比较系列研究开创了制度环境分析的先河。随后，越来越多的学者开始关注外部制度环境对公司治理行为的影响。他们研究了法律环境、股权结构、政府干预等因素对公司行为的影响 (Himmelberg et al., 2002；Boubakri et al., 2005；Burkart & Panunzi, 2003；Shleifier, 1998；夏立军、方轶强，2005；俞鸿琳，2007；高雷、宋顺林，2007)。他们的研究结果认为，制度层面的约束和公共治理对公司层面的行为及公司内部治理机制具有重要的影响作用。外部制度环境因素是否会对管理层薪酬与业绩之间的相关关系产生影响的研究尚不多见，本研究将尝试分析制度环境因素对薪酬激励效应的影响作用。

Agrawal (1996) 的研究进一步指出，由于单个治理机制的边际效果是递减的，对单个治理机制的过度使用并不一定会对公司绩效产生好的影响，因此基于公司战略层面的不同治理机制的组合配置才能实现最优的治理效果。管理层薪酬激励机制作为公司治理机制的一种重要形式，也需要综合考虑公司内部其他治理机制对其作用效应的影响。它们之间可能存在相互促进或相互替代的效应。只考虑单一机制的回归分析，很可能得到的是伪回归。因此，作为 Agrawal 研究的延续，一些学者研究了公司内部治理结构对薪酬业绩敏感性的影响作用。Conyon & Peck (1998) 分析了董事会和薪酬委员会结构对薪酬业绩敏感性的影响，得出的结论认为外部董事的比例越高，薪酬业绩的相关关系越强。Kern & Kerr (1997) 的研究也证明了高比例的外部董事和董事持股有利于提高管理者的薪酬业绩敏感性。Hartzell & Starks (2003) 则发现公司股权集中度与薪酬业绩敏感性有显著的正相关关系，股权集中度越高的公司，管理者薪酬绩效敏感度越高。张必武和石金涛 (2005) 的实证研究表明，我国上市公司董事会治理结构对高管薪酬水平及薪酬业绩敏感性有显著影响。夏纪军、张晏（2008）的实证分析也认为，我国上市公司中大股东控制权与股权激励存在着显著的冲突关系。这些研究表明，管理层薪酬作为一种激励机制，其激励作用的发挥会受到公司内部治理结构的影响。在现有研究中，多数学者只考虑了薪酬激励单一机制的作用，而忽略了其他综合治理变量的共同作用，其结论难免有失偏颇。

因此，本研究强调了管理层激励约束机制的制度环境影响，从我国公司的内部治理结构和外部制度环境的视角来进一步分析管理层薪酬激励契约的治理效用，尝试提出以公司成长的战略视角为目标导向，形成治理机制的综合治理合力，从而最终实现公司长期的价值最大化目标。制度变化是解释中国经济增长的基本因素（周其仁，2000），因而，制度理论的发展成为认识公司治理机制效用好坏的有用视角。制度框架学派认为企业行为广泛地受到社会、文化、传统和习俗等因素的影响，因而用制度框架的思维分析企业在转型经济中的行为及治理效果更具有现实意义（苏晓燕、肖建忠、易杏花，2005）。由此，我们认为管理层薪酬作为一种公司治理的重要机制，需要进一步研究公司内外部诸多因素对其激励效率的影响。

6.2 制度环境变量的界定

Jenson（1993）将公司治理制度划分为四种力量：资本市场和控制权市场、法律政治和管制制度、产品和投入要素市场、以董事会为首的内部控制制度。前三种控制力量构成了公司的外部治理环境，通过对公司外部规则、程序和行为的制度化来制约掌握公司控制权的内部人；而以董事会为首的内部控制制度则构成了公司的内部治理机制。此后，理论界的研究大致都沿着这两条主线进行。我们的研究也遵循了这样的划分思路。

公司内部治理基于产权理论，是为了保障出资人的利益而在出资者、董事会、高级经理层组成的内部结构之间所形成的制度安排，包括股权结构、董事会制度、经营者激励等内部制度。这些内部治理结构之间存在着交叉和重叠，需要相互协调和支撑来共同实现治理效率提升和公司价值的最大化、达到促进公司成长的战略目标。也就是说，企业治理的本质是一种关系契约和一系列制度安排，主要内容是设计激励、约束"内部人"的控制机制。这种内部监督控制体系的有效性受到董事会与经营者之间信息不对称程度和董事会对经营者控制、监督强度两种因素的影响。在监督机制较弱的情况下，公司一般倾向于以较高的管理者报酬来激励经营者，促使其产生自我约束来实现所有者利益的最大化。相应地，监督机制较强时，报酬中的"刺激"成分就会减少。正如 Stiglitz（1975）所说，最优的激励契约应依赖于有效的监督技术①。因此，我们进一步考量了董事会效率、内部人控制和股权结构等内部治理机制对激励契约的影响作用。

公司的外部治理制度基于市场竞争理论，通过市场体系和规则对管理者进行控制，以保护股东利益不受侵害。公司的外部治理环境通常包括法律、政治和管制制度、产品市场、经理人市场和资本市场等，这些外部制度在公司演进过程中发挥了不可忽视的作用。LLSV et al.（2000）的研究就表明，不同国家的制度环境不同，对投资者的保护力度就不同，从而影响了企业价值。自 2003 年樊纲等首创了中国各地区市场化进程相对指数后，我国学者延续了 La Porta et al.（2000）的国别比较方法，关注了我国不同地区治理环境的差异，认为外部治理环境的改善对公司内部治理结构具有促进和替代的效应。因此，本研究也选用了樊纲等（2007）的市场化数据作为公司外部制度环境变量，来分析外部制度环境是否对公司管理层薪酬激励效应的发挥产生影响。我们主要选用了市场化指数、法制化指数、政府干预和产品市场发育程度指标来检验市场竞争、法治水平、市场完善情况和政府对企业行为的干预等方面的影响。

---

① Stiglitz. Incentive, Risk and Information: Notes Towards a Theory of Hierarchy [J]. Bell Journal of Economics, 1975 (6): 552–579.

6.3 理论分析与假设提出

在两权分离的现代企业制度中，企业管理者人力资本在企业成长中的核心作用以及人力资本与其所有者的不可分离性意味着激励问题是一个永恒的主题，需要在企业不完备的契约环境中，通过科学的薪酬制度设计来促使管理者选择帕累托最优的努力水平。要使激励机制有效地发挥作用，刺激必须是在健全的约束条件下的。企业内外部环境或市场的不稳定性都会对管理者的努力成果有很大影响。

6.3.1 激励方式与激励强度比较

国外很多学者的研究都表明，报酬的构成比报酬水平的激励效应更大。Jensen & Murphy（1990）提出，报酬结构比报酬水平更能够促进公司价值的提高，股票期权等长期激励成分能够比现金报酬产生更大的激励效应。Mehran（1995）也认为，在高管报酬中，激励报酬的比例比报酬水平更能够促进公司价值的提高。我国学者的研究仍主要集中在激励方式的有效性上，较少关注报酬的构成即激励强度大小所产生的激励效应的差异。近年来，部分学者研究了管理层薪酬差距的激励效应（林浚清等，2003；陈震等，2006；张正堂，2007），但从股权激励比率的构成来分析薪酬激励强度的激励效应的研究却几乎没有。从薪酬制度设计的视角来看，能激发管理者的积极性和努力程度的激励方式所占比重越大，激励效果应该越好；越能体现管理者努力的价值和满意程度的薪酬激励结构，激励效果越好。因而，本研究提出假设1：

假设1：激励强度指标的激励作用优于激励方式的激励效果。

由于历史及制度原因，国有企业一直在我国经济中占据着重要的地位，政府对企业经营的干预行为也较多，国有企业过多的委托代理环节和所有者缺位现状也使国有企业的激励、监督和约束机制与非国有企业具有很大的不同（张维迎，1995；钱颖一，1999），国有企业管理者可能比非国有企业管理者具有更低的努力水平，进行创新和削减成本的激励程度也显著较低（Shleifer，1998）。Qian & Tong（2003）的研究也得出国家股对公司绩效具有负面影响的结论。谢军（2006）的研究则证明了第一大股东的性质对股权治理功能有显著的影响作用。由于国有企业承担着较多的政策性负担，对管理者的业绩考核具有多元化的标准，加上政府干预和薪酬管制行为，其激励作用将被弱化；非国有企业的薪酬激励机制市场化程度更高，主观干预较少，具有较好的灵活性，因而也更有效率。因此，本章提出假设2：

假设2：非国有上市公司的薪酬激励效果优于国有企业薪酬激励效应。

对国有企业管理者的激励，除了薪酬制度外，政治前景和职位晋升所带来的隐性收益远远大于非国有企业的职位消费，从而产生了对薪酬激励作用的替代效应；国有企业的薪酬管制约束致使国有企业的薪酬激励效应被弱化。

通常情况下，我们都假定市场是有效率的，产出不会被干扰，因此，在这一前提下，我们假定了公司的成长与管理者的努力是相对称的，管理者可以通过自己的努力来控制企业产出。但事实上，企业成长是一个复杂的过程，除了管理者可控的努力因素外，还会受到市场环境、公司内部治理效率等管理者不可控因素的影响，从而必然影响薪酬与公司成长绩效之间的相关关系。蔡地、万迪昉（2011）的研究认为，制度层面的因素可能会对管理层薪酬业绩敏感性产生影响。因此，我国市场体制的不完善和社会环境的差异使得不同角度的研究结论可能会有较大的差异。

6.3.2 内部治理结构对薪酬激励效应的影响

管理层薪酬机制要有效地发挥激励作用，需要有外部环境的支撑和内部配套治理制度的支持。支晓强（2003）指出，管理层持股是一种激励机制，但它不能单独发挥作用，必须有相应的配套制度和健全的公司治理结构的支持。Core et al.（1999）研究了董事会组成、所有权结构与 CEO 薪酬的关系，认为治理结构越差的公司，CEO 薪酬越容易被操纵。Hartzell & Starks（2003）的研究表明，公司拥有高的股权集中度，则高管人员的薪酬绩效敏感度也较高，两者呈正相关关系。张必武和石金涛（2005）的研究也发现，独立董事制度能较好地发挥监督作用，显著提高薪酬业绩敏感性。他们的研究说明，良好的公司治理能促使薪酬激励制度更好地发挥激励作用，显著提升薪酬业绩的敏感性。目前，我国上市公司处于转轨经济的复杂环境中，内部治理结构尚需进一步完善，那么我国上市公司现有的内部治理机制对管理层的薪酬激励作用会产生怎样的影响呢？本章将分别从董事会治理效率、内部人控制及股权集中度的视角分析公司治理结构对薪酬激励效应的影响。

1）董事会治理效率

董事会是所有者利益在公司内部的代表机构，它的主要责任在于评估和批准管理者做出的重要决策，并监督决策的实施和执行。因而，董事会治理效率和专业水平的高低直接决定着其监督职能的效力大小，从而对管理者薪酬契约的制定和实施产生影响。董事会成员如果是在某一方面具有特长的专家或专门人才，就能够较好地保证公司决策运行的效率和质量；过多的"兼职董事"和"名誉董事"不仅不利于董事会成员作用的发挥，而且会造成董事会监督、决策责任虚置，基本职能失效。因而，董事会的成员素质越好，专业水平越高，监督执行效率就越好，并且在监督成本较低的情况下，管理者逆向选择的概率就越小，那么股东只需要向管理者支付现金补偿，而无须向他们提供更强"刺激"的股权激励，从而能使委托人独享剩余收益，体现与薪酬激励的替代效应。因而，本研究提出假设3-1：

假设3-1：董事会专业管理效率对薪酬激励效应具有替代作用。

管理者的薪酬计划通常由董事会负责制定，因而，董事会的组成情况必然会影响管理者的报酬结构。引入独立董事制度就是为了加强董事会的监督效率，保护中小股东和其他利益相关者的利益。上市公司聘请的独立董事一般是来自某些领域、行业、部门的专家、学者或权威人士。他们往往在某方面具有丰富的经验，对形式的分析和判断、对法规的掌握与运用都有独到的见解。因此，独立董事能够较为客观、独立地评价和监管管理层的经营行为，提高董事会在监督和设计激励机制过程中的有效性。Zahra 等（1989）、邓建平等（2009）的研究都发现董事会的独立性与公司业绩呈正相关关系。Kern & Kerr（1997）的研究认为，外部董事的比例越高越有利于高管人员薪酬和业绩相关性的提高。Conyon & Peck（1998）的研究证明，当外部董事的比例大于 40% 时，薪酬与业绩的相关关系更紧密。Ryan & Wiggins（2004）的研究发现，独立董事能够较好地与 CEO 讨价还价，因而，外部董事越多，越倾向于采取薪绩高度相关的激励方式。当独立董事的比例较高时，经营活动越复杂的公司，信息不对称程度越大，从而造成监督困难，这时对以激励为基础的管理层报酬结构的需求就越大，需要通过报酬中的"刺激"成分使管理者实现自我约束。此外，独立董事能够多角度、多领域地协助管理层规划和执行公司发展战略（Daily，1993），对管理者行为具有正向引导作用。由此，本研究提出假设 3-2：

假设 3-2：董事会独立性对薪酬激励效应具有促进作用。

2）内部人控制（董事长、总经理两职兼任）

现代企业管理者薪酬机制的基本运行模式是：由股东大会选举出董事会，再由董事会选聘管理者并确定管理者薪酬水平，从而得到更符合股东利益的最大化的薪酬契约模式（Jensen et al.，1976；Holmstrom，1979）。董事长与总经理分别担任有利于增强董事会的独立性，使董事会的监督制约机制真正发挥作用。当公司总经理同时兼任董事长时，权力在内部人身上过度集中，出现了自己给自己确定薪酬的悖论，从而影响了董事会的独立性和监督作用。Brickley et al.（1997）的研究发现，与两职分离的公司经理相比较，同时兼任董事长的 CEO 会拥有更多的股权。Cyert，Kang & Kumar（2002）的研究证实，当 CEO 兼任董事长时，CEO 报酬要高出平均水平的 20% ~ 40%。Dunn（2004）认为，当权力过度集中于内部人身上时，管理者往往具有较高的薪酬水平，但薪酬业绩敏感性较低。Weir & Laing（2003）的研究也发现，两职兼任的企业高管薪酬与业绩的敏感性较低。因而，我们认为，两职合一不利于公司治理机制发挥正常的监控作用，管理者会倾向于谋求更多的个人私利和在职消费，同时会更倾向于进行股权激励，从而取得一定的公司控制权，来巩固自身地位。由此，我们提出假设3-3：

假设3-3：总经理与董事长两职兼任弱化了薪酬的激励效应。

3）股权集中度

股权结构是公司治理的基础和重要组成部分。不同的股权结构模式会对应不同的治理结构模式。现有研究认为，适度集中型的股权结构是一种较为合理的结构，大股东有积极性参与公司治理，并发挥重要作用，尤其是在对投资者的法律保护不健全的国家，适度的股权集中更有助于解决代理问题。Shleifer et al. (1986) 指出，大股东的存在能够减少管理层的机会主义行为，从而增加了公司价值。White (1996) 的研究认为，股权分散的公司，其协调成本更高，信息不对称更严重，因而倾向于更大程度地激励管理者。Hartzell & Starks (2003) 研究了股权集中度与高管人员薪酬绩效敏感度之间的关系。他们发现，股权集中度高的公司，其管理者薪酬绩效敏感度也较高，两者呈现正相关关系。Cyert, Kang & Kumar (2002) 发现，第一大股东持股数量与管理层薪酬之间存在负相关关系。Benz, Kucher & Stutzer (2001) 的研究也发现，股权集中度越高，授予管理层的期权就越少。夏纪军、张晏 (2008) 研究了我国上市公司的情况，认为大股东控制权与股权激励之间存在显著的冲突关系。目前，我国上市公司外部市场发育并不完善，市场竞争和法律保护难以对公司管理者发挥有效的激励约束作用，因此大股东的存在能够替代市场机制的不足，对管理者实施有效的监督，降低了对薪酬的"刺激"性需求。从控制权角度看，大股东不愿控制权被分散，因而也不希望较多地采用股权激励，表现出大股东的存在对薪酬激励具有替代效应。由此，本研究提出假设3-4：

假设3-4：股权集中度对薪酬激励具有替代效应，表现为减少股权激励，增加现金激励。

通常大股东在公司中有较大的利益关系，因而有较高的积极性去参与有利于股东利益的控制机制，其有效率的监督行为能够降低对管理层的激励需求；同时，为使自己获得更多的剩余收益，强化自己的公司控制权，股东更愿意只向管理者支付现金补偿。

6.3.3 外部制度环境对薪酬激励效应的影响

薪酬制度作为一种敏感性非常强的管理制度，其激励作用还会受到企业所处的环境和社会契约的影响。由于我国资本市场发育尚不健全，股票的市场定价机制、经理人市场以及公司控制权市场等要素市场发育缓慢，必然造成对管理者的外部监控不足，对管理决策的经济后果反应滞后。故本章主要从市场化程度、法治健全程度、政府干预程度以及产品市场发育程度的角度进一步分析公司所处的外部环境对管理层薪酬激励效应的影响。

1）市场化程度

从国际上看，一个国家的市场化程度达到 85% 左右就比较理想了，但是我国目前距离这一目标还有不小的差距，而且我国在由计划经济向市场经济转轨的进程中，各地区的市场化进展程度很不平衡：东部沿海的一些省份市场化已经取得了决定性的进展；也有一些省份，经济中非市场的因素还占有重要的地位（樊纲等，2009）。这就导致公司所处的环境和要求不同，对管理者的激励所能采用的方法和手段也是不同的，激励机制甚至是不可比的。因此，市场竞争是否充分非常重要，它直接影响管理者激励的方式和效率。在市场体制比较完善的环境下，由于企业所有者可以比较自由地通过市场退出或者选择继续参与公司治理，致使市场对经营者所发挥的激励约束作用可能会比产权所发挥的作用大。在有效的市场机制的引导和约束下，管理者的机会主义空间被较大程度地压缩了，从而有利于薪酬激励机制更好地发挥激励与引导作用。当市场化原则并没有充分形成、市场契约的执行中还存在较大的弹性空间时，产权和契约方面对经营者的激励就难以发挥有效作用。因此，本研究提出假设 4-1：

假设 4-1：市场体制越健全，市场的激励约束作用越强，越有利于激励强度变量发挥长期激励作用。

市场为薪酬激励和企业成长提供了一个较大的空间尺度。市场机制的存在有利于强化激励机制的效果。

2）法治健全程度

完善的法律体系是市场经济运行的重要保证，也是约束管理者行为的有力手段。一方面，健全的法规制度能规范上市公司的经营行为，保护投资者的合法权益，从而保障投资者利益和市场秩序的正常运行，减少管理者的逆向选择行为；另一方面，通过一系列的法律法规对管理者行为加以监督和约束，如用法律形式规定管理者的权利和责任，设立专职的经理人监督机构，制定管理者违法时的处罚规定及行业规范等等，可以有效地降低管理者的机会主义动机。但是，我国的经济体制改革和法制建设没有先例可考，都是"摸着石头过河"，立法始终滞后于经济发展的进程。钱颖一（2000）就曾经指出转型经济中普遍存在着正式制度治理失效的问题。同时，处于同一政府管理体系以及法律体系之下的我国不同地区，其法制水平也很不平衡。根据樊纲和王小鲁（2009）报告的我国30个地区的法制水平指数显示，2007年法制水平最高的是上海，为16.61，最低的青海仅为2.79。上海的法制水平是青海的近6倍，说明我国不同地域之间的法治环境差异很大。此外，地方政府为了保护本地经济的发展也时有干预司法体系的行为，如很多中小股东起诉国有大股东资金侵占案件的不予受理行为等。这些现象的存在都会影响公司的正常运营，为管理者创造更多的寻租空间，增加了其机会主义行为的动机。建立健全法律规范能有效约束管理者行为，降低管理者的机会主义动机。同时，良好的制度氛围更有利于发挥薪酬激励的正面引导作用。因此，本研究提出假设4-2：

假设4-2：法制化水平越高，对管理者的硬性约束越强，越有利于发挥薪酬的长期激励效应。

Thorsten et al.（2002）的研究表明，完善的法律制度对企业成长率会产生实质性影响，而且企业成长在发展中国家比在发达国家更多地受到融资、法律制度和腐败的影响。Natalia Utrero Gonzalez（2002）的研究也表明，高效率的法制环境能极大地促进企业成长。因而，健全的法制环境是公司治理机制发挥效应、公司健康持续成长的重要因素。

3）政府干预程度

尽管我国政府已经明确提出建立"产权清晰、权责明确、政企分开、科学管理"的现代企业制度，然而政府既作为社会管理者，又作为公司的大股东，仍然在制度安排和实践活动中不断干预着企业的生产经营行为，比如公司管理者的行政任免、国有企业承担部分应由政府承担的社会责任等。一些地方政府和部门甚至包办企业的招商引资和投资决策。这些行为直接对公司治理产生了至关重要的影响。此外，政府干预企业管理者薪酬政策的现象也普遍存在。以美国为例，1992 年，美国众议院就立法要求 CEO 的工资最高不超过最低工人工资的 25 倍；《国内税法》的改革也直接导致企业更多地采用业绩报酬或延期报酬的形式来支付管理者薪酬。我国政府对管理者薪酬政策的干预也是林林总总，1992 年下发了《关于改进完善全民所有制企业经营者收入分配办法的意见》，1994 年颁布《关于加强国有企业经营者工资收入和企业工资总额管理的通知》、《国有企业厂长（经理）奖惩办法》，2005 年证监会颁布了《上市公司股权激励管理办法（试行）》，2006 年国资委和财政部颁布了《国有控股上市公司（境内）实施股权激励的试行办法》等等，说明政府对企业管理者报酬制度设计的影响作用是非常明显的。在成熟的市场经济体制下，经济资源的配置是以市场机制为基础的，政府只是对市场进行宏观调控。企业作为市场主体，要遵循市场规则进行公司化治理。因而，政府干预越少，外部市场的竞争和控制权市场的约束会促使公司不断完善自身的治理功能，从而越有利于减少管理者的机会主义动机和道德风险。由此，本研究提出假设 4-3：

假设 4-3：政府干预程度越低，公司自身的治理机制就能有效发挥治理作用，从而越有利于发挥薪酬的长期激励效应。

4）产品市场发育程度

产品市场能够显示管理者经营业绩和经营能力，是一个约束企业管理者行为的有效机制，也是能够对企业价值及其管理者能力做出最终公正裁决的有效机制。在完全竞争的市场条件下，公司的产品或服务质量受到消费者的欢迎，那么公司产品的市场占有率就会上升，从而带来业绩的增长，达到规定的业绩标准后，就能获得激励报酬，使薪酬激励效应进入良性循环。如果上市公司的商品质量或服务低劣，企业就会在残酷的市场竞争中遭到消费者的拒弃，使企业经营举步维艰，反映出管理者的无能和声誉损失。可见，在市场体系完善的公平竞争环境下，产品市场的监督和约束作用对管理者的影响是有力和巨大的。然而，在我国的产品市场运作中，仍然有不少的公司处于非完全竞争条件下。这时，公司管理者们在不至于使公司倒闭的情况下，就有更多的机会去寻租、去追求自己的利益而牺牲公司利润。因而，产品市场发育程度越高，外部竞争和市场盈利目标对管理者的行为约束就越大，将缩小管理者的寻租空间，从而越有助于薪酬激励机制的正面引导的激励效应发挥。因而，本研究提出假设4-4：

假设4-4：产品市场发育程度越高，对管理者的市场约束作用越大，越有利于发挥薪酬的长期激励效应。

当然，竞争性的产品市场对管理者的约束作用与市场体系、竞争的充分性、价格体系等有较高的相关性。只有在一个消除垄断、价格自由、市场体系完善的公平竞争环境下，产品市场竞争对管理者的制约所产生的积极作用才最有效，薪酬激励的正面引导和补偿作用也才能发挥最大的激励效应。

6.4 样本选择及模型设定

6.4.1 样本选择

本章的研究设计仍然选择了2006—2010年深沪两市的A股上市公司，并在第4章和第5章剩余样本的基础上，进一步剔除了公司治理结构数据缺失的样本；由于本章对假设4的检验主要使用的是樊纲、王小鲁（2009）公布的全国各地区市场化相对进程数据指标。该数据最新截止到2007年，故假设4的检验样本为2006年、2007年两年。各年样本量分布见表6-1。

表 6-1 **各年样本分布**

项　目	2006 年	2007 年	2008 年	2009 年	2010 年	合计
国有企业样本量	559	550	577	631	558	2 875
非国有企业样本量	294	359	391	532	728	2 304
总样本量	853	909	968	1 163	1 286	5 179

2006 年国有企业占上市公司总数的 66%，是非国有企业数量的将近 2 倍，到 2010 年国有企业数量减少到了 43%，非国有上市公司数量首次超过了国有上市公司，占全部上市公司的比例从 34% 上升到了57%。这一数据的变动显示出非国有企业强劲的增长势头，以及国有企业的"抓大放小"战略和股权分置改革政策导向的初步效果。从行业分布来看，仍然是制造业占了总样本的 60%，其次是通信和批发零售业样本量分别占 7% ~ 8% 的比例；样本量最小的是出版业，仅有 33家，占比不足 1%。从上市公司的地区分布来看，广东的上市公司最多，占样本量的 14.62%；其次是浙江，占 10.89%；上市公司数量最少的是青海、西藏和宁夏，分别占上市公司样本量的 0.38%、0.46%、0.60%。这也从一个侧面体现出，我国地区间的经济发展水平差异较大，对公司管理者的薪酬激励作用可能会产生一定的影响。

6.4.2　模型设定及变量说明

对于假设 1 及假设 2 的检验，我们设定如下模型形式：

$$公司成长能力 = \alpha_0 + \alpha_1 \Delta Mpay_{it} + \alpha_2 \Delta STOCK_{it} + \alpha_3 RATIO_{it} + \alpha_4 GAP_{it} +$$
$$\alpha_5 GAP_{it}^2 + \alpha_6 Size_{it} + \alpha_7 First_{it} + \alpha_8 Struc_{it} +$$
$$\sum \gamma_j Indus_j + \sum \delta_k Year_k + \mu_{it}$$

（模型 6-1）

我们对现金薪酬和股权价值采用了差分形式，目的是控制与当期成长绩效的内生性问题。考虑到薪酬差距与公司成长绩效的曲线关系，我们加入了变量的二次方形式。模型 6-1 中激励强度变量的系数 α_3 及 α_4 应显著为正，且显著大于激励方式 α_1 和 α_2 的系数，则说明激励强度的激励效应明显大于激励方式的激励作用。对模型 6-1 进一步分国有企业和非国有企业两组样本回归，比较主要变量的显著性水平及系数的显著性差异，即可检验假设 2 是否成立。实证检验中控制了公司规模

（Size）、第一大股东持股比例（First）、资产负债率（Struc）、行业（Indus）及年度（Year）哑变量。

假设 3-1 ~ 假设 3-4 的检验模型如下：

$$公司成长能力 = \alpha_0 + \alpha_1 PAY_{it} + \alpha_2 GOVERN_{it} + \alpha_3 PAY \times GOVERN_{it} +$$

$$\alpha_4 Size_{it} + \alpha_5 First_{it} + \alpha_6 Struc_{it} + \sum \gamma_j Indus_j +$$

$$\sum \delta_k Year_k + \mu_{it} \qquad （模型 6-2）$$

其中：公司成长能力变量仍然采用第 4 章因子分析得出的公司当期成长绩效综合评价指数及公司长期业绩增长综合评价指数。PAY 指激励方式变量和激励强度变量。为避免多重共线性的影响，我们将采用逐步回归，分别代入模型进行分析检验。GOVERN 指公司治理变量，包括董事会的专业水平、董事会独立性、两职合一和股权集中度。我们同样采用了逐步回归的方式来避免多重共线性的影响。

我们主要通过模型 6-2 中交互项的系数 α_3 来检验公司治理机制对管理层薪酬激励效应的影响：若 $\alpha_3 > 0$，说明公司治理对薪酬激励有正向的促进作用；若 $\alpha_3 < 0$，则表明公司治理对管理层薪酬机制具有替代效应，或者弱化了薪酬激励作用。

对于假设 4-1 ~ 假设 4-4 的检验，我们仍然选用了模型 6-1，按外部制度环境的均值分组进行回归，比较分样本回归后的主变量系数的显著性和显著差异。

回归模型 6-1 与模型 6-2 中的变量说明见表 6-2。在本章的假设检验中，因变量分别采用了公司当期绩效、未来绩效及业绩增长的因子评价指数进行实证检验，旨在更清晰地表现出激励方式与激励强度的激励效应差异，为公司治理实践提供更充分的经验证据。自变量包括激励方式和激励强度变量，有现金薪酬、股权激励方式、股权激励比率和薪酬差距。为检验制度环境的影响，我们引入了公司内部治理结构的 4 个变量，并通过交互项系数进行实证检验；外部制度环境主要通过分样本进行回归分析。

基于已有文献的研究（Cosh D. H., 1975; Finkelstein S. & Hambrick D. C., 1989; 魏刚, 2000; 谌新民、刘善敏, 2003; Shleifer & Vishny, 1986; Gomes, 2000），我们控制了公司规模、风险、股权结构及行业和年度的影响。

表 6-2		变量说明
因变量 (因子分析)		公司当期成长绩效综合评价指数（Y_t）、 公司未来成长绩效（Y_{t+1}、Y_{t+2}）
		公司长期业绩增长效率综合评价指数（GY）
解释变量	PAY 薪酬激励 变量	现金薪酬总额取对数的差分（ΔMpay） 高管人均薪酬对数的差分（ΔApay） 股权价值对数的差分（ΔSTOCK） 股权激励比率（RATIO） 绝对薪酬差距（GAP） 薪酬差距的二次型（GAP^2）
	GOVERN 公司治理 变量	董事会的专业性（Dire）：用公司专业委员会的设立个数来衡量 董事会的独立性（Inde）：用独立董事所占比例来衡量 内部人控制（Contr）：董事长与总经理是否为同一人（哑变量） 股权集中度（First）：用第一大股东持股比例来衡量
	外部制度 环境	市场化指数（Market）、法制化指数（Law）、政府干预指数（Gov）、产品市场发育程度（Product）
交互项		PAY×GOVERN：激励方式与激励强度变量与公司治理变量的交互项 AD：ΔApay×Dire　　　SD：ΔSTOCK×Dire AI：ΔApay×Inde　　　SI：ΔSTOCK×Inde AC：ΔApay×Contr　　SC：ΔSTOCK×Contr AF：ΔApay×First　　SF：ΔSTOCK×First RD：RATIO×Dire　　GD：GAP×Dire RI：RATIO×Inde　　GI：GAP×Inde RC：RATIO×Contr　GC：GAP×Contr RF：RATIO×First　GF：GAP×First
控制变量		公司规模（Size）、资产负债率（Struc）、第一大股东持股比例（First）、行业哑变量（Indus）、年度哑变量（Year）

6.4.3 变量的描述性统计

1) 我国上市公司管理层薪酬状况的地区比较

从时间坐标来看，我国各地区上市公司管理层薪酬都呈现收入稳步增长、股权激励比率逐年上升的趋势。到 2010 年，各地区上市公司的股权激励比率平均值都达到了历史最高位，薪酬差距也逐年扩大，说明我国上市公司正逐步加大薪酬的"刺激"作用，通过提高薪酬激励强度来更好地发挥薪酬的激励作用。但是，由于我国地区间经济发展水平差异较大，因此不同地区的上市公司管理层薪酬水平和薪酬结构设计会有一定的差异。表 6-3 列示了我国上市公司高管人均薪酬排序前十名的地区及薪酬结构的设置情况。

表 6-3　　　　我国上市公司管理层薪酬区域分布情况比较　　　金额单位：元

	高管人均 薪酬	前三名 高管薪酬	现金薪酬 总额	薪酬 差距	股权激励 比率
广东	263 381.03	1 852 532.7	4 331 608.1	440 041.5	0.29 501 952
北京	252 339.48	1 616 904.3	4 343 900.2	353 240.7	0.2 279 101
上海	218 859.3	1 465 602.6	3 156 553	347 815.6	0.0 726 989
浙江	204 674.76	1 515 735.1	3 288 280.3	373 277.6	0.41 074 263
天津	197 093.51	1 380 409.1	2 996 929.6	332 180.1	0.06 563 071
辽宁	194 018.6	1 428 320.2	3 281 935.2	344 723	0.11 413 997
新疆	179 643.1	1 300 124.7	3 243 379.1	305 587.9	0.1 171 822
福建	178 186.2	1 357 290.1	2 920 236.3	339 858.7	0.23 184 798
海南	167 723.32	1 138 763.7	2 377 665.4	268 931.2	0.03 441 343
广西	166 609.99	1 137 318	2 758 766.7	260 424.8	0.12 788 083

高管人均薪酬最高的是广东省，为 26 万元；其次是北京，约 25 万元。两者差异不大。但是，全国高管人均薪酬的平均水平为 18.4 万元，超过平均水平的地区只有 6 个省市，绝大部分地区高管的人均薪酬都低于全国平均水平，广东省上市公司高管的人均薪酬是西藏的 3 倍（西

藏为全国高管人均薪酬最低的地区），说明地区经济发展的不平衡性导致我国上市公司管理层薪酬水平的地区间贫富差距较大。

从薪酬制度设计的激励强度来看，经济发达地区有较高的收入水平，同时也有较大的薪酬层级差距和股权激励比率，说明经济发达地区的市场运行机制较好，公司内部治理结构较完善。竞争越充分，较高的薪酬激励强度就越能提高薪酬的激励效率。经济不发达地区，如青海、宁夏，一方面上市公司数量较少，管理层人均薪酬较低；另一方面薪酬层级差距和股权激励比率也处于全国最低水平，收入分配更多地体现了公平性和平均主义色彩，缺乏激励作用，说明地区经济发展水平是影响薪酬制度设计的一个重要因素。

2) 我国上市公司内部治理结构基本情况分析

经过十余年的公司治理改革，我国上市公司已基本建立起较完善的内部治理结构，但转轨经济的市场特征和历史演进的路径依赖导致各项内部治理机制并没有充分地发挥其治理效应，反而可能增加了代理成本。本章中我们主要从董事会建设和股权结构的视角对我国上市公司内部治理结构的基本情况进行分析。

从董事会的建设来看，根据公司规模的不同，董事会人数最多为19人，最少为4人，平均为9人，其中独立董事占有1/3强的比重。为提高董事会的决策和监督效率，近年来上市公司开始逐步完善专业委员会的设置。2006年，未设置专业委员会的公司有118家；到2010年，只有1家上市公司未设置相应的专业委员会（601678滨化股份，于2010年2月上市，可能未能及时完善公司内部治理结构）。按规定设置四委的公司数从2006年的704家上升到2010年的1 825家。董事会专业水平和独立性的增强，有利于降低信息不对称水平，更好地发挥其对管理者决策的审批和监督作用。董事长与总经理两职兼任，一方面能减少信息不对称，更好地进行管理决策与监督；另一方面也容易使权力在内部人身上过度集中，从而影响董事会的监督制约作用，使管理者的机会主义行为成为可能。我国上市公司近年来董事长与总经理两职兼任的现象呈上升趋势，2006年两职兼任的公司只有12.5%；到2010年，两职兼任的公司达到26%之多。两职兼任的公司中，69%为非国有企业，表明非国有企业更为关注的是控制权问题。董事会建设基本情况见表6-4。

表6-4　　　　　　　　董事会建设基本情况分析

董事会建设情况	2006 年	2007 年	2008 年	2009 年	2010 年
未设置专业委员会的公司数	118	56	4	2	1
设置四委的公司数	704	1 114	1 298	1 446	1 825
独立董事平均人数	3.29	3.34	3.33	3.31	3.29
两职合一的公司数（占公司总数的比例）	108（12.5%）	151（16.9%）	165（17.3%）	244（21%）	330（26%）

从股权结构的变化来看，股权分置改革后，国有企业的比重逐渐下降，从2006年的66%下降到2010年的43%，第一大股东持股比例也基本保持在平均34%~35%的范围内。股权结构过于分散会使股东的监督控制成本更高，管理者更容易产生逆向选择行为（Berle & Means, 1932）；股权集中度过高，"一股独大"也会助长管理者的机会主义行为（苏卫东、黄晓艳, 2004）。因此，大部分学者比较认同适度的股权集中程度，因为这既有利于大股东参与决策和监督，又能较好地监督、约束管理者行为。上市公司各年的第一大股东持股比例与赫芬达指数情况见表6-5。

表6-5　　　　　　　　股权集中情况各年分布

项　目	2006 年	2007 年	2008 年	2009 年	2010 年
第一大股东持股比例	34.67	34.70	34.44	35.15	35.08
赫芬达指数	0.1412	0.1433	0.1403	0.1480	0.1464
两权分离度	5.617	5.484	5.362	5.361	4.678

全部样本公司中，第一大股东持股比例最低为3.69%，最高为93.61%，平均约为35%，中位数为33%，略低于平均数，说明多数上市公司的第一大股东持股比例低于平均值。从所有权性质看，国有上市公司的第一大股东持股比例稍高，平均为36.99%，各年变动不大；非国有上市公司从2006年的29.61%增加到2010年的35.25%，平均为32.42%，表明近年来非国有上市公司对公司控制权的重视程度有所

增加。

3）我国上市公司外部制度环境概况

我国正处于转轨经济阶段，各地区经济发展水平和市场化建设的进程存在较大差异。2006—2007 年的数据显示，市场化指数最低为 2.89（西藏），最高为 11.71（上海），上海约是西藏的 4 倍。就区域而言，某些省市如上海、广东、浙江等地区的市场化建设已经取得了决定性的进展，但也有一些地区如西藏、青海、甘肃等，其非市场因素的影响程度还很高（樊纲、王小鲁、朱恒鹏，2009）。市场化程度较高的地区也显示出了较高的经济综合竞争力、法制水平和人力资源竞争力。

我国产品市场的发育程度要好于要素市场的发育程度，但也存在较大的区域差异。浙江的产品市场发育程度指数为 10.61，而西藏仅为 5.23，浙江约是西藏的 2 倍。值得注意的是，产品市场发育程度最高的地区，其知识经济竞争力和研发经费的投入占 GDP 的比重却不是最高的，说明其产业结构的优化度尚需进一步提升[①]。职业经理人市场和控制权市场一直是我国市场建设中的薄弱环节。相对而言，这两种市场机制对非国有企业的作用效力要好于国有企业。国有企业的多层代理关系弱化了市场机制的作用力。

政府与市场的关系也是我国转轨经济的主要特点之一。在经济发达地区，政府一方面减少了对企业的干预，另一方面从缩小政府规模、减轻企业的税外负担、完善外部法制环境等方面进一步理顺了政府与市场的关系，有力地促进了地区经济的发展，同时对公司内部治理也确立了良好的导向作用。但是，经济欠发达的中西部地区，其市场机制不健全，政府对企业还存在较多的行政干预，外部环境的不确定性又增加了公司的内部治理成本。

4）主要变量的描述性统计

本章实证检验中主要变量的描述性统计见表6-6。

---

① 数据来自中国省域经济综合竞争力数据库，由国务院发展研究中心《管理世界》杂志社、全国经济综合竞争力研究中心福建师范大学分中心、中国社会科学院社会科学文献出版社联合设计开发。

表6-6 主要变量的描述性统计

VARIABLES		Obs	Mean	median	Std. Dev.	Min	Max
因变量	Y_t	3 663	5.59E-10	-0.1469579	0.71096	-1.01132	16.53395
	Y_{t+1}	2 963	-0.01654	-0.1793795	0.727906	-1.01107	16.51763
	Y_{t+2}	1 993	0.00218	-0.1777897	0.756202	-0.97568	16.53395
	GY	2 661	2.96E-10	0.030411	0.791626	-23.737	7.709889
薪酬激励变量	Mpay	5 156	14.57288	14.58128	0.819112	10.50232	17.78637
	Apay	5 156	11.84246	11.86252	0.74685	8.892886	14.84193
	ΔMpay	3 428	0.161865	0.129121	0.36226	-2.7384	2.596948
	STOCK	4 778	14.96451	13.93661	3.841159	4.614328	24.20966
	ΔSTOCK	3 107	0.126428	0.261265	1.102171	-8.58394	8.663401
	RATIO	4 778	0.198766	0.0049615	0.331294	2.36E-07	0.988361
	GAP	5 156	306 459	219 836.5	340 954.3	355.5469	4 584 464
公司治理变量	Dire	4 760	3.772899	4	0.790454	0	7
	Inde	5 156	0.361232	0.3333333	0.050781	0.090909	0.714286
	Contr	5 118	0.194998	0	0.396238	0	1
	First	5 156	34.94341	32.81	15.06793	3.69	93.61
制度环境变量	Market	1 751	8.876568	8.96	2.01123	2.89	11.71
	Law	1 751	8.682313	7.37	3.892879	2.06	16.61
	Gov	1 751	7.746236	7.23	3.518692	-2.17	12.67
	Product	1 751	9.443432	9.58	0.930382	5.23	10.61
控制变量	Size	5 156	21.57678	21.42695	1.184437	17.76919	28.13565
	Struc	5 156	0.471951	0.4869905	0.203874	0.010827	0.999478
	Indus	5 156	0.021755	0	0.14591	0	1
	Year	5 156	0.313053	0	0.463821	0	1

表6-6中的因变量包括因子分析法得到的公司当期成长绩效、未来绩效以及绩效增长效率；解释变量包括激励方式、激励强度变量，以及公司内部治理结构和外部制度环境的相关变量；回归中，我们控制了影响公司绩效的规模、资产负债率、股权集中度和行业、年度等因素。各变量的描述性统计显示出变量取值分布合理。除了股权激励比率变量具有一定的尖峰性质外，其他变量基本符合正态分布，故适合进行 OLS 回归分析。

6.5　实证检验结果及分析

6.5.1　实证结果

本章首先比较了激励方式与激励强度对公司成长能力的激励效应大小，并进一步分样本比较了不同所有制类型的企业，其薪酬激励效应是否具有明显的差异；其次，检验了公司内部治理机制和外部制度环境的变化对薪酬激励效应的影响。

1）激励方式与激励强度的激励效应比较

我们采用模型6-1来检验假设1是否成立。公司成长绩效指标分别采用了当期绩效、未来绩效以及长期业绩增长效率指标，解释变量中对现金薪酬和股权价值激励进行了差分处理，来控制内生性影响，薪酬差距考虑了其与公司绩效的曲线关系，加入了变量的二次方形式。回归中进行了 robust "怀特修正"，模型整体通过了 F 检验，总体 VIF 值在 4.31～5.27 之间，说明模型不存在严重的多重共线性。实证结果见表6-7。

表6-7中的第（1）列是仅考虑了激励方式与当期成长绩效的关系，现金薪酬与股权价值激励在 $\alpha = 0.05$ 的水平下与公司当期成长绩效显著正相关，股权价值激励方式的显著性水平更高（$\alpha = 0.01$）。第（2）列是仅考虑了激励强度与公司当期成长绩效的关系，股权激励比率和薪酬差距都与公司当期成长绩效显著正相关（$\alpha = 0.01$）。第（3）、第（4）、第（5）列共同考虑了激励方式和激励强度指标对当期绩效和

表6-7 激励方式与激励强度变量的激励效应比较

VARIABLES	(1) Y_t	(2) Y_t	(3) Y_t	(4) Y_{t+1}	(5) Y_{t+2}	(6) GY
ΔMpay	0.0639**		0.0282	-0.0343	-0.0709	0.0512*
	(0.0291)		(0.0279)	(0.0323)	(0.0539)	(0.0251)
ΔSTOCK	0.0397***		0.0294**	0.0528**	0.00675	0.0211*
	(0.0135)		(0.0130)	(0.0236)	(0.0248)	(0.0109)
RATIO		0.307***	0.287***	0.306***	0.430***	0.247**
		(0.0232)	(0.0283)	(0.0420)	(0.0722)	(0.146)
GAP		2.04E-07***	1.80E-07***	2.22E-07***	2.73E-07***	5.4E-08**
		(4.87E-08)	(5.40E-08)	(6.96E-08)	(7.85E-08)	(2.94E-08)
GAP^2		0.00883	0.0108	0.00846	0.00257	0.00624
		(0.00813)	(0.00845)	(0.0113)	(0.0143)	(0.0114)
First	0.00290***	0.00397***	0.00357***	0.00509***	0.00677***	-8.71E-05
	(0.00103)	(0.000792)	(0.000998)	(0.00167)	(0.00233)	(0.000736)
Size	0.424***	0.410***	0.414***	0.429***	0.493***	0.0210
	(0.0287)	(0.0286)	(0.0313)	(0.0389)	(0.0562)	(0.0177)
Struc	-0.909***	-0.762***	-0.773***	-0.606***	-0.606***	0.0458
	(0.0590)	(0.0556)	(0.0597)	(0.0767)	(0.116)	(0.0746)
Indus	控制	控制	控制	控制	控制	控制
Year	控制	控制	控制	控制	控制	控制
Constant	-8.673***	-9.120***	-9.588***	-10.06***	-11.21***	-0.693**
	(0.672)	(0.642)	(0.650)	(0.858)	(1.295)	(0.337)
F值	26.05***	38.86***	34.01***	24.99***	15.74***	2.61***
Observations	2 705	3 475	2 705	1 822	1 186	1 521
R-squared	0.405	0.426	0.429	0.398	0.391	0.015

Robust standard errors in parentheses

*** p<0.01, ** p<0.05, * p<0.1

未来绩效的激励效应，发现现金薪酬的变化与公司成长绩效的相关性变得不显著，股权价值的变化与第 t 期、第 t+1 期成长绩效在 α = 0.05 的水平下显著相关，表现出股权价值激励具有一定的长期效应，但与第 t+2 期成长绩效的相关性没有通过显著性检验；激励强度指标则表现出对当期绩效和未来绩效都有显著的激励作用（α = 0.01），且越到后期相关系数越大，说明相对于激励方式而言，激励强度变量起着更持久、更关键的激励作用。也就是说，激励强度指标比激励方式的激励效应更大，薪酬激励发挥关键作用的是薪酬结构的设计，假设 1 得证。进一步比较激励强度指标的系数，我们发现股权激励比率的回归系数最大，且与薪酬差距的回归系数有显著差异，说明股权激励比率的长期激励效应最好，这与 Jensen & Murphy（1990）的结论一致，即股票期权等长期激励成分比现金报酬的激励效应更大。

表 6-7 中的第（6）列，我们检验了激励方式和激励强度变量对公司长期业绩增长能力的激励作用。结果显示：现金薪酬的变化与股权价值的变化对公司长期绩效增长在 α = 0.1 的水平下显著正相关，说明现金薪酬与股权价值的增加对公司业绩增长具有一定的激励作用；股权激励比率、薪酬差距与公司长期业绩增长也显著正相关，不但回归系数有显著性差异，而且显著性水平更高（α = 0.05），说明激励强度指标的激励效率更好一些。该结论同样支持假设 1 成立。薪酬差距的二次项与公司业绩增长的正相关关系没有通过显著性检验。这可能是由于薪酬差距与公司业绩增长的倒 "U" 型关系的区间变化在 50 分位数上其激励作用不显著。

控制变量中第一大股东持股比例、公司规模与公司当期绩效和未来成长绩效显著正相关，说明这些因素对公司成长绩效的影响显著且持久；资产负债率与公司成长绩效显著负相关，相关系数逐渐变小，说明资产负债率在短期内对公司绩效影响更大。在第（6）列的回归中，行业和年度哑变量的相关性通过了显著性检验，说明公司长期业绩增长与行业景气度和宏观经济发展关系密切。

2）国有上市公司与非国有上市公司的激励效应比较

近年来，非国有企业数量逐渐增多，其管理层任免和薪酬制度与国有企业有较大的差异，那么更具备市场化特征的非国有企业薪酬激励效率是否高于国有企业呢？于是，我们进一步对不同所有权性质的上市公司业绩特征和薪酬分配情况进行了分析比较，见表6-8。从薪酬制度设计来看，国有企业管理者的持股比例、股权激励比率和现金薪酬的层级差距明显低于非国有上市公司，但现金薪酬总额和高管人均薪酬却普遍高于非国有上市公司，说明国有上市公司的薪酬激励强度要小于非国有上市公司。从业绩指标来看，国有企业在公司规模、利润的绝对额及资金状况等方面都好于非国有企业，但资产的盈利能力和市场表现却低于非国有企业。这一数据初步显示出合理化的薪酬结构设计能有效地激励管理者提高资产使用效率。

表6-8　国有与非国有上市公司薪酬结构与业绩特征的比较分析

	股权激励比率	薪酬差距	营业收入	净利润	总资产的对数	资产负债率	ROE	EPS
国有	0.01889	304 477.5	8.56E+09	5.16E+08	21.84	0.54	0.03	0.28
非国有	0.2717	330 555.8	1.67E+09	1.23E+08	20.99	0.58	0.08	0.36

　　为了更准确地比较国有上市公司与非国有上市公司薪酬激励效应的差异，本研究按所有权性质将样本分组，对模型6-1进行分样本回归，来进一步检验在不同所有制性质的企业中，激励方式和激励强度对公司成长能力的激励效应是否存在差异。实证结果见表6-9。

　　表6-9的实证结果表明，国有上市公司中，综合考虑激励方式和激励强度指标时，在第t期和第t+2期只有激励强度指标——股权激励比率通过了显著性检验。这一方面表明激励强度变量的激励作用大于激励方式的激励效应，另一方面也说明国有上市公司的薪酬构成缺乏合理性，股权价值和薪酬层级差距并没有有效发挥激励效应，可能是薪酬管制和非经济因素的均衡影响造成薪酬分配的平均主义倾向严重，从而削弱了薪酬的激励作用；对公司长期业绩增长能力起显著激励作用的只有现金薪酬的变动，可见国有企业管理者仍然看重现有职位带来的显性和隐性收益。股权激励的长期作用没有有效发挥。

表 6-9　　　国有上市公司与非国有上市公司的激励效应比较

VARIABLES	国有企业			非国有企业		
	(1)	(2)	(3)	(1)	(2)	(3)
	Y_t	Y_{t+2}	GY	Y_t	Y_{t+2}	GY
ΔMpay	0.0467	−0.0419	0.0900 ***	0.00146	−0.0211	0.0131
	(0.0403)	(0.0454)	(0.0308)	(0.0344)	(0.0433)	(0.0650)
ΔSTOCK	0.0128	0.0498	0.0246	0.0541 ***	0.0695 **	0.0246 *
	(0.0197)	(0.0328)	(0.0154)	(0.0152)	(0.0368)	(0.0226)
RATIO	0.942 ***	1.017 ***	−0.430	0.137 ***	0.113 **	0.701 ***
	(0.190)	(0.205)	(0.471)	(0.0343)	(0.0539)	(0.263)
GAP	9.42E−08	8.32E−08	8.82E−08 **	2.97E−07 ***	4.72E−07 ***	5.94E−08 *
	(6.47E−08)	(5.45E−08)	(4.13E−08)	(8.12E−08)	(1.04E−07)	(7.06E−08)
GAP^2	0.0119	0.0121	−0.000643	0.0154	0.00244	0.00955
	(0.0105)	(0.0124)	(0.0138)	(0.0133)	(0.0176)	(0.0209)
First	0.00537 ***	0.00733 ***	−0.00135	0.00150 *	0.00190	0.00398 ***
	(0.00135)	(0.00227)	(0.00102)	(0.000856)	(0.00128)	(0.00138)
Size	0.475 ***	0.502 ***	0.0394 *	0.284 ***	0.264 ***	−0.0283
	(0.0458)	(0.0553)	(0.0205)	(0.0230)	(0.0304)	(0.0428)
Struc	−0.662 ***	−0.519 ***	−0.0452	−0.758 ***	−0.480 ***	0.0613
	(0.0800)	(0.0962)	(0.0954)	(0.0778)	(0.111)	(0.144)
Indus	控制	控制	控制	控制	控制	控制
Year	控制	控制	控制	控制	控制	控制
Constant	−10.79 ***	−11.64 ***	−0.652 *	−6.329 ***	−5.882 ***	−0.910
	(1.015)	(1.262)	(0.361)	(0.560)	(0.707)	(0.837)
F 值	22.82 ***	21.12 ***	1.95 *	28.97 ***	12.18 ***	1.90 **
Observations	1 556	1 077	963	1 127	726	556
R-squared	0.457	0.435	0.044	0.481	0.437	0.0445

Robust standard errors in parentheses

*** $p < 0.01$, ** $p < 0.05$, * $p < 0.1$

在非国有上市公司中，股权价值激励、股权激励比率和薪酬差距对公司第 t 期和第 t+2 期成长绩效均有显著的激励作用，并且股权激励比率具有更高的相关系数。这一结果既体现了股权激励对未来绩效的激励效应，又表明了薪酬制度设计的重要性。从公司长期业绩增长能力来看，股权激励比率的激励作用通过了 α＝0.01 的显著性检验，说明股权激励较好地发挥了其长期激励的作用，使管理者更关注公司未来的成长。因此，相比较而言，非国有企业的薪酬制度更为合理有效。假设 2 得证。

在控制变量中，第一大股东持股比率在国有企业中与公司当期绩效和未来绩效显著正相关，在非国有企业中与公司长期业绩增长显著正相关，说明大股东的存在能够有效地发挥监督作用，对公司持续成长有利。公司规模与当期绩效和未来绩效显著正相关，与公司长期增长能力的负相关关系没有通过显著性检验。资产负债率则表现出与公司成长绩效显著的负相关关系。

通过表 6-9 的比较，我们认为，非国有上市公司的薪酬构成更为合理且有效，不仅体现出与公司当期绩效、未来绩效的显著激励效应，而且对公司长期业绩增长能力也有显著的激励作用。

3）公司治理结构对薪酬激励效应的影响

Shleifer & Vishny（1997）认为，公司治理就是一整套保护投资者利益的经济和法律制度安排，表现为所有者、董事会和高级管理层之间权力分配和制衡的关系。在我国市场经济尚不健全的现阶段，这种权力的分配和制衡存在着交叉和重叠，导致各种治理工具的治理效应之间存在相互支撑或相互替代的作用（郑志刚，2004）。作为公司治理机制的重要方面——管理者的薪酬激励机制，也需要完善的内部监督和制衡机制的约束，这样才能更好地发挥激励机制的正面引导和激励效应。在本章中，我们主要从董事会的专业水平、董事会独立性、内部人控制和股权集中度四个方面来考察公司内部治理机制对薪酬激励效应的影响。为避免多重共线性问题，我们分别检验了公司内部治理机制对激励方式和激励强度的激励效应的影响。

首先，对模型 6-2，我们从公司当期成长绩效的角度检验了公司内部治理对激励方式发挥作用的影响，并从不同所有权性质的角度进一步分析了公司内部治理结构发挥作用的差异。为减少内生性问题，我们对当期绩效和激励方式变量分别采取差分形式；考虑到薪酬总额的变动可能与董事会规模相关，本章中我们将高管人均薪酬的差分作为现金薪酬的代理变量；为控制多重共线性影响，我们对各治理变量进行逐步回归。实证结果见表6-10。

表6-10　　公司治理与公司当期成长绩效激励效应的实证结果

变量	(1) ΔY	(2) ΔY	(3) ΔY	(4) ΔY	(5) ΔY	(6) 全样本	(7) 国有企业	(8) 非国有企业
ΔApay	0.0686 ***	0.148 ***	0.148 ***	0.0976 ***	0.0599 **	0.158 ***	0.130 ***	0.261 ***
	(0.0188)	(0.0460)	(0.0424)	(0.0211)	(0.0274)	(0.0352)	(0.0405)	(0.0771)
ΔSTOCK	0.0740 ***	0.127 ***	0.138 ***	0.0779 ***	0.0880 ***	0.137 ***	0.114 ***	0.159 ***
	(0.0104)	(0.0171)	(0.0178)	(0.0103)	(0.0123)	(0.0176)	(0.0251)	(0.0249)
AD		-0.0167 *				-0.00605	-0.00675	-0.0489 **
		(0.00974)				(0.0162)	(0.00820)	(0.0201)
SD		-0.0102 ***				0.00315	-0.00983 **	-0.0101 ***
		(0.00283)				(0.00605)	(0.00413)	(0.00364)
Dire		-0.000459				-0.00459	-0.00177	0.00879
		(0.00898)				(0.00947)	(0.0117)	(0.0147)
AI			-0.182 *			-0.149	-0.0925	-0.430 **
			(0.0944)			(0.165)	(0.100)	(0.200)
SI			-0.133 ***			-0.152 **	-0.142 ***	-0.120 ***
			(0.0322)			(0.0664)	(0.0457)	(0.0418)
Inde			-0.0337			-0.0419	-0.124	0.155
			(0.0961)			(0.106)	(0.125)	(0.152)
AC				-0.122 ***		-0.123 ***	-0.0528	-0.155 ***
				(0.0417)		(0.0389)	(0.0835)	(0.0458)
SC				0.0157		0.0114	0.0219	0.0169
				(0.0119)		(0.0117)	(0.0161)	(0.0180)
Contr				-0.00268		-0.00355	-0.00182	0.00577
				(0.0124)		(0.0124)	(0.0200)	(0.0166)
AF					0.0548	0.228	0.222	-0.392
					(0.142)	(0.163)	(0.150)	(0.280)
SF					-0.0707 *	-0.0210	0.00876	-0.130 ***

变量	(1) ΔY	(2) ΔY	(3) ΔY	(4) ΔY	(5) ΔY	(6) 全样本	(7) 国有企业	(8) 非国有企业
First					(0.0361)	(0.0389)	(0.0539)	(0.0325)
	-0.000291	-0.000329	-0.000280	-0.00022	-0.000388	-0.000493	8.15E-05	-0.000711
	(0.00035)	(0.00035)	(0.00034)	(0.00035)	(0.00038)	(0.00041)	(0.000486)	(0.000638)
Size	0.0476 ***	0.0479 ***	0.0477 ***	0.0463 ***	0.0474 ***	0.0464 ***	0.0395 ***	0.0440 ***
	(0.00628)	(0.00631)	(0.00622)	(0.00635)	(0.00627)	(0.00639)	(0.00828)	(0.0111)
Struc	0.0461	0.0481	0.0466	0.0362	0.0463	0.0359	-0.0112	0.0823 **
	(0.0303)	(0.0308)	(0.0302)	(0.0305)	(0.0303)	(0.0311)	(0.0401)	(0.0493)
Indus	控制	控制	控制	控制	控制	控制	控制	控制
Year	控制	控制	控制	控制	控制	控制	控制	控制
截距	-1.029 ***	-1.036 ***	-1.018 ***	-0.957 ***	-1.023 ***	-1.023 ***	-0.812 ***	-1.185 ***
	(0.149)	(0.154)	(0.152)	(0.140)	(0.150)	(0.158)	(0.176)	(0.225)
F 值	16 ***	16.21 ***	17.06 ***	14.73 ***	15.31 ***	12.72 ***	6.5 ***	10.98 ***
N	1 903	1 860	1 903	1 884	1 903	1 842	1 005	830
R-squared	0.145	0.154	0.157	0.151	0.148	0.164	0.153	0.207

Robust standard errors in parentheses

*** p<0.01, ** p<0.05, * p<0.1

表 6-10 中第（1）列显示，现金薪酬的变动、股权价值的变动与公司当期成长绩效的变化显著正相关；第（2）列加入了董事会专业性以及董事会专业性与两种激励方式的交叉项，用以检验董事会专业管理效率对薪酬激励的影响。我们发现董事会专业性与股权价值的交叉项（SD）在 α=0.01 的水平下显著为负，与现金薪酬的交叉项（AD）在 α=0.1 的水平下显著为负，说明董事会专业性越强，越有利于降低信息不对称程度，能更好地发挥董事会的监督作用，从而减少了对薪酬"刺激"的需求，即董事会专业水平对薪酬激励效应具有替代作用，假设 3-1 得证。

表 6-10 中第（3）列加入了独立董事比例以及独董比例与两种激励方式的交叉项，来检验董事会独立性对薪酬激励效应的影响效果。实证结果表明，董事会独立性与股权价值的交叉项（SI）在 α=0.01 的水平下显著为负，与现金薪酬的交叉项（AI）在 α=0.1 的水平下显著为

负，说明独立董事比例高，反而弱化了薪酬激励效应，假设 3-2 没有得到实证支持。也就是说，我国公司治理实践支持内生董事会理论——在董事会缺乏独立性的情况下，管理者可以影响董事会的构成和决策，而导致薪酬激励机制弱化。这个现象表明独立董事制度在我国尚未有效发挥作用，一方面由于独立董事本身就是代理问题的一部分（谢德仁，2005），另一方面由于独立董事的报酬激励及其"独立性"悖论（简新华、石华巍，2006）反而深化了代理问题。O'Reilly, Main & Crystal（1988）的研究发现，独立董事在制定 CEO 薪酬时常常会有一种矛盾的心理，因为他们知道这个熟悉的过程也会出现在他们身上。于东智（2003）的研究发现，我国独立董事比例对公司业绩没有显著影响。尹志宏、杜琰（2005）通过案例研究也认为，我国的独立董事制度未能有效发挥监管作用。

表 6-10 中第（4）列检验了两职合一对薪酬激励效应的影响。结果表明，现金薪酬与两职合一的交互项（AC）在 $\alpha = 0.01$ 的水平下显著负相关，而股权激励与两职合一的交互项（SC）没有通过显著性检验，说明内部人控制行为弱化了薪酬激励效应，这种弱化行为对现金薪酬影响更大。假设 3-3 部分得证。

表 6-10 中第（5）列检验了股权集中度对薪酬激励的影响。实证结果（交互项 SF）显示，股权激励作用与第一大股东持股比例显著负相关（$\alpha = 0.1$）。这种负相关关系在非国有企业中的显著性水平更高（$\alpha = 0.01$），说明在非国有企业中，大股东一方面能有效监控管理层，另一方面又不愿分散控制权，因而更倾向于现金激励方式，降低了对股权激励的"刺激"需求。假设 3-4 得证，即第一大股东的有效监控能部分替代薪酬激励的作用，从而削弱了薪酬激励作用。夏纪军、张晏（2008）的研究也得出股权集中度越高、股权激励效果越差的结论。

表 6-10 中第（7）列和第（8）列比较了国有企业与非国有企业公司治理效应对薪酬激励机制的影响。我们发现，在非国有上市公司中，董事会专业性、董事会独立性、两职合一和第一大股东持股比例都与薪酬激励方式的激励作用显著相关，而国有企业中只有董事会专业性和董事会独立性与薪酬激励方式显著相关，说明不同所有制性质的企业其公

司内部治理机制的治理作用仍存在一定的差异。

接下来，我们进一步检验公司内部治理结构对激励强度指标激励效应的影响作用。从表 6-7 的实证结果中，我们知道，激励强度大小对公司未来绩效和未来业绩增长的激励效应更大，因而，我们主要从公司未来成长绩效（t+2 期）和长期业绩增长的角度来检验公司内部治理机制的影响。实证结果见表 6-11。

表 6-11　　公司治理与公司未来成长绩效激励效应的实证结果

变量	(1) Y_{t+2}	(2) Y_{t+2}	(3) Y_{t+2}	(4) Y_{t+2}	(5) Y_{t+2}	(6) 国有企业	(7) 非国有企业
RATIO	0.246***	0.402*	0.153	0.234***	0.261***	0.685***	0.129***
	(0.0258)	(0.222)	(0.193)	(0.0286)	(0.0490)	(0.129)	(0.0322)
GAP	5.8E-07***	6.2E-07***	1.2E-06***	5.6E-07***	5.1E-07***	4.7E-07***	6.8E-07***
	9.60E-08	2.00E-07	3.10E-07	1.00E-07	1.10E-07	1.20E-07	1.60E-07
GAP^2	-0.0196*	-0.0190	-0.0197*	-0.0198*	-0.0208*	-0.00388	-0.0344*
	(0.0114)	(0.0123)	(0.0114)	(0.0115)	(0.0115)	(0.0147)	(0.0180)
RD		-0.0375				-0.204***	-0.00920
		(0.0580)				(0.0615)	(0.0425)
GD		-1.62E-08				1.64E-08	-9.14E-08
		(4.71E-08)				(6.44E-08)	(7.06E-08)
Dire		0.00210				-0.0169	0.0481**
		(0.0139)				(0.0179)	(0.0237)
RI			0.266			10.66**	-0.116
			(0.530)			(4.593)	(0.668)
GI			-1.66E-06**			-1.90E-06*	-1.73E-06
			(7.97E-07)			(1.05E-06)	(1.18E-06)
Inde			-0.0111			-0.355	0.462
			(0.285)			(0.319)	(0.519)
RC				0.0489		0.726***	0.0369
				(0.0579)		(0.235)	(0.0675)

续表

变量	(1) Y_{t+2}	(2) Y_{t+2}	(3) Y_{t+2}	(4) Y_{t+2}	(5) Y_{t+2}	(6) 国有企业	(7) 非国有企业
GC				9.39E-08		-5.35E-08	2.20E-07
				(1.01E-07)		(1.17E-07)	(1.53E-07)
Contr				-0.0403		-0.00434	-0.100**
				(0.0320)		(0.0398)	(0.0611)
RS					-0.108	-0.203	-0.0398
					(0.268)	(1.076)	(0.378)
GS					4.98E-07	9.36E-07***	-6.51E-07
					(4.22E-07)	(3.59E-07)	(7.92E-07)
First	0.00286***	0.00271***	0.00287***	0.00286***	0.00197**	0.00198**	0.00324*
	(0.000556)	(0.000601)	(0.000556)	(0.000565)	(0.000961)	(0.000984)	(0.00190)
Size	0.254***	0.259***	0.254***	0.254***	0.254***	0.278***	0.210***
	(0.00981)	(0.0105)	(0.00984)	(0.00990)	(0.00992)	(0.0131)	(0.0206)
Struc	-0.366***	-0.353***	-0.366***	-0.368***	-0.365***	-0.256***	-0.390***
	(0.0470)	(0.0509)	(0.0469)	(0.0474)	(0.0471)	(0.0592)	(0.0919)
Indus	控制	控制	控制	控制	控制	控制	控制
Year	控制	控制	控制	控制	控制	控制	控制
截距	-4.870***	-5.424***	-4.867***	-4.879***	-4.812***	-5.324***	-4.476***
	(0.343)	(0.365)	(0.344)	(0.346)	(0.348)	(0.476)	(0.581)
F 值	83.18***	66.18***	72.46***	70.12***	75.53***	58.1***	14.01***
N	1 965	1 716	1 965	1 953	1 965	1 035	667
R-squared	0.467	0.472	0.471	0.465	0.468	0.571	0.376

Robust standard errors in parentheses

*** $p<0.01$, ** $p<0.05$, * $p<0.1$

表 6-11 显示，国有企业的股权激励比率与董事会专业性的交互项（RD）显著为负，说明董事会专业水平越高，越能有效发挥决策审核和监管作用，从而减少了对管理层的利益"刺激"需求，

表现出对股权激励的替代效应，进一步验证了假设3-1的正确性。表6-11中第（3）列显示，现金薪酬差距与独立董事比例的交互项（GI）在 $\alpha = 0.05$ 的水平下显著负相关，与表6-10的实证结果相同，说明较高比例的独立董事反而弱化了薪酬激励效应；在国有企业中还表现出对股权激励比率的激励强化作用，可能是由于我国的独立董事并不领取股票薪酬，故而能有效发挥监管作用。部分支持了假设3-2的结论。

表6-11第（6）列显示，在国有企业中，两职合一与股权激励比率的交互项（RC）显著正相关，表明内部人倾向于获得更高的股权比例，来强化其对公司的控制权，从而与股东的利益目标更为接近，表现为对股权激励比率的激励作用的强化。这个结论表明假设3-3成立。内部人倾向于获得较高的股权比例进而巩固自己的地位，一方面弱化了现金薪酬的激励作用，另一方面使内部人与股东的利益目标更为一致，强化了股权激励的作用。Brickley（1997）的研究就发现兼任董事长的CEO比两职分离的CEO拥有更多的股权。

在国有企业中，第一大股东持股比例与薪酬差距的交互项（GS）在 $\alpha = 0.01$ 的水平下显著为正，也支持了假设3-4的结论，即大股东的存在能较好地发挥监督作用，减少了对股权激励的需求，倾向于采用现金激励，通过合理设计薪酬层级差距来更好地发挥现金薪酬的激励作用。我们同样对表6-11采用公司长期业绩增长能力为因变量进行检验，其结论与表6-11相近。为节约篇幅，故未进行报告。

4）外部制度环境对薪酬激励效应的影响

到目前为止，我国还没有形成规范、成熟的经理人市场定价机制，控制权市场又表现出约束乏力，因而，本章中我们主要从公司外部的市场化建设、法制水平、政府干预和产品市场发育程度的角度分析公司外部制度环境因素对薪酬激励效率的影响。我们对模型6-1按外部环境评价指标的均值分为高低两组进行回归，进而比较激励系数的差异及其显著性水平。我们仍然从公司当期成长绩效和未来成长绩效的视角进行了比较分析。实证结果见表6-12和表6-13。

表6-12　　外部制度环境对公司当期绩效激励效应的影响

变量	市场化指数 高 Y_t	市场化指数 低 Y_t	法制化指数 高 Y_t	法制化指数 低 Y_t	政府干预指数 低 Y_t	政府干预指数 高 Y_t	产品市场发育程度 高 Y_t	产品市场发育程度 低 Y_t
ΔMpay	0.0395 (0.0659)	-0.0781 (0.0579)	0.0452 (0.0723)	-0.0822 (0.0564)	0.0375 (0.0684)	-0.0199 (0.0706)	-0.00479 (0.0592)	-3.2E-05 (0.0990)
ΔSTOCK	0.0713 (0.0453)	0.0837** (0.0333)	0.0463 (0.0532)	0.0742** (0.0309)	0.0398 (0.0497)	0.0659* (0.0364)	0.0717* (0.0394)	0.0892** (0.0352)
RATIO	0.285*** (0.0646)	0.336*** (0.111)	0.280*** (0.0699)	0.337*** (0.0926)	0.282*** (0.0654)	0.334** (0.135)	0.308*** (0.0611)	0.303* (0.162)
GAP	8.0E-07*** (2.4E-07)	2.43E-07 (2.4E-07)	9.1E-07*** (2.7E-07)	2.8E-07 (2.26E-07)	8.9E-07*** (2.8E-07)	6.81E-08 (3.31E-07)	7.8E-07*** (2.2E-07)	1.64E-08 (3.4E-07)
GAP^2	-0.0480 (0.0328)	0.0416* (0.0244)	-0.0600 (0.0383)	0.0377 (0.0236)	-0.0540 (0.0395)	0.0556* (0.0321)	-0.0431 (0.0282)	0.0384 (0.0348)
First	0.00132 (0.00127)	0.005*** (0.00126)	0.00097 (0.00141)	0.0045*** (0.00122)	0.00083 (0.00132)	0.0053*** (0.00149)	0.00193 (0.00125)	0.0023 (0.0018)
Size	0.216*** (0.0202)	0.244*** (0.0216)	0.216*** (0.0228)	0.243*** (0.0213)	0.217*** (0.0231)	0.245*** (0.0254)	0.246*** (0.0205)	0.238*** (0.0292)
Struc	-0.484*** (0.109)	-0.547*** (0.0984)	-0.505*** (0.124)	-0.518*** (0.0941)	-0.476*** (0.118)	-0.488*** (0.118)	-0.516*** (0.107)	-0.493*** (0.167)
Indus	控制	控制	控制	控制	控制	控制	控制	控制
Year	控制	控制	控制	控制	控制	控制	控制	控制
截距	-3.896*** (0.906)	-6.244*** (0.640)	-3.612*** (1.063)	-6.130*** (0.633)	-3.763*** (1.109)	-6.951*** (0.787)	-4.633*** (0.791)	-6.027*** (0.878)
F值	27.72***	35.44***	24.58***	35.99***	24.83***	24.92***	37.57***	16.42***
N	326	324	270	344	279	247	336	159
R-squared	0.469	0.589	0.485	0.580	0.484	0.558	0.525	0.565

Robust standard errors in parentheses

*** $p<0.01$, ** $p<0.05$, * $p<0.1$

表6-13　外部制度环境对公司未来绩效激励效应的影响

变量	市场化指数 高 Y_{t+2}	市场化指数 低 Y_{t+2}	法制化指数 高 Y_{t+2}	法制化指数 低 Y_{t+2}	政府干预指数 低 Y_{t+2}	政府干预指数 高 Y_{t+2}	产品市场发育程度 高 Y_{t+2}	产品市场发育程度 低 Y_{t+2}
ΔMpay	-0.0723 (0.0676)	-0.108 (0.0920)	-0.0658 (0.0760)	-0.106 (0.0841)	-0.0774 (0.0672)	-0.115 (0.0746)	-0.117* (0.0657)	-0.0781 (0.141)
ΔSTOCK	0.0129 (0.0381)	0.0530 (0.0455)	-0.00806 (0.0420)	0.0393 (0.0407)	0.0233 (0.0374)	0.0237 (0.0411)	0.0571 (0.0396)	-0.00445 (0.0508)
RATIO	0.342*** (0.0729)	0.0892 (0.137)	0.342*** (0.0791)	0.196* (0.104)	0.336*** (0.0721)	0.286*** (0.110)	0.276*** (0.0739)	0.323 (0.235)
GAP	8.2E-07*** (2.25E-07)	4.38E-07 (4.36E-07)	8.4E-07*** (2.54E-07)	3.70E-07 (3.93E-07)	7.4E-07*** (2.20E-07)	5.31E-07 (4.20E-07)	1.0E-06*** (2.37E-07)	2.49E-07 (4.63E-07)
GAP²	-0.0474 (0.0327)	0.0221 (0.0420)	-0.0361 (0.0370)	0.0270 (0.0387)	-0.0325 (0.0323)	0.00358 (0.0391)	-0.0871*** (0.0324)	0.0136 (0.0496)
First	0.00392*** (0.00151)	0.00558** (0.00218)	0.00374** (0.00168)	0.00473** (0.00206)	0.00376** (0.00147)	0.00480** (0.00189)	0.00322* (0.00166)	0.00368 (0.00268)
Size	0.246*** (0.0223)	0.223*** (0.0362)	0.239*** (0.0248)	0.238*** (0.0341)	0.249*** (0.0226)	0.243*** (0.0340)	0.260*** (0.0260)	0.231*** (0.0422)
Struc	-0.410*** (0.130)	-0.211 (0.168)	-0.381*** (0.136)	-0.341** (0.151)	-0.455*** (0.127)	-0.260* (0.146)	-0.440*** (0.136)	-0.164 (0.220)
Indus	控制	控制	控制	控制	控制	控制	控制	控制
Year	控制	控制	控制	控制	控制	控制	控制	控制
截距	-3.866*** (0.927)	-5.744*** (1.030)	-3.975*** (1.090)	-6.200*** (1.014)	-5.249*** (0.896)	-5.626*** (0.965)	-4.067*** (0.961)	-5.638*** (1.210)
F值	35.73***	13.22***	30.96***	13.6***	35.76***	14.34***	30.04***	5.87***
N	295	207	247	234	312	242	299	129
R-squared	0.497	0.465	0.520	0.458	0.492	0.455	0.479	0.463

Robust standard errors in parentheses
*** p<0.01, ** p<0.05, * p<0.1

175

从表6-12和表6-13中我们看到，在市场化指数较高时，股权激励比率和薪酬差距能有效地发挥激励作用，与公司当期成长绩效和未来成长绩效的相关性在 $\alpha = 0.01$ 的水平下显著为正；当市场化程度较低时，股权激励对当期成长绩效还有显著的激励作用，但其与公司未来成长绩效的相关性变得不显著，并且股权激励比率与薪酬差距对未来绩效的激励系数显著大于对当期绩效的相关系数，说明市场化程度越高，市场机制能够有效地发挥引导和约束作用，为公司内部治理机制提供良好的作用平台，使得薪酬激励效果越好，越有利于激励强度变量的长期激励效应发挥作用，假设4-1得证。

在法制健全的地区，法治水平高，上市公司的股权激励比率和薪酬差距能够有效地发挥激励作用，表现为在法制化指数较高的地区，公司股权激励比率和薪酬差距与公司当期成长绩效、未来成长绩效都显著正相关（$\alpha = 0.01$）；在法制化指数较低的地区，股权激励比率在 $\alpha = 0.1$ 的水平下与公司未来成长绩效显著正相关，薪酬差距的相关性没有通过显著性检验，说明法制化程度较低，会导致管理者有较大的机会主义行为的空间，因而削弱了薪酬激励的作用，假设4-2得证。

从政府干预程度来看，政府干预较低的地区，公司股权激励比率和薪酬差距与公司成长绩效显著正相关（$\alpha = 0.01$）；政府干预程度较高的地区，只有股权激励能够发挥显著的激励作用。这说明政府干预程度越低，越有利于公司治理机制发挥自身的治理作用，薪酬激励效率越好，假设4-3得证。

产品市场发育程度较高的地区，公司股权激励比率和薪酬差距也表现为与公司成长绩效显著的正相关关系（$\alpha = 0.01$）；在产品市场发育程度较低的地区，股权激励对当期绩效还有一定的激励作用，对公司未来绩效的激励作用没有通过显著性检验。这说明产品市场发育程度较高的地区能较好地通过产品市场的选择约束管理者行为，从而使薪酬激励有效发挥正面引导的激励作用，假设4-4成立。

我们进一步用公司长期绩效增长效率（GY）作为因变量，检验了外部制度环境对公司薪酬制度长期激励效应的影响作用。我们发现了一个比较一致的结果：在良好的制度环境中，股权激励能够对公司业绩增长发挥显著的长期激励作用。这一现象表明，处于市场经济发达地区的上市公司，市场主导的薪酬机制设计及激励作用的发挥起着较好的治理作用，而经济不发达地区的上市公司仍旧主要依靠单一的现金层级差距激励。对上述检验进一步加入公司所在地区的控制变量，回归结果并没有显著变化，说明该结论是稳健的。因此，本研究认为，上市公司所处的外部制度环境会影响公司薪酬制度的制定及其作用效力的发挥，因此只有建立完善的外部制度环境，有效地发挥市场机制的约束和监控作用，才能促使管理层薪酬制度设计趋于合理。

6.5.2 稳健性检验

1) 激励方式与激励强度的稳健性检验

我们用会计指标 ROE 和市场指标 EPS 衡量公司成长绩效，用 3 年 ROE 平均增长率和 3 年 EPS 平均增长率衡量公司长期业绩增长能力，进一步对假设 1 进行稳健性检验的实证结果见表 6-14、表 6-15。

表 6-14 的实证结果显示，用会计指标 ROE 作为公司成长绩效的代理变量时，同时考量激励方式和激励强度指标，现金薪酬的变动与公司第 t 期的成长绩效在 $\alpha = 0.01$ 的水平下显著正相关，在第 t+1 期时仅在 $\alpha = 0.1$ 的水平下显著，在第 t+2 期时不相关，体现了现金薪酬的短期激励效应；股权价值激励方式虽然表现出了长期激励的有效性，但其相关系数随着时间的推移越来越小。激励强度指标却始终表现出与公司当期成长绩效和未来成长绩效显著的正相关关系（$\alpha = 0.01$），同时，也表现出对公司长期业绩增长能力的显著相关性。用市场业绩指标 EPS 的实证结果（表 6-15）也表现出相同的特征。因此，我们认为假设 1 的结论是稳健的，激励强度变量的激励效应优于激励方式的激励作用，制度设计中尤其要关注薪酬构成的情况。

2) 国有上市公司与非国有上市公司激励效应的稳健性检验

我们将样本按所有权性质分组检验的实证结果见表 6-16 和表 6-17。为节约篇幅，我们仅报告了第 t 期、第 t+1 期成长绩效与长期绩效增长的回归结果。

表 6-14 　　　激励方式与激励强度稳健性检验实证结果（一）

VARIABLES	(1) ROE$_t$	(2) ROE$_t$	(3) ROE$_t$	(4) ROE$_{t+1}$	(5) ROE$_{t+2}$	(6) 3 年 ROE 平均增长率
ΔMpay	0.0333 ***		0.0192 ***	0.0102 *	0.0102	0.195 **
	(0.00524)		(0.00526)	(0.00570)	(0.00729)	(0.0928)
ΔSTOCK	0.0184 ***		0.0161 ***	0.0108 ***	0.00841 ***	0.0237
	(0.00220)		(0.00207)	(0.00240)	(0.00306)	(0.0395)
RATIO		0.0683 ***	0.0545 ***	0.0508 ***	0.0504 ***	0.696 ***
		(0.00367)	(0.00484)	(0.00687)	(0.0104)	(0.142)
GAP		1.65E-08 ***	5.19E-09	6.45E-09	3.30E-09	-3.71E-07 ***
		(5.22E-09)	(6.25E-09)	(8.15E-09)	(1.23E-08)	(1.34E-07)
GAP^2		0.0129 ***	0.0139 ***	0.0141 ***	0.0123 ***	0.0617 *
		(0.00119)	(0.00153)	(0.00186)	(0.00249)	(0.0328)
First	0.000301 ***	0.000663 ***	0.000511 ***	0.000567 ***	0.000538 ***	-0.00227
	(0.000109)	(8.38E-05)	(0.000107)	(0.000140)	(0.000182)	(0.00255)
Size	0.0196 ***	0.0111 ***	0.0127 ***	0.00426 *	0.00607 **	-0.0613
	(0.00158)	(0.00143)	(0.00171)	(0.00228)	(0.00284)	(0.0403)
Struc	-0.0868 ***	-0.0399 ***	-0.0474 ***	0.00638	0.00314	0.0888
	(0.00965)	(0.00764)	(0.00935)	(0.0125)	(0.0161)	(0.223)
Indus	控制	控制	控制	控制	控制	控制
Year	控制	控制	控制	控制	控制	控制
Constant	-0.283 ***	-0.441 ***	-0.504 ***	-0.324 ***	-0.294 ***	0.913
	(0.0362)	(0.0390)	(0.0474)	(0.0604)	(0.0785)	(1.123)
F 值	25.84 ***	68.46 ***	44.04 ***	25.14 ***	10.61 ***	3.48 ***
Observations	3 093	4 755	3 093	2 124	1 335	1 528
R-squared	0.165	0.236	0.254	0.189	0.142	0.034

表6-15　　　激励方式与激励强度稳健性检验实证结果（二）

VARIABLES	(1) EPS$_t$	(2) EPS$_t$	(3) EPS$_t$	(4) EPS$_{t+1}$	(5) EPS$_{t+2}$	(6) 3年EPS平均增长率
ΔMpay	0.106 ***		0.0550 ***	0.0328	0.0188	0.146
	(0.0191)		(0.0190)	(0.0203)	(0.0270)	(0.0980)
ΔSTOCK	0.0562 ***		0.0471 ***	0.0369 ***	0.0278 ***	0.0751 *
	(0.00822)		(0.00754)	(0.00849)	(0.00973)	(0.0417)
RATIO		0.357 ***	0.233 ***	0.169 ***	0.160 ***	0.832 ***
		(0.0148)	(0.0184)	(0.0244)	(0.0361)	(0.137)
GAP		9.01E-08 ***	7.38E-08 **	8.83E-08 **	6.15E-08	-3.02E-07 **
		(2.43E-08)	(3.11E-08)	(4.10E-08)	(5.97E-08)	(1.40E-07)
GAP^2		0.0341 ***	0.0387 ***	0.0379 ***	0.0414 ***	0.0738 **
		(0.00414)	(0.00575)	(0.00699)	(0.00956)	(0.0326)
First	0.00154 ***	0.00258 ***	0.00242 ***	0.00227 ***	0.00228 ***	-0.00121
	(0.000398)	(0.000306)	(0.000388)	(0.000497)	(0.000674)	(0.00252)
Size	0.118 ***	0.0897 ***	0.0942 ***	0.0666 ***	0.0697 ***	-0.0394
	(0.00591)	(0.00507)	(0.00607)	(0.00819)	(0.0109)	(0.0399)
Struc	-0.522 ***	-0.414 ***	-0.373 ***	-0.173 ***	-0.146 **	0.0984
	(0.0313)	(0.0247)	(0.0296)	(0.0410)	(0.0568)	(0.215)
Indus	控制	控制	控制	控制	控制	控制
Year	控制	控制	控制	控制	控制	控制
Constant	-2.157 ***	-2.520 ***	-2.732 ***	-2.190 ***	-2.299 ***	-0.854
	(0.143)	(0.140)	(0.189)	(0.242)	(0.334)	(1.118)
F值	48.64 ***	133.92 ***	66.71 ***	34.58 ***	16.41 ***	4.45 ***
Observations	3 089	4 756	3 089	2 119	1 331	1 537
R-squared	0.253	0.378	0.343	0.259	0.209	0.043

表6-16   国有企业与非国有企业激励效应比较稳健性检验（一）

VARIABLES	国有企业			非国有企业		
	（1）	（2）	（3）	（1）	（2）	（3）
	ROE	ROE$_{t+1}$	ROE 增长率	ROE	ROE$_{t+1}$	ROE 增长率
ΔMpay	0.0256***	0.0149**	0.190	0.0111	0.00597	0.255*
	(0.00562)	(0.00684)	(0.125)	(0.00863)	(0.00933)	(0.141)
ΔSTOCK	0.0137***	0.00905***	0.0126	0.0167***	0.0102**	0.00140
	(0.00250)	(0.00294)	(0.0518)	(0.00336)	(0.00397)	(0.0630)
RATIO	0.118***	0.178***	1.809	0.0432***	0.0339***	0.683***
	(0.0228)	(0.0287)	(1.414)	(0.00615)	(0.00862)	(0.172)
GAP	-2.16E-09	-5.83E-09	-5.67E-07***	5.77E-09	8.92E-09	-1.66E-07
	(6.59E-09)	(8.38E-09)	(1.43E-07)	(1.17E-08)	(1.33E-08)	(2.83E-07)
GAP^2	0.0154***	0.0145***	0.0887**	0.0127***	0.0140***	0.0307
	(0.00183)	(0.00223)	(0.0399)	(0.00258)	(0.00304)	(0.0576)
First	0.000619***	0.000612***	-0.00145	0.000481***	0.000736***	6.15E-05
	(0.000136)	(0.000179)	(0.00321)	(0.000175)	(0.000229)	(0.00428)
Size	0.00823***	0.000260	-0.148***	0.0252***	0.0159***	0.0842
	(0.00212)	(0.00282)	(0.0489)	(0.00304)	(0.00410)	(0.0732)
Struc	-0.0249**	0.0399***	-0.0191	-0.0825***	-0.0324	0.222
	(0.0123)	(0.0153)	(0.285)	(0.0147)	(0.0215)	(0.371)
Indus	控制	控制	控制	控制	控制	控制
Year	控制	控制	控制	控制	控制	控制
Constant	-0.519***	-0.379***	1.194	-0.819***	-0.603***	-2.673
	(0.0564)	(0.0700)	(1.297)	(0.0799)	(0.103)	(1.842)
F 值	30.48***	18.25***	3.12***	31.66***	18.47***	3.40***
Observations	1 838	1 293	966	1 243	824	560
R-squared	0.264	0.202	0.046	0.282	0.216	0.085

表 6-17　　国有企业与非国有企业激励效应比较稳健性检验（二）

VARIABLES	国有企业			非国有企业		
	(1)	(2)	(3)	(1)	(2)	(3)
	EPS	EPS_{t+1}	EPS 增长率	EPS	EPS_{t+1}	EPS 增长率
ΔMpay	0.0728 ***	0.0456 *	0.221 *	0.0329	0.0237	0.134
	(0.0192)	(0.0262)	(0.125)	(0.0332)	(0.0307)	(0.146)
ΔSTOCK	0.0399 ***	0.0300 ***	0.0580	0.0492 ***	0.0380 ***	0.0701
	(0.00864)	(0.0110)	(0.0528)	(0.0124)	(0.0126)	(0.0708)
RATIO	0.451 ***	0.591 ***	0.331	0.182 ***	0.0995 ***	0.838 ***
	(0.0858)	(0.114)	(1.383)	(0.0235)	(0.0309)	(0.169)
GAP	2.66E-08	2.42E-08	-4.86E-07 ***	1.15E-07 ***	1.48E-07 ***	-8.85E-08
	(4.03E-08)	(4.67E-08)	(1.47E-07)	(3.82E-08)	(4.57E-08)	(2.40E-07)
GAP^2	0.0474 ***	0.0443 ***	0.0988 **	0.0249 ***	0.0264 ***	0.0318
	(0.00692)	(0.00814)	(0.0392)	(0.00822)	(0.00972)	(0.0543)
First	0.00274 ***	0.00274 ***	-0.00120	0.00246 ***	0.00227 ***	0.00241
	(0.000480)	(0.000629)	(0.00315)	(0.000656)	(0.000818)	(0.00423)
Size	0.0783 ***	0.0528 ***	-0.0994 **	0.142 ***	0.101 ***	0.0862
	(0.00744)	(0.0101)	(0.0493)	(0.0105)	(0.0143)	(0.0714)
Struc	-0.261 ***	-0.0798	-0.247	-0.545 ***	-0.260 ***	0.696 **
	(0.0381)	(0.0511)	(0.281)	(0.0473)	(0.0689)	(0.340)
Indus	控制	控制	控制	控制	控制	控制
Year	控制	控制	控制	控制	控制	控制
Constant	-2.668 ***	-1.904 ***	0.000848	-3.311 ***	-2.645 ***	-2.914 *
	(0.221)	(0.265)	(1.305)	(0.276)	(0.349)	(1.763)
F 值	42.01 ***	23.08 ***	2.45 ***	58.46 ***	28.31 ***	4.51 ***
Observations	1 837	1 291	974	1 240	821	561
R-squared	0.342	0.272	0.040	0.382	0.290	0.107

实证结果表明，在国有企业中，激励方式与激励强度指标都显示出与公司当期成长绩效、未来成长绩效显著的相关关系，但是激励强度指标的相关系数显著大于激励方式的回归系数（系数显著性差异的 t 检验），表现出激励强度指标的激励效应优于激励方式的激励作用。

非国有企业则直接体现出激励强度指标的主导地位。激励强度与公司当期绩效和未来绩效显著正相关，而现金薪酬不显著，股权价值的相关系数逐渐减小，到 t+2 期变为不显著。从公司长期业绩增长能力来看，非国有企业主要是股权激励比率起着显著的激励作用，而国有企业主要是薪酬的层级差距起着显著的激励作用，表明国有企业中职位占据可能带来的隐形收益仍是管理者关注的重要方面。基于以上分析，我们认为，非国有企业在薪酬结构设计上优于国有企业，相应地其激励效应也好于国有企业，假设 2 成立。

3）公司内部治理结构影响的稳健性检验

我们用会计指标 ROE 和市场指标 EPS 衡量公司成长绩效，进一步检验假设 3 系列结论的稳健性。

首先，我们从公司当期成长绩效的视角来分析公司治理机制对不同激励方式的激励作用影响。回归中我们对连续变量进行了 Winsor 处理，以减少极端值影响，高管人均薪酬（ΔApay）、股权价值（ΔSTOCK）以及当期绩效指标（ΔROE）均采取差分形式来控制内生性影响。实证结果见表 6-18。

表 6-18 的实证结果表明，在国有企业中，董事会专业水平与现金薪酬的激励作用存在较弱的负相关关系（$\alpha=0.1$），表明董事会的专业水平越高，其监督控制效果越好，表现为对薪酬激励的替代效应，假设 3-1 的结论部分得到支撑；董事会独立性与薪酬激励的交互项系数没有通过显著性检验，假设 3-2 没有得到支持。在非国有企业中，两职合一与现金薪酬的交互项系数显著为负（$\alpha=0.05$），第一大股东持股比例与股权价值激励的交互项系数也显著为负（$\alpha=0.05$），说明两职合一削弱了现金薪酬的激励作用，第一大股东更倾向于实施现金激励，而不愿分散控制权对管理层进行股权激励，假设 3-3 和假设 3-4 得到了实证支持，其结论是稳健的。从控制变量来看，第一大股东持股比例、

表6-18 公司治理结构与公司当期成长绩效激励效应的稳健性检验

VARIABLES	国有上市公司						非国有上市公司					
	(1) ΔROE	(2) ΔROE	(3) ΔROE	(4) ΔROE	(5) ΔROE	(6) ΔROE	(1) ΔROE	(2) ΔROE	(3) ΔROE	(4) ΔROE	(5) ΔROE	(6) ΔROE
ΔApay	0.0464***	-0.00866	0.0804	0.0431***	0.0307**	0.215	0.0339***	0.0132	0.0193	0.0435***	0.0445**	0.0291
	(0.00775)	(0.0345)	(0.0607)	(0.00810)	(0.0129)	(0.0689)	(0.0100)	(0.0543)	(0.0662)	(0.0120)	(0.0173)	(0.0848)
ΔSTOCK	0.0268***	0.0308**	0.0313	0.0266***	0.0289***	0.0397	0.0435***	0.0629**	0.0339	0.0454***	0.0548***	0.0613*
	(0.00416)	(0.0157)	(0.0193)	(0.00414)	(0.00556)	(0.0238)	(0.00523)	(0.0250)	(0.0228)	(0.00545)	(0.00735)	(0.0368)
AD		-0.0149				-0.0152*		0.00670				0.00538
		(0.00905)				(0.00881)		(0.0142)				(0.0134)
SD		-0.00144				-0.00238		-0.00554				-0.00614
		(0.00388)				(0.00385)		(0.00631)				(0.00618)
Dire		-0.00318				-0.00377		-0.00220				-0.00256
		(0.00362)				(0.00364)		(0.00517)				(0.00506)
AI			-0.0950			-0.146			0.0393			0.0423
			(0.169)			(0.176)			(0.175)			(0.178)
SI			-0.0128			-0.00992			0.0255			0.0468
			(0.0526)			(0.0543)			(0.0593)			(0.0623)
Inde			-0.00616			0.0124			-0.0896*			-0.103*
			(0.0474)			(0.0495)			(0.0524)			(0.0537)
AC				0.0343		0.0342				-0.0451**		-0.0495**
				(0.0271)		(0.0273)				(0.0206)		(0.0204)
SC				-0.00378		-0.00621				-0.00798		-0.0115

续表

VARIABLES	国有上市公司						非国有上市公司					
	(1) ΔROE	(2) ΔROE	(3) ΔROE	(4) ΔROE	(5) ΔROE	(6) ΔROE	(1) ΔROE	(2) ΔROE	(3) ΔROE	(4) ΔROE	(5) ΔROE	(6) ΔROE
Contr				-0.00732		-0.00865				0.0768		0.0992
				(0.00939) (0.00852)		(0.00938) (0.00859)				(0.00733) (0.00661)		(0.00733) (0.00655)
AF					0.101*	0.116*					-0.0734	-0.107
					(0.0604)	(0.0622)					(0.0916)	(0.0909)
SF					-0.0136	-0.0108					-0.0785**	-0.0726**
					(0.0204)	(0.0210)					(0.0333)	(0.0335)
First	0.000127	0.000109	0.000127	0.000135	1.50E-05	-1.89E-05	-4.37E-07	9.27E-06	1.84E-05	-1.27E-05	0.000115	0.000173
	(0.000142)	(0.000146)	(0.000142)	(0.000143)	(0.000154)	(0.000171)	(0.000193)	(0.000195)	(0.000193)	(0.000193)	(0.000209)	(0.000219)
Size	-0.000595	-0.000372	-0.000477	-0.00113	-0.000661	-0.000903	0.00219	0.00246	0.00217	0.00172	0.00259	0.00231
	(0.00241)	(0.00245)	(0.00242)	(0.00243)	(0.00242)	(0.00250)	(0.00352)	(0.00363)	(0.00354)	(0.00353)	(0.00351)	(0.00364)
Struc	-0.0193	-0.0204	-0.0195	-0.0181	-0.0194	-0.0198	0.0157	0.0102	0.0138	0.0162	0.0149	0.00759
	(0.0136)	(0.0140)	(0.0137)	(0.0138)	(0.0136)	(0.0142)	(0.0190)	(0.0195)	(0.0189)	(0.0191)	(0.0190)	(0.0196)
Indus	控制	控制	控制	控制	控制	控制	控制	控制	控制	控制	控制	控制
Year	控制	控制	控制	控制	控制	控制	控制	控制	控制	控制	控制	控制
Constant	-0.0136	0.0115	-0.0135	-0.00283	-0.00861	0.0422	-0.100	-0.0694	-0.0698	-0.0619	-0.113*	-0.00929
	(0.0517)	(0.0534)	(0.0556)	(0.0524)	(0.0519)	(0.0557)	(0.0673)	(0.0771)	(0.0704)	(0.0724)	(0.0672)	(0.0805)
F值	14.92***	12.29***	12.9***	13.23***	13.87***	9.51***	19.27***	13.76***	15.18***	14.49***	15.98***	9.21***
Observations	1 859	1 794	1 859	1 837	1 859	1 773	1 254	1 208	1 254	1 250	1 254	1 204
R-squared	0.143	0.141	0.143	0.145	0.144	0.146	0.140	0.137	0.142	0.141	0.146	0.149

公司规模、资产负债率对公司当期净资产收益率的变动（ΔROE）都没有显著的解释作用。对上述检验，我们进一步采用市场业绩指标 EPS 进行了回归分析，结论一致，故未进行报告。

接着，我们进一步从公司未来绩效（t+2 期）的视角分析公司治理机制对激励强度变量的激励作用影响情况。实证结果见表 6-19。在国有企业中，董事会专业水平与股权激励比率的交互项（RD）、与薪酬差距的交互项（GD）显著为负，说明董事会专业化程度对薪酬激励效应具有替代效应，假设 3-1 成立；董事会独立性与薪酬差距的交互项（GI）在 α=0.1 的水平下显著为负，说明独立董事制度并没有有效发挥治理作用，反而深化了代理问题，与前期实证结果一致，假设 3-2 没有得到支持。在非国有企业中，两职合一与薪酬差距的交互项显著为正，表明在内部人控制的企业中，内部人为巩固自身的地位会通过扩大层级差距来增加晋升难度。Leonard（1990）的研究就表明，当晋升的可能性变小时，薪酬差距就会变大。第一大股东持股比例与薪酬差距的交互项（GS）在 α=0.05 的水平下显著为正，也支持了假设 3-4 的结论。

4）外部制度环境影响的稳健性检验

我们仍然用会计指标 ROE 和市场业绩指标 EPS 衡量公司成长绩效，进一步检验假设 4 相关结论的稳健性。表 6-20 是薪酬激励与公司当期成长绩效在不同制度环境中的回归结果，表 6-21 是薪酬激励与公司未来成长绩效在不同制度环境下的实证检验结果。

从表 6-20 当期成长绩效的视角来看，处于良好的外部制度环境中的上市公司，其股权价值激励、股权激励比率和薪酬差距都表现出显著的激励效应；在不健全的制度环境中，股权价值激励和股权激励比率仍显示出与公司当期成长绩效的显著的相关关系，但现金薪酬的层级差距激励作用不显著。

从表 6-21 的公司长期激励作用来看，制度环境的影响差异就非常明显了。在较好的制度环境中，股权激励比率和薪酬差距仍具有显著的长期激励效应；在不完善的制度环境中，激励方式和激励强度变量与公司长期成长绩效的相关关系都变得不显著或者表现为较弱的相关性。这个结果证明假设 4-1~假设 4-4 的结论是稳健的。

表6-19　公司治理结构与公司未绩效激励效应的稳健性检验

变量	国有上市公司 (1) ROE_{t+2}	(2) ROE_{t+2}	(3) ROE_{t+2}	(4) ROE_{t+2}	(5) ROE_{t+2}	(6) ROE_{t+2}	非国有上市公司 (1) ROE_{t+2}	(2) ROE_{t+2}	(3) ROE_{t+2}	(4) ROE_{t+2}	(5) ROE_{t+2}	(6) ROE_{t+2}
RATIO	0.167***	0.289***	-0.229	0.142***	0.154***	-0.0348	0.0396***	-0.00714	0.125*	0.0467***	0.0483***	0.0995
	(0.0256)	(0.0435)	(0.392)	(0.0290)	(0.0484)	(0.431)	(0.0874)	(0.0463)	(0.0693)	(0.0101)	(0.0164)	(0.0829)
GAP	-1.09E-08	1.31E-07**	1.56E-07	-1.08E-08	-2.13E-08	3.13E-07	7.36E-08	9.24E-08	2.16E-07*	4.75E-08	1.3E-07***	2.82E-07**
	(3.14E-08)	(6.56E-08)	(1.07E-07)	(3.27E-08)	(3.29E-08)	(1.35E-07)	(4.11E-08)	(6.99E-08)	(1.14E-07)	(4.31E-08)	(4.83E-08)	(1.29E-07)
GAP²	0.0162***	0.0159***	0.0161***	0.0156***	0.0158***	0.0147***	0.00452	0.00434	0.00383	0.00589	0.00350	0.00402
	(0.00412)	(0.00437)	(0.00412)	(0.00415)	(0.00412)	(0.00440)	(0.00519)	(0.00572)	(0.00522)	(0.00525)	(0.00511)	(0.00573)
RD		-0.0377***				-0.0310*		0.0142				0.0128
		(0.0116)				(0.0169)		(0.0123)				(0.0122)
GD		-3.72E-08**				-3.8E-08*		-4.49E-09				-2.57E-09
		(1.58E-08)				(1.54E-08)		(1.66E-08)				(1.57E-08)
Dire		0.00505				0.00528		0.00824				0.00758
		(0.00447)				(0.00441)		(0.00629)				(0.00627)
RI			1.133			0.889			-0.237			-0.236
			(1.143)			(1.174)			(0.190)			(0.200)
CI			-4.62E-07*			-5.42E-07*			-3.83E-07			-4.53E-07
			(2.77E-07)			(3.06E-07)			(2.89E-07)			(3.07E-07)
Inde			-0.0215			-0.0440			0.201			0.205
			(0.0904)			(0.101)			(0.124)			(0.144)
RC				0.0780		0.0469				-0.0221		-0.0175

续表

国有上市公司

变量	(1) ROE_{t+2}	(2) ROE_{t+2}	(3) ROE_{t+2}	(4) ROE_{t+2}	(5) ROE_{t+2}	(6) ROE_{t+2}
GC				1.47E-08 (3.08E-08)		3.46E-08 (3.34E-08)
Contr				-0.0139 (0.0116)		-0.0183 (0.0125)
RS					0.0875 (0.310)	-0.176 (0.271)
GS					8.41E-08 (8.77E-08)	1.06E-07 (8.93E-08)
First	0.00059*** (0.000175)	0.000470** (0.000188)	0.00061*** (0.000177)	0.00059*** (0.000178)	0.000400 (0.000269)	0.000319 (0.000290)
Size	-0.000225 (0.00309)	-0.00116 (0.00326)	7.52E-06 (0.00309)	-0.000663 (0.00311)	-0.000301 (0.00311)	-0.0167 (0.0332)
Struc	0.0346** (0.0158)	0.0440** (0.0169)	0.0350** (0.0158)	0.0335** (0.0161)	0.0350** (0.0159)	0.0438** (0.0174)
Indus	控制	控制	控制	控制	控制	控制
Year	控制	控制	控制	控制	控制	控制
截距	-0.358*** (0.106)	-0.348*** (0.118)	-0.356*** (0.108)	-0.307*** (0.108)	-0.343*** (0.107)	-0.297** (0.122)
F值	16.81***	14.23***	15.29***	15.15***	15.06***	12.61***
N	1410	1243	1410	1399	1410	1232
R-squared	0.171	0.178	0.176	0.171	0.171	0.189

非国有上市公司

变量	(1) ROE_{t+2}	(2) ROE_{t+2}	(3) ROE_{t+2}	(4) ROE_{t+2}	(5) ROE_{t+2}	(6) ROE_{t+2}
GC				6.87E-08* (3.72E-08)		9.35E-08** (4.06E-08)
Contr				-0.0165 (0.0131)		-0.0231 (0.0156)
RS					-0.0588 (0.0848)	-0.0705 (0.0986)
GS					3.67E-07*** (1.59E-07)	3.77E-07*** (1.72E-07)
First	0.00082*** (0.000239)	0.00088*** (0.000265)	0.00083*** (0.00024)	0.00090*** (0.00024)	0.00164*** (0.000425)	0.00187*** (0.000482)
Size	0.0178*** (0.00441)	0.0189*** (0.00468)	0.0175*** (0.00441)	0.0182*** (0.00444)	0.0177*** (0.00439)	0.0194*** (0.00473)
Struc	-0.0277 (0.0217)	-0.0212 (0.0234)	-0.0287 (0.0217)	-0.0313 (0.0216)	-0.0283 (0.0216)	-0.0267 (0.0233)
Indus	控制	控制	控制	控制	控制	控制
Year	控制	控制	控制	控制	控制	控制
截距	-0.493*** (0.143)	-0.527*** (0.156)	-0.541*** (0.145)	-0.532*** (0.145)	-0.503*** (0.141)	-0.660*** (0.162)
F值	15.08***	11.16***	11.58***	12.45***	13.41***	8.51***
N	892	764	892	890	892	762
R-squared	0.162	0.181	0.165	0.168	0.168	0.203

表6-20　　外部制度环境对公司当期成长绩效激励效应的稳健性检验

变量	市场化指数		法制化指数		政府干预指数		产品市场发育程度	
	高 ROE_t	低 ROE_t	高 ROE_t	低 ROE_t	低 ROE_t	高 ROE_t	高 ROE_t	低 ROE_t
ΔMpay	0.00471	−0.00193	−0.00216	−0.00174	0.00219	0.00915	0.00388	0.0276
	(0.0170)	(0.0172)	(0.0188)	(0.0166)	(0.0177)	(0.0203)	(0.0152)	(0.0258)
ΔSTOCK	0.0285***	0.0342***	0.0247**	0.0300***	0.0233**	0.0304***	0.0277***	0.031***
	(0.00905)	(0.00966)	(0.0104)	(0.00905)	(0.00974)	(0.0107)	(0.00834)	(0.0108)
RATIO	0.0802***	0.0843***	0.0845***	0.0815***	0.0798***	0.0913***	0.0914***	0.0691*
	(0.0157)	(0.0281)	(0.0169)	(0.0238)	(0.0159)	(0.0339)	(0.0145)	(0.0375)
GAP	1.22E-07**	1.53E-08	1.13E-07*	2.78E-08	1.10E-07*	3.25E-08	1.2E-07**	2.93E-08
	(5.78E-08)	(6.59E-08)	(6.64E-08)	(6.49E-08)	(6.67E-08)	(8.92E-08)	(5.29E-08)	(8.50E-08)
GAP^2	0.00288	0.0184**	0.00627	0.0171**	0.00634	0.0149	0.000484	0.0122
	(0.00945)	(0.00759)	(0.0112)	(0.00740)	(0.0110)	(0.00986)	(0.00743)	(0.0101)
First	0.000472	0.0011***	0.000361	0.0010***	0.000248	0.0013***	0.000344	0.00105*
	(0.00029)	(0.00037)	(0.000309)	(0.000347)	(0.000299)	(0.000434)	(0.000283)	(0.000581)
Size	0.0126**	0.0129**	0.0106**	0.0141**	0.0118**	0.0169**	0.0196***	0.00981
	(0.00475)	(0.00591)	(0.00499)	(0.00574)	(0.00510)	(0.00674)	(0.00455)	(0.00873)
Struc	0.00416	−0.0411	0.00773	−0.0283	0.0129	−0.0466	−0.0307	0.0132
	(0.0271)	(0.0307)	(0.0300)	(0.0292)	(0.0288)	(0.0376)	(0.0272)	(0.0527)
Indus	控制	控制	控制	控制	控制	控制	控制	控制
Year	控制	控制	控制	控制	控制	控制	控制	控制
截距	−0.350	−0.723***	−0.212	−0.723***	−0.404	−0.734***	−0.372*	−0.509**
	(0.238)	(0.181)	(0.283)	(0.178)	(0.281)	(0.227)	(0.191)	(0.256)
F值	16.89***	12.23***	14.9***	14.13***	14.53***	9.54***	11.89***	4.52***
N	372	360	311	381	320	275	386	175
R-squared	0.283	0.253	0.305	0.250	0.294	0.251	0.306	0.253

表6-21　外部制度环境对公司未来绩效激励效应的稳健性检验

变量	市场化指数 ROE_{t+2} 高	市场化指数 ROE_{t+2} 低	法制化指数 ROE_{t+2} 高	法制化指数 ROE_{t+2} 低	政府干预指数 ROE_{t+2} 低	政府干预指数 ROE_{t+2} 高	产品市场发育程度 ROE_{t+2} 高	产品市场发育程度 ROE_{t+2} 低
ΔMpay	0.0154 (0.0177)	0.0146 (0.0249)	0.0143 (0.0192)	0.0176 (0.0234)	0.0148 (0.0171)	0.00673 (0.0220)	0.00975 (0.0176)	-0.0252 (0.0358)
ΔSTOCK	0.00600 (0.00887)	0.00318 (0.0115)	0.00789 (0.0103)	-0.000938 (0.0104)	0.00872 (0.00900)	0.00676 (0.0107)	0.00961 (0.00898)	-0.00566 (0.0130)
RATIO	0.0721*** (0.0190)	-0.00640 (0.0488)	0.0704*** (0.0210)	0.0396 (0.0384)	0.0730*** (0.0187)	0.0363 (0.0458)	0.0590*** (0.0195)	0.0906* (0.0487)
GAP	1.32E-07** (6.14E-08)	1.15E-07 (9.19E-08)	1.06E-07 (6.98E-08)	1.53E-07* (8.88E-08)	9.80E-08 (5.97E-08)	9.46E-08 (9.31E-08)	1.32E-07* (6.91E-08)	1.57E-07 (9.94E-08)
GAP²	-0.00136 (0.00901)	0.00493 (0.0105)	0.00118 (0.0103)	0.000638 (0.0101)	0.00390 (0.00855)	0.0104 (0.0106)	-0.00351 (0.00995)	0.000530 (0.0123)
First	0.000738** (0.000365)	0.000695 (0.000578)	0.000642* (0.000380)	0.000598 (0.000548)	0.000785** (0.000352)	0.000442 (0.000539)	0.000282 (0.000393)	0.000868 (0.000780)
Size	0.00599 (0.00535)	0.0114 (0.00972)	0.00880 (0.00572)	0.0113 (0.00907)	0.00614 (0.00524)	0.00505 (0.00872)	0.00933 (0.00585)	0.00794 (0.0116)
Struc	-0.00725 (0.0316)	-0.0227 (0.0508)	0.00219 (0.0344)	-0.0258 (0.0448)	-0.0139 (0.0306)	-0.00345 (0.0420)	-0.00312 (0.0330)	-0.0622 (0.0660)
Indus	控制	控制	控制	控制	控制	控制	控制	控制
Year	控制	控制	控制	控制	控制	控制	控制	控制
截距	-0.0501 (0.240)	-0.279 (0.258)	-0.173 (0.283)	-0.301 (0.258)	-0.178 (0.231)	-0.402 (0.269)	-0.0726 (0.257)	-0.0867 (0.321)
F值	7.76***	3.73***	6.06***	3.72***	7.87***	3.96***	21.83***	2.73***
N	336	246	279	278	357	246	345	156
R-squared	0.183	0.153	0.184	0.151	0.178	0.144	0.148	0.160

我们继续将 3 年 ROE 平均增长率作为公司长期绩效增长能力的代理变量，进一步检验了外部制度环境的影响作用，得到与前面一致的实证结果：在良好的制度环境中，主要是股权激励比率对公司业绩增长起着显著的长期激励作用；而处于并不完善的制度环境中的上市公司只有薪酬层级差距起着显著的长期激励效应。我们将市场业绩指标 EPS 及其 3 年平均增长率作为公司成长绩效的代理变量进行了同样的检验，结论一致。为节约篇幅，本研究未对这部分实证数据进行报告。

6.6 本章小结

企业成长离不开其所处的制度环境，考虑制度环境对企业内部资源和能力的影响是激励理论的现实化还原。钱德勒（1962）指出，企业是随着环境变化进行经营活动的调整来实现成长的。因而，公司所处的制度环境对公司的成长机会及管理者行为有较大的影响，从而会影响薪酬激励对管理人员努力程度的"刺激"作用。

本章首先比较了激励强度与激励方式的激励效应差异，认为薪酬激励中起关键激励作用的是激励强度变量，薪酬制度中股权激励比率和现金薪酬层级差距的设计将直接影响对公司未来绩效及长期业绩增长的激励效应。因而，科学合理的薪酬制度设计是公司持续健康成长的动力源泉。相比较而言，非国有企业的薪酬结构设计更为合理，股权价值激励、股权激励比率以及薪酬差距对公司当期成长绩效、未来绩效及长期业绩增长都具有显著的激励作用；国有企业的股权价值激励未能显示出显著的激励作用，只有股权激励比率与公司成长绩效的相关关系通过了显著性检验，这可能是国有企业薪酬管制的原因所致，也表明国有企业的薪酬制度设计尚需进一步完善和优化。

其次，我们分析了公司治理结构对管理层薪酬激励机制发挥效力的影响。实证结果表明，具有较高专业化水平的董事会能够有效地参与决策审批和实施监控，能够降低信息不对称程度，董事会的监督执行效率越高，管理者逆向选择的概率越低，从而降低了对管理层高强度利益"刺激"的需求，表现为董事会专业水平与管理层薪酬激励效应具有替代作用。实证结果还表明,我国的独立董事制度并未有效发挥监督作用,反而深化了代理问题。一方面,独立董事本身就是代理人,并不能真正做到财产与个人利益与公司的"独立";另一方面,独立董事缺乏促使其积极发挥监督作用的激励约束机制。故而,按标准化需求建立的上市公司独立董事制度并未实现应有的强化监管功能。内部人控制在我国上市公司中普遍存在,且呈现逐步增加的趋势,主要表现为:一方面,非国有上市公司为避免控制权分散,倾向于董事长与总经理两职兼任,通过减少股权激励比例来避免分散控制权;另一方面,扩大层级差距来增加晋升难度,从而削弱了薪酬激励效应。股权的适度集中也能替代薪酬激励的需求,主要是通过大股东的有效监督来约束管理者行为,减少管理者的机会主义行为。

最后,我们进一步考量了上市公司所处的外部制度环境对管理层薪酬激励效应的影响。笔者认为,良好的外部制度环境能有效约束管理者行为,减少管理者的机会主义动机,从而更有利于薪酬激励的正面引导和激励效率的提高。同时,我们也发现,在完善的外部制度环境中,薪酬的结构设计更为重要,股权激励比率和薪酬差距对公司未来绩效和长期业绩增长发挥着显著的激励作用,是企业健康、持续成长的动力源泉。

基于以上实证结论,我们认为薪酬激励机制不是一个孤岛,它和公司内外部制度环境密切相关。只要完善公司内外部制度环境的建设,充分发挥市场的治理和约束作用,并不断提高董事会的治理效率,在内外部相关机制有效监督的作用下,薪酬激励是可以接近最佳激励效率的。

7 研究结论、政策建议及未来展望

上市公司是现代公司治理结构的最高形态。如何设计科学合理的薪酬制度，有效发挥薪酬的激励作用，从而提升公司整体运营效率，是当前上市公司亟待解决的问题。实施有效的激励约束机制，对完善上市公司治理结构、实现股东与管理者的利益目标趋同，从而有力地促使公司健康、持续成长具有重要意义。

7.1 研究结论

管理者能力发挥和努力程度是企业成长的关键推动力，而薪酬激励又是有效提升管理者潜能发挥和努力付出的有效手段，因而，管理层薪酬激励与公司成长之间必然存在密切联系。于是，我们从公司成长视角出发，分析了不同的薪酬激励方式、激励强度与公司成长能力的相关性，得出以下结论：

（1）以公司成长战略为目标导向进行薪酬制度的设计，不仅能有效体现公司绩效的多因性、多维性和动态性特点，而且能有效引导管理者行为，实现公司长期价值最大化目标。以公司成长绩效的关键业绩指标分解进行薪酬制度设计，能有效避免会计操纵，提升薪酬的长期激励效率。

（2）从薪酬激励方式来看，现金薪酬与公司成长绩效显著正相关，不仅能基于当期业绩水平对管理者的努力进行有效补偿，而且对公司未来的成长绩效具有一定的引导作用，但是现金薪酬对公司未来业绩的增长效率缺乏显著的激励作用；股权激励方式则能有效发挥长期激励作用,不仅与公司当期及未来成长绩效显著相关,而且对公司未来业绩增长效率也具有显著的激励作用,并且股票期权的激励效应显著大于限制性股票的激励作用,说明我国上市公司现有的管理层薪酬激励方式较为合理,能有效促进公司成长,提升公司价值。但是,我们需要进一步提升股权激励的长期激励作用。虽然股权激励与公司长期业绩增长显著正相关,但两者的相关系数较小,可能是由于激励机制设计的短期视角弱化了股权激励长期激励作用的发挥。

(3)从薪酬激励强度来看,薪酬结构设计中的激励强度指标既对公司当期业绩、未来绩效有显著的激励作用,而且对公司长期业绩增长也有显著的激励效果。提高管理者的股权激励比率,激励强度增大,能有效发挥股权激励的长期激励作用,有利于提升公司未来成长绩效,但在业绩增长较好的公司中,进一步提高股权激励反而可能起到相反的作用。管理层薪酬差距与公司成长绩效之间存在显著的倒"U"型关系。在成长绩效较差的公司中,扩大管理层薪酬差距能有效地提升公司成长业绩,竞赛理论成立;在成长绩效很好的公司中,扩大薪酬差距反而不利于管理层内部的分工协作与目标一致性,导致公司绩效下降。因此,薪酬激励强度的设计应该基于公司成长绩效的不同阶段合理设定,这样才能更好地发挥薪酬激励效应。

(4)薪酬激励强度设计是提升公司未来绩效、推动公司业绩增长的关键环节。我们同时考虑了薪酬激励强度与激励方式的回归结果后发现,现金薪酬与公司成长绩效的相关性变得不显著,股权价值的长期激励作用逐渐变小,而股权激励比率、薪酬差距与公司当期成长绩效、未来成长绩效以及公司长期业绩增长效率均表现出显著的相关关系,且相关系数逐渐增大,说明薪酬激励中起关键激励作用的是激励强度指标,科学合理的薪酬结构设计是促使公司健康、持续成长的动力源泉。

(5)从所有权性质来看,本研究认为,非国有上市公司拥有更合理的管理层薪酬结构和更好的激励效果。首先,非国有上市公司管理层的平均股权激励比率和平均薪酬差距均大于国有上市公司,但其极值的离差和标准差小于国有上市公司;国有上市公司管理层的现金薪酬总额和高管人均薪酬却普遍高于非国有上市公司,说明国有上市公司的薪酬构成不尽合理，现金薪酬和职位消费比重过大，公司间贫富悬殊较大，公司内部却倾向平均主义。其次，国有上市公司拥有较大的公司规模和良好的资金状况，但平均资产收益率却低于非国有上市公司，说明国有上市公司的资产使用效率不高。最后，我们通过回归分析比较了薪绩相关性和激励系数的显著差异发现，非国有上市公司的成长绩效好于国有上市公司，股权价值激励、股权激励比率和薪酬差距对公司未来绩效和长期业绩增长均有显著的激励作用；国有上市公司中，股权激励比率、薪酬差距与公司长期业绩增长的相关性都没有通过显著性检验，说明合理的薪酬激励强度能有效地激发管理者的努力程度，提升管理效率，从而带来良好的公司成长绩效。

（6）薪酬激励效率的发挥与公司所处的内外部制度环境密切相关。从公司内部治理结构来看，具有较高专业化水平的董事会能够降低信息不对称程度，有效率地参与决策审批和监控执行，管理者逆向选择的空间被极大地压缩，从而降低了对管理层高强度利益"刺激"的需求；同时，通过大股东的有效监督，也能约束管理者行为，减少管理者的机会主义动机。因此，内部有效率的监控能够部分替代薪酬激励作用，也能更好地发挥薪酬的正面引导作用。但是我国现有的独立董事制度并未有效发挥监督作用，两职合一现象的普遍存在都弱化了薪酬激励效应。从外部制度环境来看，良好的外部制度环境能有效约束管理者行为，减少管理者的机会主义动机，从而更有利于薪酬激励的正面引导和激励效率的提高。因此，我们认为，要提高薪酬激励效率，一方面要进一步完善公司内部治理结构，提高内部治理效率；另一方面还要充分发挥市场的治理和约束作用，在内外部有效监督的作用下，薪酬激励是可以接近最佳激励效率的。

7.2 政策建议

基于以上研究结论，本研究以为要进一步提高我国上市公司管理层薪酬激励效率，可以从以下几个方面进行改进和完善：

（1）以公司成长战略为目标导向，细化分解公司成长的关键绩效指标，并基于预期成长目标和公司绩效情况进行薪酬制度设计，充分发挥薪酬的长期激励作用，促使管理者努力追求公司长期价值最大化目标。同时，以公司长期成长战略为目标导向也有利于公司内部机制的协调配合，通过治理机制组合形成治理合力，从而更好地促进公司健康、持续成长。

（2）管理层薪酬制度的设计，关键是薪酬结构的设置和调整。基于前文的研究结论，激励强度变量在公司绩效的不同阶段发挥的作用不同，因而，企业应基于自身的成长状况、所处的制度环境设置适合自身的制度安排，才能更有效地提高薪酬的激励效率。成长绩效较差的公司，可以通过提高股权激励比率和现金薪酬的层级差距来激励管理者努力提升管理效率，对于业绩较好且绩效增长较快的公司，则适宜采取较为平均和风险报酬比例适度的分配方式。同时，我们还需关注公司所处的内外部制度环境。经济发达地区的上市公司可以通过提高股权激励比例和薪酬差距的激励强度来提高薪酬激励效力，而经济欠发达地区的上市公司管理者现阶段仍然更为关注的是职位带来的显性和隐性收益，因而，可以通过扩大管理职位的层级差距来提高薪酬激励效力。

（3）国有上市公司的管理层薪酬制度设计尚需进一步完善和优化。一方面，以公司成长战略为目标导向进行业绩指标的分解和设定，能够引导管理者的长期化行为；另一方面，需要适当延长股票的行权期限或解禁期限来避免管理者既得利益后短期套现，从而进一步提高股权激励的长期激励作用。由于国有企业的职位晋升所带来的各种显性和隐性收益远大于非国有企业的职位消费，因而扩大国有企业管理者薪酬的层级差距能有效提高薪酬激励效力。

（4）我国必须切实加快完善公司内部治理机制和外部宏观环境建设的步伐。激励与约束是相辅相成的。我们通过加强公司控制权的监督和制衡，实现垄断性行业改革的新突破，提高产品市场和要素市场的发育程度，加强法制建设，来有效约束管理者行为，减少其机会主义空间，从而更有利于薪酬激励的正向引导和激励作用的发挥。从公司内部治理结构来看，在完善公司治理结构的同时，要进一步提高各项治理工具的治理作用。各种治理工具都应以企业的长期成长战略为目标导向，形成治理合力，有效地促进薪酬机制发挥作用。在内部人控制的公司中，可以通过提高经理持股比例、延长任期等激励机制来使经理人员更加关注公司利益；在两职分离的公司中，由于有效的董事会监督机制对管理层薪酬的"刺激"作用具有一定的替代效应，股东可以通过监督机制和激励机制组合来获取最大化的公司治理净收益。

（5）一个有效的薪酬契约应该是对管理者的绩效评价、监督与经营者报酬激励强度相匹配。也就是说，准确的绩效评价是薪酬契约发挥作用的基础环节。在分解公司成长战略的绩效指标时，可以考虑将主观业绩指标和客观业绩指标适度结合，将财务指标与非财务指标适度结合，来适应环境的多变性；在资本市场的有效性不足时，要灵活处理股权激励方案的设计与实施，以避免市场波动与环境的不确定性可能产生的激励偏离。

薪酬激励是对公司管理者首要的也是最基础的激励方式，但单纯依靠物质激励并不能彻底解决激励问题。一个很明显的例子是，美国公司高管层的年薪远高于日本，但业绩却没有明显高于日本。一个很重要的原因就是日本公司更为注重控制权、个人价值等其他激励因素的作用，以满足公司管理者作为人的多层次的需求。因而，文化背景与个人意识形态、价值观和职业生涯发展规划不同，会体现出物质激励结构的转变。这时，我们需要借助包括控制权激励、声誉激励、职业发展激励、竞争激励和社会贡献意识等精神激励手段，构筑一个"以人为本"的复合型激励体系，以引导管理者个人价值、企业价值和社会价值的契合。

7.3 研究局限及未来研究方向

7.3.1 研究局限

本书的研究虽然从公司成长视角对提高管理层薪酬激励效应作了一些有益的探索，但由于种种原因，难免仍存在一些不足之处，主要表现在以下几个方面：

（1）国内外文献对公司成长能力的评价倾向于多指标评价体系，

而本研究采用的主要是财务指标和市场指标的结合。虽然财务指标具有结果性和综合性，但对公司持续成长能力的衡量仍具有局限性。一些非量化的技术、管理效率等指标一般需要通过问卷调查和主观评价的方法进行测定。所以，在今后的进一步研究中，需要纳入公司结构优化、制度创新及技术改进等非财务指标的评价，以使公司成长能力的评价更全面、更科学，从而保证实证结果的可靠性与稳健性。

（2）我国普遍推行股权激励是在 2006 年以后，因而本书选取的样本是 2006—2010 年的，计算指标的 3 年平均增长率导致分析公司业绩增长的样本量减少，只有 2006—2008 年 3 年的样本。

（3）在对公司长期业绩增长的实证分析中，笔者发现模型的拟合度并不是很高，可能存在遗漏变量。这也是笔者在今后的研究中需要进一步思考和解决的问题，以便进一步提高结论的可靠性。

（4）内生性问题。在研究薪酬激励效应的模型中，必须考虑内生性问题。本研究虽然采取变量的差分形式来控制内生性影响，但不可否认，差分模型并不能彻底解决内生性问题。

7.3.2 未来研究展望

如何进一步提高管理层薪酬激励效率的研究仍值得我们进一步深入探索。笔者以为未来值得关注的方向和研究的问题有以下几个方面：

（1）企业成长的方式不同，面临的风险不同，我们可以进一步基于企业的成长方式考察在多元化成长与归核化成长战略中，薪酬机制的设计及激励效应的差异；可以结合企业的生命周期，根据不同阶段的企业成长需求，分析绩效与薪酬机制相匹配的薪酬特征。

（2）国有企业管理者的在职消费已经成为对管理者激励的一个不容忽视的部分。如果能够对管理者的职位消费准确量化，将其纳入薪酬激励体系进行分析研究，将更有利于系统、完整地进行薪酬体系的设计，也更有利于薪酬激励效率的提高。

（3）分析管理者个人行为和心理特征等中介变量对激励效率的影响。现有研究都从薪酬激励机制与管理者的努力程度近似等价的角度，分析考察了薪酬激励与公司价值的相关性，但是要更好地发挥薪酬的激励效率，必须考虑管理者的个人特质对激励效力的影响，如管理者的自我控制力、自我效能感、过度自信行为、对风险的接受程度、个人的价值追求和家庭负担等因素。这些因素都会影响管理者对不同薪酬结构的接受程度，从而会对薪酬激励作用的发挥产生调节作用。已有文献大多忽略了这一因素，在今后的研究中有必要验证这一问题，从而更好地提高薪酬激励效果。

主要参考文献

1. BERLE, MEANS. The Modern Corporation and Private Property [M]. New York: Macmillan, 1932: 409.

2. NORTH. Institution, Institutional Changes and Economic Development [M]. Cambridge :Cambridge University Press, 1990.

3. HYTINEN, PAJARINEN. External Finance, Firm Growth and the Benefits of Information Disclosure: Evidence from Finland [R]. European Journal of Law and Economics, 2005, 19(1).

4. ABOWD. Does Performance-based Managerial Compensation Affect Corporate Performance? [J]. Industrial and Labor Relations Review, 1990 (43):52-73.

5. HENDERSON, FREDRICKSON. Top Management Team Coordination Needs and the CEO Pay Gap [J]. Academy of Management Journal, 2001, 44 (1):97-99.

6. ANG, HAUDER, LAUTERBACH. Con-testability and Pay Differential in the Executive Suites [J]. European Financial Management, 1998, 4(3): 335-360.

7. BALKIN, MARKMAN, GOMEZ-MEJIA. Is CEO Pay in High Technology Firms Related to Innovation? [J]. Acad Manage, 2000, 43(6): 1118-1129.

8. BALKIN, GOMEZ-MEJIA. Matching Compensation and Organization Strategies [J]. Strat Manage, 1990(11):153-169.

9. BANKER, POTTER, SRINIVASAN. An Empirical Investigation of an Incentive Plan that Includes Nonfinancial Performance Measures [J]. The Accounting Review, 2000, 75(1): 65-92.

10. BARRINGER, JONES, NEUBAUM. A Quantitative Content Analysis of the Characteristics of Rapid Growth Firms and Their Founders [J]. Journal of Business Venturing, 2005(9):663-687.

11. BEBCHUK, FRIED. Executive Compensation as an Agency Problem [J]. Journal of Economic Perspectives, 2003, 17(3): 71-92.

12. BECKE, HUSELID. The Incentive Effects of Tournament Compensation Systems [J]. Administrative Science Quarterly, 1992, 37(2): 336-350.

13. BECKER. Wealth and Executive Compensation [J]. The Journal of Finance, 2006, 61(1): 379-397.

14. BENSTON. The Self-serving Management Hypothesis Some Evidence [J]. Journal of Accounting and Economics, 1985(7): 67-84.

15. BERGSTRESSER, PHILIPPON. CEO Incentives and Earnings Management [J]. Journal of Financial Economics, 2006 (80): 511-529.

16. BLOOM. The Performance Effects of Pay Dispersion on Individuals and Organizations [J]. Academy of Management Journal, 1999, 42(1): 25-40.

17. BOSCHEN, DURU, GORDON, et al. Accounting and Stock Price Performance in Dynamic CEO Compensation Arrangements [J]. The Accounting Review, 2003, 78(1): 143-168.

18. NEIL. Executive Stock Options: Early Exercise Provisions and Risk-Taking Incentives [J]. The Journal of Finance, 2006, 61(5): 2487-2509.

19. CHUNG, PRUITT. Executive Ownership, Corporate Value, and Executive Compensation: A Unifying Framework [J]. Journal of Banking & Finance, 1996(20): 1135-1159.

20. CHUNG, CHAROENWONG. Investment Options, Assets in Place, and the Risk of Stocks [J]. Financial Management, 1991(20): 21-33.

21. COLES, NAVEEN, DANIEL. Managerial Incentives and Risk-taking [J]. Journal of Financial Economics, 2006(79): 431-468.

22. COLOMBO, GRILLI. Founders' Human Capital and the Growth of New Technology-based Firms: A Competence-based View [J]. Research Policy, 2005(8): 795-816.

23. CONYON, PECK, SADLER. Corporate Tournaments and Executive

Compensation:Evidence from the U. K. [J]. Strategic Management Journal, 2001,22(8):805-815.

24. CONYON,PECK. Board Control,Remuneration Committees and Top Management Compensation [J]. Academy of Management Review, 1998 (41): 146.

25. CORE,GUAY, VERRECCHIA. Price versus Non-Price Performance Measures in Optimal CEO Compensation Contracts [J]. The Accounting Review,2001,78(4): 957-981.

26. COUGHLAN, SCHMIDT. Executive Compensation, Management Turnover,and Firm Performance: An Empirical Investigation [J]. Journal of Accounting and Economics,1985(7):43-66.

27. CULPAN. Export Behaviour of Firms: Relevance of Firms Size [J]. Journal of Business Research,1989(18):201-218.

28. CYERT, KANG, KUMAR. Corporate Governance, Takeovers, and Top-management Compensation: Theory and Evidence [J]. Management Science,2002(48):453-469.

29. DAILY, DALTON. CEO and Board Chair Roles Held Jointly or Separately: Much Ado about Nothing? [J]. The Academy of Management Executive,1993,11(3):11-20.

30. DECHOW, SLOAN. Executive Incentives and the Horizon Problem [J]. Journal of Accounting and Economics,1991(14):51-89.

31. HAROLD,LEHN. The Structure of Corporate Ownership: Causes and Consequences [J]. Journal of Political Economy,1985(93): 1155-1177.

32. DONGHUI, FARIBORZ, PASCAL, et al. Corporate Governance or Globalization: What Determines CEO Compensation in China? [J]. Research in International Business and Finance,2007(21):32-49.

33. DUAN,WEI. Executive Stock Options and Incentive Effects due to Systematic Risk [J]. Journal of Banking & Finance,2005,29:1185-1211.

34. DUNN. The Impact of Insider Power on Faudulent Financial Reporting [J]. Journal of Management,2004,30(3):397-412.

35. EHRENBERG, BOGNANNO. The Incentive Effects of Tournaments Revisited: Evidence from the European PGA Tour [J]. Industrial and Labor Relations Review,1990,43(3),74-89.

36. FAMA. Agency Problem and the Theory of the Firm [J]. Journal of Political Economy,1980,88(2):288-307.

37. FARINAS, MORENO. Firms' Growth, Size and Age: A Nonparametric Approach [J]. Review of Industrial Organization,2000(17): 249-265.

38. GAVER J J, GAVER K M. Additional Evidence on the Association between the Investment Opportunity Set and Corporate Financing, Dividends, and Compensation Policies [J]. Journal of Accounting and Economics,1993 (16):125-160.

39. MICHAEL, FRAYNE, OLSEN. Rewarding Growth or Profit? Top Management Team Compensation and Governance in Japanese MNEs [J]. Journal of International Management,1998(4):289-309.

40. GRANT, MARKARIAN. Parbonetti Antonio, CEO Risk-related Incentives and Income Smoothing [J]. Contemporary Accounting Research, 2009,26(4).

41. GRAY, CANNELLA. The Role of Risk in Executive Compensation [J]. Journal of Management,1997(23):517-540.

42. GROSSMAN,HOSKISSON. CEO Pay at the Crossroads of Wall Street and Main [J]. Academy of Management Exevutive,1988,12(1):53.

43. HALL, LIEBMAN. Are CEOs Really Paid Like Bureaucrats? [J]. Quarterly Journal of Economics,1998(8):198-211.

44. MICHELLE, SHIVARAM, TERRY. Are Executive Stock Options Associated with Future Earnings? [J]. Journal of Accounting and Economics, 2003(36): 3-43.

45. RYAN, WIGGINS. The Interactions Between R&D Investment Decisions and Compensation Policy [J]. Financial Management, 2002, 31 (1):5-29.

46. HENDERSON, FREDRICKSON. Information Processing Demands as a Determinant of CEO Compensation [J]. Academy of Management Journal, 1996(39): 575-606.

47. HIMMELBERG, HUBBARD, PALIA. Understanding the Determinants of Managerial Ownership and the Link between Ownersip and Performance [J]. Journal of Financial Economics, 1999, 53:353-384.

48. HOFFMAN, HEGARTY. Top Management Influence on Innovations: Effects of Executive Characteristics and Social Culture [J]. Journal of Management, 1993, 19(3): 549-574.

49. GARNERA, NAMB, OTTOOB. Determinants of Corporate Growth Opportunities of Emerging Firms [J]. Journal of Economics and Business, 2002, 54:73-93.

50. MICHAEL, MURPHY. Performance Pay and Top-management Incentives [J]. The Journal of Political Economy, 1990, 98(2): 225-264.

51. JENSEN, MURPHY. CEO Incentives: It's not How Much You Pay, but How [J]. Harvard Business Review, 1990(May-June):138-149.

52. JIN. CEO Compensation, Diversification and Incentives [J]. Journal of Financial Economics, 2002, 66(1):29-63.

53. JOHANSON, VALHNE. The Internationalization Process of the Firm: A Model of Knowledge Development and Increasing Foreign Market Commitments [J]. Journal of International Business Studies, 1977(8):23-32.

54. KOLE. Managerial Ownership and Firm Performance: Incentive or Reward [J]. Advance in Financial Economics, 1996(2):119-149.

55. KREN, KERR. The Effect of Outside Directors and Board Shareholdings on the Relation between CEO and Firm Performance [J]. Accounting and Business Research, 1997(27):297-309.

56. LAMBERT, LARCKER, WEIGELT. The Structure of Organization Incen-tives [J]. Administrative Science Quarterly, 1993(38):438-461.

57. LEONARD. Executive Pay and Firm Performance [J]. Industrial and Labor Relations Review, 1990, 43(3):13-29.

58. LEWELLEN, LODERER, MARTIN. Executive Compensation Contracts and Executive Incentive Problems: An Empirical Analysis [J]. Journal of Accounting and Economics,1987(9):287-310.

59. LIAO. The Effect of Stock-based Incentives and Governance Mechanisms on Voluntary Disclosure of Intangibles [J]. Advances in Accounting, Incorporating Advances in International Accounting, 2011 (114):14.

60. LODERER, MARTIN. Executive Stock Ownership and Performance: Tracking Faint Traces [J]. Journal of Financial Economics, 1997 (45): 223-255.

61. GOMEZ-MEJIA, WISEMAN. Reframing Executive Compensation [J]. Journal of Management,1997,23(3).

62. MATA, MACHADO. Firm Set-up Size: A Conditional Quantile Approach [J]. European Economics Review,1996,40(6):1305-1323.

63. MCCONAUGHY, MISHRA. Debt, Performance-based Incentives, and Firm Performance [J]. Financial Management,1996,(25): 37-51.

64. MCCONNELL, SERVAES. Additional Evidence on Equity Ownerhip and Corporate Value [J]. Journal of Financial Economics,1990(27):595.

65. MCGUIRE, CHIU, ELBEING. Executive Income, Sales, and Profits [J]. American Economic Review,1962(51):753-761.

66. MEHRAN. Executive Compensation Structure, Ownership, and Firm Performance [J]. Journal of Financial Economics,1995,38(2):163-184.

67. ENSLEY,PEARSON,SARDESHMUKH. The Negative Consequences of Pay Dispersion in Family and Non-family Top Management Teams: An Exploratory Analysis of New Venture, High-growth Firms [J]. Journal of Business Research,2007(60):1039-1047.

68. MISHRA,MCCONAUGHY,GOBELI. Effectiveness of CEO Pay-for-Performance [J]. Review of Financial Economics,2000(9).

69. MONTGOMERY, HARIHARAN. Diversified Expansion by Large Established Firms [J]. Journal of Economic Behavior & Organization,1991

(1) :71 -89.

70. SHLEIFER, VISHNY. Managerial Ownership and Market Valuation: An Empirical Analysis [J]. Journal of Financial Economics, 1988 (20), 292 -315.

71. MURPHY. Incentives, Learning and Compensation: A Theoretical and Empirical Investigation of Managerial Labor Contracts [J]. Rand Journal of Economics, 1986(17) : 59 -76.

72. NEWMAN, MOZES. Does the Composition of Compensation Committee Influence CEO Compensation Practice [J]. Financial Management, 1999(28) :41 -53.

73. PFEFFER, LANGTON. The Effect of Wage Dispersion on Satisfaction, Productivity and Working Collaboratively: Evidence from College and University Faculty [J]. Administrative Science Quarterly, 1993, 38 (3) : 382 -407.

74. RAJAGOPALAN, NANDINI. Strategic Orientations, Incentive Plan Adoptions, and Firm Performance: Evidence from Electric Utility Firms [J]. Strategic Management Journal, 1997, 18(10) :761 -785.

75. SHLEIFER, VISHNY. Large Shareholders and Corporate Control [J]. Journal of Political Economic, 1986, 94(3) :461 -488.

76. SIMON, KEVIN, HEIBATOLLAH. The Investment Opportunity Set, Director Ownership and Corporate Policies, Evidente from an Emerging Market [J]. Journal of Corporate Finance, 2004(10) : 383 -408.

77. SLEUWAEGEN, GOEDHUYS. Growth of Firms in Developing Countries, Evidence from Cote d'Ivoire [J]. Journal of Development Economics, 2002, 68(6) :117 -135.

78. STULZ. Managerial Control of Voting Rights: Financing Policies and the Market for Corporate Control [J]. Journal of Financial Economics, 1988 (20) :25 -54.

79. VINCENT, IAN. The Impact of Reliance on Incentive-based Compensation Schemes, Information Asymmetry and Organizational

Commitment on Managerial Performance [J]. Management Accounting Research,2007(18): 312–342.

80. WEIR, LAING. Ownership Structure, Board Composition and the Market for Corporate Control in the UK:An Empirical Analysis [J]. Applied Economics,2003,35 (16):1747–1759.

81. YERMACK. Do Corporations Award CEO Stock Options Effectively? [J]. Journal of Financial Economics,1995(10):237–269.

82. ZAHRA, KIRCHHOFF. Technological Resources and New Firm Growth: A Comparison of Start-up and Adolescent Ventures [J]. Research in the Sociology of Work,2005(15):101–122.

83. ZHENG,KHAVUL. Capability Development,Learning and Growth in International Entrepreneurial Firms: Evidence from China Advances in Entrepreneurship [J]. Firm Emergence and Growth,2005(8):273–296.

84. CHANDLER, HANKS. Founder Competence, the Environment, and Venture Performance [J], Entrepreneur Theory and Practice, 1994 (3): 77 –89.

85. COASE. The Nature of the Firm [J]. Economica,1937,4(16).

86. 哈瓦维尼，维埃里．高级经理财务管理[M]．王全喜，张晓农，王荣誉，译．北京：机械工业出版社，2003.

87. 戴维斯，诺斯．制度变迁与美国经济增长[M]．上海：上海三联书店，1996：270.

88. 科斯，阿尔钦，诺斯．财产权利与制度变迁[M]．上海：上海三联书店，上海人民出版社，2003：371–401.

89. 贝斯利，布里格姆．财务管理精要[M]．刘爱娟，张燕，译．北京：机械工业出版社，2003.

90. 钱德勒．看得见的手[M]．北京：商务印书馆，1997.

91. 巴泽尔．产权的经济分析[M]．上海：上海三联书店，上海人民出版社，1999.

92. 萨缪尔森，诺德豪斯．经济学[M]．16版．北京：华夏出版社，1999：1.

93. 艾力克．经理薪酬完全手册［M］．胡玉明，译．北京：中国财政经济出版社，2004.

94. 马歇尔．经济学原理［M］．北京：商务印书馆，1997.

95. 纳尔逊，温特．经济变迁的演化理论［M］．北京：商务印书馆，1997：110.

96. 罗宾斯．组织行为学［M］．7 版．北京：中国人民大学出版社，2002：138－139.

97. 斯密．国民财富的性质和原因的研究（上卷）［M］．北京：商务印书馆，1997：5.

98. 穆勒．政治经济学原理及其在社会哲学上的若干应用（上下卷）［M］．北京：商务印书馆，1991：155.

99. 清水胜彦．战略原点［M］．马英萍，译．北京：东方出版社，2008.

100. 宝贡敏．公司成长与竞争战略管理——基于我国经济与文化特点的分析［M］．太原：山西人民出版社，2004.

101. 步淑段，等．财务管理理论模型［M］．北京：中国财政经济出版社，2006.

102. 曹阳．中国上市公司高管层股权激励实施效果研究［M］．北京：经济科学出版社，2008.

103. 陈清泰，吴敬琏．股票期权激励制度法规政策研究报告［M］．北京：中国财政经济出版社，2001.

104. 陈信元，朱红军．转型经济中的公司治理——基于中国上市公司的案例［M］．北京：清华大学出版社，2007.

105. 程国平．经营者激励——理论、方案和机制［M］．北京：经济管理出版社，2002.

106. 樊炳清．上市公司治理与经营者激励约束［M］．武汉：湖北人民出版社，2003.

107. 高程德．现代公司理论［M］．北京：北京大学出版社，2000：193.

108. 韩平，张禾，等．企业集团竞争力与业绩综合评价［M］．北

207

京：机械工业出版社，2004：57.

109. 黄群慧. 企业家激励约束与国有企业改革［M］. 北京：中国人民大学出版社，2000.

110. 江积海. 动态能力与企业成长［M］. 北京：经济管理出版社，2007.

111. 盛洪. 现代制度经济学［M］. 北京：北京大学出版社，2003：103–117.

112. 李春琦. 高层经理激励［M］. 上海：上海财经大学出版社，2003.

113. 李维安. 公司治理［M］，天津：南开大学出版社，2001.

114. 李中建. 国有企业经营者激励问题研究［M］. 北京：经济科学出版社，2008.

115. 梁洪学. 中国公司制企业经理人激励制度研究［M］. 北京：经济科学出版社，2006.

116. 林泽炎，李春苗，等. 激活企业高层管理者［M］. 北京：中国劳动社会保障出版社，2005.

117. 刘世锦. 经济体制效率分析导论［M］. 上海：上海人民出版社，1994.

118. 卢锐. 管理层权力、薪酬激励与绩效——基于中国证券市场的理论与实证研究［M］. 北京：经济科学出版社，2008.

119. 毛蕴诗，欧阳桃花，戴勇. 中国优秀公司成长与能力研究——基于案例的研究［M］. 北京：中国财政经济出版社，2005.

120. 南开大学公司治理研究中心公司治理评价课题组. 中国上市公司治理评价研究报告［M］. 北京：商务印书馆，2007.

121. 王国成. 企业治理结构与企业家选择［M］. 北京：经济管理出版社，2002.

122. 王群勇. STATA 在统计与计量分析中的应用［M］. 天津：南开大学出版社，2008.

123. 王烨. 国资控股与股权激励有效性——基于我国上市公司的实证研究［M］. 合肥：合肥工业大学出版社，2010.

124. 谢作渺. 最优薪酬结构安排与股权激励［M］. 北京：清华大学出版社，2007.

125. 杨杜. 企业成长论［M］. 北京：中国人民大学出版社，1996.

126. 杨蓉. 中国企业国际竞争力研究：基于公司治理视角［M］. 上海：上海人民出版社，2009.

127. 袁凌. 中国企业家行为的制度分析［M］. 长沙：湖南大学出版社，2005：168.

128. 张冬梅. 企业经营者人力资本及激励方式［M］. 北京：中国经济出版社，2006.

129. 张同全. 企业人力资本产权论［M］. 北京：中国劳动社会保障出版社，2003.

130. 张维迎. 博弈论与信息经济学［M］. 上海：上海人民出版社，1996.

131. 张维迎. 产权、激励与公司治理［M］. 北京：经济科学出版社，2005.

132. 张维迎. 企业的企业家——契约理论［M］. 上海：上海三联书店，上海人民出版社，1995.

133. 张正堂. 企业家报酬的决定：理论与实证研究［M］. 北京：经济管理出版社，2003.

134. 张宗益，宋增基. 中国公司治理理论与实证分析［M］. 北京：北京大学出版社，2011.

135. 郑海航. 中国企业家成长问题研究［M］. 北京：经济管理出版社，2006（1）.

136. 周国林. 公司内部治理——基于中国上市公司的视角［M］. 北京：中国金融出版社，2007.

137. 边燕杰，丘海雄. 企业的社会资本及其功效［J］. 中国社会科学，2000（2）.

138. 陈琦，石金涛. 人力资本价值的风险对经营者薪酬结构的影响［J］. 科学与科学技术管理，2003（10）：72-75.

139. 陈信元，陈冬华，李增泉. 制度环境与公司治理——中国与东亚国家公司治理国际研讨会综述[J].中国会计评论，2005，3（1）：233-234.

140. 陈旭东，黄登仕.会计盈余水平与会计稳健性——基于分量回归的探索分析[J].管理科学，2006，19（4）.

141. 陈震，张鸣.高管层内部的级差报酬研究[J].中国会计评论，2006（1）：15-28.

142. 陈志广.高级管理人员报酬的实证研究[J].当代经济科学，2002（5）.

143. 谌新民，刘善敏.上市公司经营者报酬结构性差异的实证研究[J].经济研究，2003（8）：55-63.

144. 程承坪，等.人力资本剩余索取权与政策取向[J].经济与管理研究，2000（5）.

145. 豆建明.人力资本间接定价机制的实证分析[J].中国社会科学，2003（1）.

146. 杜兴强，王丽华.高层管理当局薪酬与上市公司业绩的相关性实证研究[J].会计研究，2007（1）.

147. 甘露，等.基于股票期权的核心知识员工多重激励组合模型[J].财经理论与实践，2007（11）：106-110.

148. 郭昱，顾海英.高管薪酬结构对经营绩效的影响[J].华东经济管理，2008（4）：100-103.

149. 贺小刚，李新春.企业家能力与企业成长：基于中国经验的实证研究[J].经济研究，2005（10）.

150. 华锦阳.论公司治理的功能体系及对我国上市公司的实证分析[J]，管理世界，2003（1）：127-132.

151. 贾生华.企业家能力与企业成长模式的匹配[J].南开学报：哲学社会科学版，2004（1）.

152. 孔宁宁，闫希.交叉上市与公司成长——来自中国"A+H"股的经验证据[J].会计研究，2009（7）：134-145.

153. 李增泉.激励机制与企业绩效——一项基于上市公司的实证研究[J].会计研究，2000（1）.

154. 廖朝洋，张玲．股票期权激励研究［J］．湖南大学学报，2002（5）．

155. 林浚清，黄祖辉，孙永祥．高管团队内薪酬差距、公司绩效和治理结构［J］．经济研究，2003（4）：31-40.

156. 刘斌，刘星，李世新，等．CEO 薪酬与企业业绩互动效应的实证检验［J］．会计研究，2003（3）．

157. 刘凤委，孙铮，李增泉．政府干预、行业竞争与薪酬契约［J］．管理世界，2007（9）：76-84.

158. 刘学．"空降兵"与原管理团队的冲突及对企业绩效的影响［J］．管理世界，2003（6）：103-115.

159. 罗大伟，万迪防．关于管理者薪酬的研究综述［J］．管理工程学报，2002（4）：80-85.

160. 宋剑峰．净资产倍率、市盈率与公司的成长性——来自中国股市的经验证据［J］．经济研究，2000（8）．

161. 宋增基，张宗益，朱健．上市公司经营者股权激励的影响分析［J］．管理评论，2005（3）：3-8.

162. 宋增基，等．非对称信息下我国上市公司管理者股权激励实证分析［J］．商业研究，2003（4）．

163. 苏晓燕，肖建忠，易杏花．制度环境与中小企业的成长——以华中地区为例［J］．中国地质大学学报：社会科学版，2005，5（1）．

164. 王华，黄之骏．经营者股权激励、董事会组成与企业价值——基于内生性视角的经验分析［J］．管理世界，2005（9）：101-116.

165. 魏刚．高级管理层激励与上市公司绩效［J］．经济研究，2000（3）．

166. 吴淑琨．股权结构与公司绩效的 U 型关系研究［J］．中国工业经济，2002（1）：80-87.

167. 夏立军，陈信元．市场化进程、国企改革策略与公司治理结构的内生决定［J］．经济研究，2007（7）：82-95.

168. 夏立军，方轶强．政府控制、治理环境与公司价值——来自中国证券市场的经验证据［J］．经济研究，2005（5）：40-51.

169. 肖继辉，彭文平．上市公司总经理报酬业绩敏感性研究[J]．财经研究，2004（12）：34-43.

170. 谢德仁．独立董事：代理问题之一部分[J]．会计研究，2005（2）．

171. 谢德仁，刘文．关于股票期权会计确认问题的研究[J]．会计研究，2002（9）：25-30.

172. 谢军．第一大股东、股权集中度和公司绩效[J]．经济评论，2006（1）：70-75.

173. 谢军，曾晓涛．股权结构和公司成长性：上市公司股权激励结构的实证分析[J]．华南师范大学学报：社会科学版，2005（5）．

174. 辛清泉，谭伟强．市场化改革、企业业绩与国有企业薪酬[J]．经济研究，2009（11）：68-81.

175. 徐莉萍，辛宇，陈工孟．股权集中度和股权制衡及其对公司经营绩效的影响[J]．经济研究，2006（1）：90-100.

176. 杨瑞龙，刘江．经理报酬、企业绩效与股权结构的实证研究[J]．江苏行政学院学报，2002（1）．

177. 杨顺勇，雷鹏，蓝先德．上海贝岭虚拟股票期权激励计划的实证研究[J]．管理现代化，2001（3）．

178. 叶建芳，陈潇．我国高管持股对企业价值的影响研究——来自高科技行业上市公司的证据[J]．财经问题研究，2008（3）：101-108.

179. 于东智，谷立日．上市公司管理层持股的激励效用及影响因素[J]．经济理论与经济管理，2001（9）．

180. 余津津，朱东辰．信息不对称条件下企业家组合报酬契约模型初探[J]．财经论丛，2003（5）：30-37.

181. 余耀东，冉光圭．企业外部环境对内部治理机制的影响效应研究[J]．经济与管理研究，2010（11）：30-38.

182. 袁国良，王怀芳．股权激励的实证分析[J]．资本市场，1999（10）．

183. 张必武，石金涛．董事会特征、高管薪酬与薪绩敏感性——

中国上市公司的经验分析[J].管理科学，2005，18（4）.

184.张俊瑞，赵进文，张建.高级管理层激励与上市公司经营绩效相关性的实证分析[J].会计研究，2003（9）.

185.张书军.企业家资源配置能力与企业成长[J].经济体制改革，2003（5）.

186.张正堂.高层管理团队协作需要、薪酬差距和企业绩效：竞赛理论的视角[J].南开管理评论，2007，10（2）：4-11.

187.赵祥功，俞玮.股权激励中股票期权和限制性股票方式的比较研究[J].经济师，2011（1）.

188.赵晓.企业成长理论与中国工业发展[J].首都经济贸易大学学报，1999（5）.

189.支晓强.管理层持股与业绩关系的理论分析[J].财经科学，2003（2）.

190.周建波，孙菊生.管理者股权激励的治理效应研究[J].经济研究，2003（5）.

191.周其仁.市场里的企业：一个人力资本与非人力资本的特别合约[J].经济研究，1996（6）.

索 引

后 记

本论著是在我的博士学位论文基础上修改而成的。论著的顺利修改完成及后续出版得益于新疆财经大学创造的良好的研究条件。值此付梓之际，我对学校和学院的鼎力支持表达我的诚挚谢意。

我的导师于富生教授是一个认真、严谨的学术工作者，三年来对我悉心教导，从治学态度、专业学习到论文选题、撰写以及修改，无不倾注着于老师的敦促与鼓励，所提的一些重要思想和指导意见为本书的理论构建和体系完整奠定了基础。老师严谨的治学态度、谦和的秉性也是我学习的动力与榜样。在本书即将出版之际，先生悉心为我作序，认真提出指导建议，师恩难忘，弟子当铭心以记。

中国人民大学商学院研究气氛浓郁，学术底蕴深厚。在三年的学习中，能够聆听博士生导师荆新老师、徐经长老师、耿建新老师、赵西卜老师、秦荣生老师、宋建波老师、王化成老师、支晓强老师和汪昌云老师的教诲，获益良多。大师级广博的知识、深邃的思想、独到的见解拓展了我的专业视野，也更坚定了我从事学术研究的信念。感谢在论文开题和答辩过程中对论文提出极有价值意见的荆新老师、戴德明老师、林钢老师、叶康涛老师和周华老师。各位老师富有启发性的见解和细致的点评如拨云见日，让我提高的不仅仅是学术水平，更是对学术研究的精神和学术思维的领悟。衷心感谢张敏老师在确定论文选题、撰写和修改过程中的无私帮助！三年来，中国人民大学让我能够有机会向这些学术素养深厚、思维敏锐的学者们学习，领略学术思维的魅力，这将是我学术生涯中的宝贵财富！

论著虽已完稿，但心中仍甚忐忑。本书只是在管理层薪酬激励方面做了一些有益的探索，我期盼得到专家和学界同道的批评指正，如导师所言："唯有不断交流、持续论争，学术才有源泉！"

谢谢！

王海燕

2014 年 5 月